NOTICE BIOGRAPHIQUE

SUR

LOUIS MALET DE GRAVILLE

AMIRAL DE FRANCE

(144? — 1516)

PAR

P.-M. PERRET

ANCIEN ÉLÈVE DE L'ÉCOLE DES CHARTES

PARIS

ALPHONSE PICARD, ÉDITEUR

Libraire des Archives nationales et de la Société de l'École des Chartes

82, RUE BONAPARTE, 82

1889

NOTICE BIOGRAPHIQUE

SUR

LOUIS MALET DE GRAVILLE

MÂCON, IMPRIMERIE PROTAT FRÈRES

NOTICE BIOGRAPHIQUE

SUR

LOUIS MALET DE GRAVILLE

AMIRAL DE FRANCE

(144?—1516)

PAR

P.-M. PERRET

ANCIEN ÉLÈVE DE L'ÉCOLE DES CHARTES

PARIS

ALPHONSE PICARD, EDITEUR

Libraire des Archives nationales et de la Société de l'École des Chartes

82, RUE BONAPARTE, 82

1889

AVANT-PROPOS

Louis Malet de Graville fut le dernier rejeton mâle de la vieille famille Malet, dont les membres prétendaient tenir le titre de *sires* de Jules César, et qui paraît descendre d'un chef norvégien établi au xe siècle en Normandie, à la suite de Rollon ; cette antique lignée, sur laquelle court le dicton normand : « Il y a plustost sire en Graville que roy en France [1], » donna à son pays un grand maître des arbalétriers et un amiral. C'est à la biographie de ce dernier, le plus illustre de ses membres, que nous nous sommes attaché [2]. Louis Malet de Graville, amiral de France, lieutenant général du roi en Normandie, gouverneur de Picardie, seigneur de Graville, de Montaigu, de Marcoussis, de Séez, de Bernay et de maints autres lieux, est bien inconnu aujourd'hui. Les grands historiens du xixe siècle ne savent de lui qu'un trait de générosité : l'abandon au roi Louis XII de 80.000 livres qu'il lui avait prêtées. Il fut plus célèbre du xvie au xviiie siècle. Saint-Gelais [3]

1. *La Science héroïque*, par Vulson de la Colombière, p. 159.
2. Godefroy, *Charles VIII*, p. 92.
Nous tenons à remercier M. Ulysse Robert, inspecteur général des bibliothèques et des archives, qui a bien voulu nous indiquer Louis de Graville comme le sujet de notre thèse à présenter à l'École des chartes, et M. Léon Pajot, archiviste paléographe, qui a eu l'obligeance d'explorer pour nous les archives de Rouen et de Normandie.

le proclame « le plus fort du conseil du Roy ». Conseiller de Louis XI, de Charles VIII et de Louis XII, il a joué un grand rôle sous leurs trois règnes : il a été parfois l'inspirateur et toujours le confident des plans politiques de Madame de Beaujeu, pendant son gouvernement. Cependant ses services sont demeurés dans l'ombre. C'est de cette obscurité, imméritée selon nous, qu'à l'aide de nombreux documents manuscrits et imprimés nous avons essayé de le tirer.

CHAPITRE I.

La seigneurie de Graville[1] est située à six kilomètres du Havre : c'est aujourd'hui le village de Sainte-Honorine ou l'Heure. Les généalogies du P. Anselme[2], de La Roque[3] et du Cabinet des titres[4] désignent comme premier seigneur de Graville de la famille Malet, Ernez Malet ; il aurait eu pour fils Robert, qui vivait vers 1205, et qui eut, de son mariage avec Alix d'Alençon, Robert II ; c'est avec lui que commence la généalogie du Cabinet des titres : nous la reproduisons sans garantir son exactitude ; il est peu probable, en effet, que la partie la plus ancienne, la plus difficile par conséquent, comporte moins d'erreurs que la partie plus moderne, et celle-ci que nous avions à étudier de plus près est très fautive ; nous allons essayer de le prouver, en nous occupant des ancêtres immédiats de Louis de Graville.

A s'en rapporter aux généalogistes, Jean VI Malet, sire de Graville et de Marcoussis, fils de Jean V, le grand maître des arbalétriers, le compagnon de Jeanne d'Arc, aurait eu de sa première femme, Marie de Montauban, deux fils, Jean VII et Louis, objet de ce travail. Nous croyons que Jean VII n'a pas existé et que le P. Anselme le confond avec son père. En effet, Jean VI vivait encore en 1474[5], puisque en septembre de cette

1. Voir une description du château de Graville, dans Malte-Brun (*Histoire de Marcoussis*), Paris, 1867, p. 82, note.
2. *Histoire généalogique et chronologique de la maison royale de France, des pairs*, etc., t. VII, p, 866.
3. *Histoire généalogique de la maison d'Harcourt*, t. I, p. 163, etc.
4. B. N. Cabinet des titres. Dossiers bleus. Malet.
5. Nous verrons plus loin qu'il ne mourut qu'en 1482.

1

année les droits de haute justice, dans la seigneurie de Graville,
sont octroyés à « Messire Jehan seigneur de Graville et à Loys
son filz[1]. »

Personne autre que ce Jean VI n'a donc pu agir comme seigneur de Graville jusqu'en 1474; c'est lui et non ce soi-disant
Jean VII[2], qui, le 27 septembre 1467, prête hommage pour la
seigneurie de Graville ; c'est encore lui qui, le 4 septembre
1462, est en procès avec Robert de Sarrebruck, seigneur de
Commercy, au sujet des terres de Marcoussis et de Montaigu[3] ;
enfin c'est lui qui obtient de Louis XI, en juillet 1470, la permission d'établir une foire à Châtres sous Montlhéry[4]. Comme,
d'une part, ce sont là les trois seules pièces qui prouveraient
l'existence de ce Jean VII, et comme, d'autre part, ces trois
pièces ne sauraient lui être attribuées, il est évident que le
personnage a été inventé par les généalogistes.

En faveur de cette opinion, on pourrait encore faire valoir
que la terre de Graville passe à la branche aînée et lui donne
son nom ; si Jean VII avait vécu ailleurs que dans les généalogies, il eût dû figurer à la place de Louis dans le don de la
haute justice de Graville. Si nous critiquons les généalogies
non plus par les documents, mais par le raisonnement, leurs
assertions paraîtront encore plus gratuites : Jean VII, qui
n'apparaît que dans trois actes, ne se marie pas et n'a point
d'enfants. Cependant il est assez difficile d'admettre que le
P. Anselme, qui devait travailler sur des documents authen-
tiques, ait créé de toutes pièces ce Jean VII : il a pu exister,
mais, dans ce cas, il serait mort en bas âge. En résumé,

1. Archives départementales de la Seine-Inférieure, A 8/30 *bis* (copie du
xvii⁰ siècle).
2. Archives départementales de la Seine-Inférieure. A 8/30.
3. B. N. mss. Moreau, 1086, p. 6905.
4. Ord., t. XVII, p. 317, aujourd'hui Arpajon, Seine-et-Oise, arrondissement de
Corbeil.

nous estimons que Louis fut le fils aîné, issu du mariage de
Marie de Montauban avec Jean VI, lequel mourut en juillet
1482 au Pont de Chamois [1].

Il semble que les historiens et les généalogistes se soient
plu à accumuler les erreurs et les confusions sur les premières
années de Louis de Graville : non contents de lui avoir inventé
un frère pour le confondre avec lui, ils l'ont confondu avec
son père. Le chroniqueur J. de Wavrin [2], dans son récit de
l'expédition que la reine Marguerite d'Anjou dirigea, en 1461,
contre Edouard IV, avec les secours de Louis XI, rapporte
qu'à une des affaires de cette campagne « le sire de Graville »
fut fait prisonnier et conduit auprès du roi d'Angleterre, qui,
rentré à Londres, l'aurait remis en liberté avec ses compagnons et sans rançon. Selon le P. Anselme, qui a connu cette
captivité non par Wavrin, mais par une lettre patente de
Louis XI du 12 juin 1467 [3], accordant au sire de Graville
souffrance de prêter foi et hommage pour la seigneurie de
Graville jusqu'à son retour d'Angleterre où il est retenu
prisonnier, ce sire de Graville est Louis. L'éditeur de Wavrin [4]
et M. Leroux de Lincy [5] ont admis cette manière de voir. Nous
pensons qu'elle doit être rejetée. En effet :

1° Nous venons d'établir que, de 1461 à 1471, et même à
1482, Jean VI a seul été seigneur de Graville ; c'est donc à
lui que se rapportent et le passage des *Chroniques d'Engle-
terre* et le document indiqué par le P. Anselme.

2° Dans la restitution des terres de Séez et de Bernay en
septembre 1474 [6], Jean de Graville, père de Louis, est expres-

1. Archives départementales de la Seine-Inférieure. A. G.
2. II, p. 320, éd. Dupont.
3. A. N. P. 266, n° 1895.
4. II, p. 320.
5. *Vie d'Anne de Bretagne*. Paris, 1860, II, p. 215.
6. Isambert, *Anciennes lois françaises*, t. X, p. 689.

sément désigné comme étant prisonnier en Angleterre : « le
« vousissiez restituer et remettre en la jouissance et posses-
« sion d'icelles au lieu de son dict pere qui à present est
« prisonnier en Angleterre. »

3° Dans un acte du tabellionnage de Rouen [1] (8 septembre
1478), Jean Mallet, seigneur de Graville, « considerant la
« longue prison et detencion de sa personne... en royaume
« d'Angleterre comme de xvij ans ou environ, » reconnaît
avoir emprunté pour payer sa rançon 10.000 écus d'or à Louis
de Montaigu, chambellan du roi.

4° Le 23 janvier 1479, Louis XI [2], à Forges près Chinon,
accorde 2.000 l. de pension à Jean, seigneur de Graville, en
considération des services qu'il « a par ci-devant fait à feu
« nostre très cher seigneur et pere, que Dieu absoille, et à
« toute la chose publicque de nostre royaume durant les grans
« guerres et divisions qui ont esté par ci-devant, et mesme-
« ment ès conquestes de noz païs et duchiez de Normandie et
« de Guienne, esquelles il a employé sa personne et ses biens
« sans riens y espargner, et en icelles despieça fut prins pri-
« sonnier en Angleterre, où il a esté detenu par longtemps et
« jusques à puis nagueres, que moiennant certaine grant
« finance qu'il luy a convenu payer pour sa rançon, il a esté
« mis hors desdictes prisons... »

5° Louis de Graville n'a pu séjourner en Angleterre de
1462 à 1478, puisque les comptes de l'hôtel nous le montrent
auprès du roi, peut-être à Amboise [3] même, le 29 janvier 1470,
et à Tours le 4 juin de la même année [4]. A Meulan, le 4 janvier
1474, il est passé en revue avec les cent gentilshommes du

1. V. P. J., n° 6.
2. Archives départementales d'Eure-et-Loir, fonds de la seigneurie de la
Ferté-Vidame.
3. A. N. KK. 62, fol. 51 b.
4. *Ibid.*

roi [1] ; le 10 juin 1475, à Rouen, il est nommé capitaine de cette troupe ; enfin, en 1476 et 1477, on le verra l'un des juges de Nemours.

Sans doute, l'acte du tabellionnage de Rouen est en désaccord avec la chronique de Wavrin pour le début de la captivité de Jean de Graville ; mais la pièce ne donne qu'une date approximative et la chronique n'est pas plus précise ; le désaccord peut venir de ce que l'une parle du commencement et l'autre de la fin de l'année 1462.

Une objection reste possible ; d'après le passage de Wavrin cité plus haut, le seigneur de Graville aurait été mis immédiatement en liberté, et sans rançon ; comment expliquer cette contradiction entre la chronique et les documents ? Jean de Graville est resté dix-sept ans en Angleterre ; mais Louis n'aurait-il pu l'accompagner dans cette expédition, malgré sa jeunesse ? Fait prisonnier avec son père, il aurait été relâché sur le champ.

Jusqu'à la mort de son père (juillet 1482), Louis fut appelé *sire de Montaigu*, du nom d'une terre située près de Poissy-en-Laye qui passa dans la famille Malet par suite du mariage de Jean V Malet, grand maître des arbalétriers, avec Jacqueline de Montaigu, fille de Jean de Montaigu, surintendant des finances, décapité le 17 octobre 1409 [2]. Ce titre était porté depuis lors par les aînés de la famille Malet, et Jean VI le portait du vivant de son père.

A ces remarques sur la branche paternelle, ajoutons que, du côté maternel, Louis de Graville était allié à la maison de France ; sa mère, Marie de Montauban, était fille de Guil-

---

1. B. N. Ms. fr., 21448.
2. Merlet, *Biographie de Jean de Montaigu*. Bibliothèque de l'École des chartes, 1852, p. 251.

laume de Montauban et de Bonne de Visconti, sœur de Valentine de Milan, femme de Louis, duc d'Orléans, assassiné en 1407 ; ainsi s'explique que, dans les actes royaux ayant trait à sa personne, Louis de Graville est toujours qualifié de *cousin*.

CHAPITRE II.

GRAVILLE SOUS LOUIS XI (1470-1483).

Le lieu de la naissance de Louis de Graville est inconnu,
mais on en peut presque fixer l'époque. A en croire La Roque [1]
et le P. Anselme [2], il serait mort à l'âge de 78 ans, le 30 octobre
1516, ce qui revient à placer sa naissance en 1438. Cette date
nous paraît inadmissible. En effet, d'après l'analyse du contrat
de mariage de ses parents publiée par D. Morice [3], Jean de
Graville, aurait épousé Marie de Montauban, le 28 septembre
1440. Les généalogies leur attribuent un fils aîné du nom de
Jean, dont Louis ne serait que le cadet. Si on admet, ce que
nous avons essayé de démontrer, que ce frère aîné a été inventé
par les généalogistes, Louis de Graville a pu naître au plus
tôt dans le courant de l'année 1441. D'autre part, il n'a pu
naître après 1450 [4]. En 1470, il est écuyer et chambellan du

---

1. *Op. cit.*, t. I, p. 163.

2. *Op. cit.*, t. VII, p. 866.

3. *Mémoires pour servir de preuves de l'histoire de Bretagne*, t. III, col. 1336.

4. D'après La Roque (*op. cit.*, p. 320), Louise de Graville, fille issue de l'union
de Jean de Graville avec Marie de Montberon, sa seconde femme, serait citée
dans un acte du 11 décembre 1463, comme étant la femme de Louis de Rouville,
seigneur de Moulineaux, ce qui reviendrait, en supposant qu'elle se soit mariée à
15 ans, à placer sa naissance en 1448 ; dans ce cas, Jean de Graville aurait pu
épouser Marie de Montberon en 1437 ; il aurait pu perdre sa première femme la
même année, et Louis de Graville aurait pu naître l'année où mourut sa mère,
soit en 1447. Malheureusement, cet échafaudage de conjectures repose sur une
erreur manifeste de La Roque et ne résiste pas à l'examen. En effet, la mère de
Louis de Graville, Marie de Montauban, vivait encore en 1473, puisque, le
16 août 1473, Jean de Graville constituait sa *femme, Marie de Montauban*, sa *pro-*
curaresse pour recevoir le serment de foi et hommage de Guillaume de Villetain,

roi et lui a déjà rendu des services : ces fonctions, qu'en 1470
il paraît exercer depuis quelques années, indiqueraient qu'il
avait atteint sa majorité à cette époque, ce qui équivaut à laisser osciller sa naissance entre 1441 et 1450, résultat qui con-
corde avec le premier calcul fondé sur l'acte de mariage de ses
parents.

On ignore où, comment et par qui il fut élevé. Nous serions
assez portés à croire qu'il reçut son éducation au collège de
Montaigu, et nous expliquerions ainsi la prédilection marquée
de Graville pour cet établissement, dont il fut un des bienfai-
teurs.

Le plus ancien document où nous ayons rencontré Louis de
Graville remonte au 29 janvier 1470. C'est un compte de l'hôtel du roi [1]; loin d'être premier chambellan, comme l'avance
M. Leroux de Lincy [2], il est simplement qualifié « escuier-
seigneur de Montagu »; conseiller et chambellan du Roy aux
gages de 30 l. t. par mois qui lui sont payés par quartiers, les
29 janvier, 4 juin et 5 octobre. Graville, ou plutôt, comme on
l'appelait alors, le seigneur de Montaigu, occupait depuis quelque
temps déjà ces charges à la cour; en effet, le préambule de la
donation du droit de tiers et danger (17 mai 1470) sur le buisson de Hallates parle des « continuelz services que notre amé et
feal cousin Loys de Graville, escuier, sʳ de Montagu, nous a
fait et fait chascun jour, etc. » Il est certain que si la série des
comptes de Louis XI était complète, nous l'aurions trouvé bien

seigneur de Gif et vicomte héréditaire de Châteaufort (B. N. Pièces originales du
Cabinet des titres. Villetain, f. 73). Marie de Montauban ne serait morte qu'en 1487,
si on s'en rapporte à une inscription tumulaire de la chapelle des Célestins de
Marcoussis publiée par M. Malte-Brun (*Histoire de Marcoussis*, p. 118). Mais là,
il doit y avoir erreur aussi : Jean de Graville étant mort en 1482, et toutes les
généalogies lui attribuant pour deuxième femme Marie de Montberon, on ne
comprendrait pas quand il aurait pu l'épouser, si sa première avait vécu jusqu'en
1487.

1. A. N. KK. 62, fol. 51 vᵒ.
2. *Op. cit.*, II, p. 115.

auparavant ; tout indique que, comme tout bon gentilhomme, il entra de bonne heure au service de son roi, et dans son testament, il dira : « Veu la jeunesse que avions quand presmierement commencasmes à avoir les estatz et grosses pensions ». S'il ne vint pas représenter [1] à la cour son père, comme lui conseiller et chambellan du roi [2], dès le début de sa captivité en Angleterre (1461), il est probable qu'en 1470, c'était chose faite depuis longtemps. Il ne serait pas impossible qu'en l'absence de son père, l'amiral de Montauban, son oncle, l'ait pris sous sa protection et ait veillé à ses premiers pas à la cour. Hâtons-nous de reconnaître que pas un document ne confirme cette hypothèse de M. Leroux de Lincy [3], qui a dû être frappé de ce que Louis de Graville, neveu d'un amiral, était devenu amiral lui-même. Si on accepte cette hypothèse, on est entraîné à en faire une autre, à voir Graville accompagner son oncle en

1. *Ord.* XVII, p. 317.

2. Nous avons négligé les mentions assez fréquentes d'un seigneur de Montaigu faites en 1465, au bas des actes royaux. (Isambert, X, p. 653, 679, 742, 743, 745, 749, etc). Plusieurs seigneurs de ce nom suivaient la cour et ont souscrit des chartes émanées du roi : le sire de Montaigu le Blanc, le sire de Montaigu en Combrailles, le nôtre, peut-être. Mais ces souscriptions ne donnent pas les prénoms : elles sont donc trop vagues pour permettre de déterminer lequel des trois homonymes assistait à la rédaction de tel ou tel acte ; nous n'avons donc attribué aucune de ces souscriptions à Louis de Graville ; mais nous ne prétendons pas qu'aucune ne soit de lui.

Les mêmes raisons nous empêchent de nous prononcer dans le cas suivant : selon M. Dupuy (*Hist. de la réunion de la Bretagne à la France*, t. I, p. 230), par le traité de Nantes (avril 1469), conclu entre François II et Louis XI, ce dernier cédait à son frère le duché de Guyenne, mais le roi inspirait de telles défiances qu'il dut livrer au duc de Bretagne des otages « comme garantie de la remise du « duché de Guyenne et la sûreté personnelle de Charles de Valois ». Parmi ces otages est le sire de Montaigu. Louis de Graville était déjà chambellan du roi, pourvu, comme nous l'avons dit d'après son testament, de grosses pensions ; il avait donc assez de surface pour être accepté comme otage et mériter une aussi grande distinction. Ne serait-ce pas là un des services que récompense le don du buisson de Hallate ?

Enfin M. Vaesen (*Catalogue du fonds Bourré*, n° 477) assigne à une lettre de Graville à Louis XI (Beaugency, 27 janvier) la date de 1467. Nous confessons sur ce point notre ignorance.

3. *Op. cit.*, p. 115.

Dauphiné, lors de l'exil du futur Louis XI. Jamais ce prince n'oublia les serviteurs qui lui restèrent fidèles en ces tristes circonstances. La reconnaissance du souverain expliquerait la faveur continue de Graville après son avènement. Il est vrai que les documents et les chroniques ne nous apprennent rien de son rôle dans les démêlés de Charles VII avec son fils; mais, d'une part, J. Bourré fut un des partisans dévoués du dauphin pendant sa disgrâce; d'autre part, quelques lettres de Graville à ce secrétaire témoignent d'une intime amitié. N'aurait-elle pas pu prendre naissance en Dauphiné, dans un malheur commun?

Quoi qu'il en soit, en 1470, Graville était en bonne position. Dès le 17 mai 1470, Louis XI, étant à Amboise, lui donne le droit de tiers et danger sur le bois de Hallates qui appartenait à son père; ce bois est sis derrière le Havre, entre Rouelles et Graville; on sait que ce tiers et danger était un droit perçu par le roi sur certaines forêts, principalement en Normandie[1] ; comme nous l'avons remarqué, le préambule de cette donation fait allusion à des services rendus par Louis de Graville; nous ignorons et l'importance et la nature de ces services.

La donation qui nous occupe a été l'occasion de tout un dossier; du 14 mai 1470, jour de la donation, au 9 janvier 1498, on compte six pièces relatives à la même affaire. Le 19 juin 1470, les gens des comptes, avant d'enregistrer la concession du tiers et danger, mandent au bailli de Caux d'appeler les vicomtes et maîtres des eaux et forêts, afin que « vous sachez et enquerrez que c'est d'icellui buisson, où il « siet, de quelle estandue il est de tous costez[2] ». Soit que le

---

1. Delisle. *Étude sur la condition de la classe agricole en Normandie*, p. 335.
2. B. N. Cabinet des titres. Pièces originales. Malet, n° 42.

bailli ne se fût pas hâté dans son enquête, soit que la Chambre
des Comptes ne se fût pas pressée de prendre connaissance de
sa réponse, ce fut seulement le 1ᵉʳ avril 1472 qu'elle consentit
à l'entérinement de la lettre royale et autorisa Graville à recevoir des mains du vicomte de Montivilliers le droit en question.

Jusqu'à la mort de Louis XI, tout alla bien : Graville perçut
intégralement les revenus du droit de tiers et danger, et
Charles VIII, le 9 janvier 1485, confirma la donation faite
par son père. Il semble que toute difficulté fût écartée et
que la Chambre des Comptes enregistrerait sans retard les
lettres de confirmation. Il n'en fut rien; Graville, paraît-il,
négligea de réclamer la vérification et l'entérinement de celles-
ci « parce que ledit prouffit et dangier est de petite valleur et
« aussi qu'il s'en est entendu à aucuns de ses gens et officiers
« qui n'en ont fait aucune dilligence ».

Cependant, vers 1478, Graville examina de près cette
affaire et chercha à faire rentrer ce qui lui était dû de ce chef.
De peur que la Chambre des Comptes ne s'opposât à ses pre-
tentions, en objectant que les lettres de confirmation étaient
surannées, le futur amiral pria Charles VIII d'ordonner à ce
corps de procéder au plus tôt à l'enregistrement ; l'ordre est
du 5 janvier 1498 : quatre jours après (9 janvier 1498) la
Chambre s'exécute et autorise Graville à toucher les revenus
arriérés et échus depuis la mort de Louis XI.

C'est également en 1470 [1], au mois de juillet, que Louis XI,
étant aux Ponts de Cé, permit à Jean VI de Graville d'établir
une foire à Châtres sous Montlhéry, le 1ᵉʳ et le 2 mai de
chaque année, à la condition « que 6 lieues à la ronde, semblables foires ne se tiennent pas ces mêmes jours ». Au préambule, le roi dit avoir « reçue humble supplicacion de nostre
« amé et féal conseiller et chambellan, Jehan, seigneur de

____

1. *Ord.* XVII, p. 317.

« Graville ». Il était alors prisonnier en Angleterre ; ce fut
sans doute son fils qui transmit sa demande à Louis XI. Dans
ce cas, il pourrait être le sire de Montaigu qui, le 2 août 1470,
encore aux Ponts de Cé, prête au roi trois écus pour les donner aux pauvres [1]. A l'appui de cette identification, remarquons
que c'est dans ce même compte (A. N. KK. 62), deux feuillets
plus loin (f. 51[b]), que pour la première fois est nommé Louis
de Graville.

Du 2 août 1470 au mois d'avril 1472, nous le perdons de
vue : à cette dernière date, si nous prenons au pied de la lettre
les termes du préambule du don de l'hôtel de Chanteloup faisant allusion aux services que Louis de Graville *fait encore
l'entour du roi*, il devait se trouver auprès de Louis XI à Montilz lez Tours. Quoi qu'il en soit, ses services tant passés que
présents et dont la nature et l'importance nous échappent,
mais qui devaient être considérables, à en juger par le luxe
d'épithètes employées à les caractériser [2], étaient récompensés
par le don de l'hôtel de Chanteloup, près Châtres sous
Montlhéry, comportant le droit de présentation à la maladrerie
de Saint-Eutrope [3] : la seule charge imposée au donataire consistait à « nourrir, pour le roi et ses successeurs une levriere,
quand le plaisir de nous ou de nosdicts successeurs sera de la
lui envoyer, avec ce de nous la ramener avec les levrons
qu'elle aura faicts ». Ce devoir envers le prince passionné pour
la chasse, qui voulut être représenté sur son tombeau [4] en
courte jaquette de chasseur, un cor en bandoulière et un chien

---

1. Août mil CCCC LXX, à luy baillé par le sire de Montagu le ij[e] jour en suivant
(2 aoust) pour donner à aucuns povres au Pont de Sees, iij escuz (A N. KK. 62 f.
49 [b]).

2. Ils sont dits « bons, grans, louables, agreables, notables et recommandables ».

3. B. N. Ms. fr. 23572.

4. Quicherat, *Histoire du costume en France*, Paris, 1875, p. 294.

devant lui, dut paraître léger à Louis de Graville, aussi épris que son maître de cet exercice.

Il semble que, dans le courant de cette année, Graville ait joué un rôle politique : suivant le P. Anselme [1], Louis XI le fit rembourser la même année (1470) des frais d'un voyage qu'il avait fait au comté d'Armagnac. En admettant qu'il n'y ait pas là une des erreurs que commet souvent le P. Anselme, cette indication que nous n'avons vue confirmée nulle part, pourrait, du reste, correspondre à un fait antérieur. Ce voyage, s'il a eu lieu, a pu être provoqué par les intrigues de Jean V d'Armagnac qui, en ce moment, cherchait à soulever le Midi et à quitter son refuge en Aragon, pour rentrer dans ses domaines. On pourrait rapprocher cette mission de la nomination de Louis de Graville comme un des juges de Jacques d'Armagnac, duc de Nemours, cousin de Jean V, et expliquer un fait par l'autre. Dans ce voyage, il dut être en relations avec Ruffec de Balzac, sénéchal de Beaucaire, commandant une partie des troupes royales envoyées contre le comte d'Armagnac [2] et son beau-frère.

Cette même année, au mois de septembre [3], Louis XI concéda au sieur de Graville, en raison des services qu'il avait rendus à son prédécesseur et « que font encores de present autour de nous son filz et aucuns de ses prochains parens et amys », la moitié des droits de haute justice en la seigneurie de Châtres sous Montlhéry. Ce bienfait, nous n'en doutons pas, a été provoqué par Louis; le rédacteur de l'acte y prétend récompenser autant les mérites du fils que ceux du père, qui ne sont cités que pour mémoire.

Le vieux seigneur fut-il offensé du peu de cas qu'on faisait

1. T. VII, p. 365.
2. D. Vaissette, *Hist. de Languedoc,* , V, p. 43.
3. A. Nat. JJ. 194. n° 354.

de lui? Nous n'oserions l'affirmer. Toujours est-il que, le 17 août 1473 [1], Jean de Graville constituait sa femme comme sa *procuraressse* et lui donnait pouvoir de recevoir en foy et hommage tous ses vassaux. Il semble étrange que Louis n'ait pas été choisi par son père dans ces circonstances. Dans tous les cas, cette pièce vient encore appuyer la démonstration par laquelle nous avons essayé d'établir que Jean V était alors prisonnier en Angleterre.

Jusqu'ici la vie de Louis de Graville ne nous est apparue que par intervalles bien espacés et entourée de nombreuses incertitudes; jusqu'ici les faveurs de Louis XI ont été assez rares et ont eu pour objet plutôt sa famille que lui-même. Désormais, au contraire, nous allons le suivre presque jour par jour, et il va être comblé d'année en année des faveurs royales.

Le 10 décembre 1473 [2], le roi pour aider son « amé et feal, conseiller et chambellan, Loys de Graville, seigneur de Montagu, à supporter la despence et autres fraiz que faire lui convient chascun jour pour son entretenement » à son service, lui donne les revenus du pontenage et passage du Pont de Larche. Le 31 juillet 1474 [3], Graville donnait à Richard Bachelier, receveur de Pont de Larche, quittance de 200 l. t. provenant des revenus de cette ferme. Il est à remarquer que, dans cette quittance, Louis se qualifie de capitaine de Pont de Larche; il a dû être pourvu de ce poste après le 10 décembre 1473, puisqu'à cette date, dans la donation du pontenage en question, cette qualité ne lui est pas attribuée.

Au rôle de paiement des gentilshommes de l'hôtel du roi, dressé le 4 janvier 1474 [4], Graville figure immédiatement après le capitaine et reçoit pour l'année écoulée 694 l. t.

1. B. N. Cabinet des titres. Pièces originales. Villetain, fol. 73.
2. B. N. Cabinet des titres. Pièces originales. Malet, n° 43.
3. B. N., *ibid.*, *ibid.*, n° 44.
4. B. N. Ms. fr. 21448.

Le 24 janvier de la même année, le roi donne à Louis de Graville « la coppe, tonsture et deppoille » de douze arpents de bois en la forest de Dourdan au chantier de Bouchain et deux autres à Béthencourt. Les lettres patentes du roi furent enregistrées au parlement, le 7 mai 1474 [1].

Cette même année, Louis de Graville reçut du roi la marque de faveur la plus éclatante que devait lui réserver l'amitié de Louis XI, nous voulons parler de la restitution qui lui fut faite des terres de Bernay et de Séez confisquées aux Malet de Graville en 1356. La lettre patente du roi (septembre 1474 ?) promulguant cette restitution présente les évènements qui avaient causé la confiscation sous un jour assez curieux pour que nous estimions devoir reproduire sa relation et la contrôler ensuite à l'aide d'autres documents contemporains qui n'avaient pas les mêmes motifs de déguiser la vérité. En résumé, d'après la pièce qui nous occupe, le roi Jean se serait transporté à Rouen le 5 avril 1356 et y aurait surpris le comte d'Harcourt, les seigneurs de Préaux et de Graville et autres en compagnie de Charles le Mauvais, roi de Navarre : tous ces personnages furent arrêtés et, le jour même, le roi Jean « sans garder ordre et forme de justice fit executer lesdits comte de Harcourt et seigneurs de Preaux et de Graville ». Quant au roi de Navarre, « il le fist mener, transporter et detenir prisonnier où bon luy sembla. » La pièce rappelle que cette exécution sommaire fut suivie de la confiscation des biens du seigneur de Graville : au mois de juin 1356, « ledict roi Jean donna à la comtesse d'Alençon, sa tante et à ses enfants qui pour lors estoient les terres et seigneuries qui avoient competé et appartenu audit feu seigneur de Graville ainsi executé. » En 1357, à la suite d'un accord intervenu entre les

1. A. N. X¹ᵃ 1486 fol. 166 v°.
2. A. N. K 71, n° 33. Isambert, t. X, p. 639.

rois de France et de Navarre, le premier rapporta les confiscations prononcées : mais « sans ce que ledit duc d'Alençon,
ne autres sous couleur d'aucuns dons qui en pourroient avoir
esté faicts par le trespas dudict deffunct de Graville, tel que
dessus est dict, peussent ne deussent pretendre aucun droit
en icelles, neantmoins les ducs et comtes d'Alençon qui lors
et depuis ont esté, sous couleur dudit don, se sont efforcez de
jouir, et de faict ont jouy des terres et seigneuries de Bernay ».

Ce récit que nous avons abrégé est assez inexact [1]. Les
fautes qu'on pouvait reprocher à l'ancêtre de Graville sont
passées sous silence, et les conditions du don à la famille
d'Alençon sont dénaturées.

En effet, la pièce ne dit pas que Jean de Graville fut un des
meurtriers du connétable, Charles d'Espagne, assassiné à
Laigle, le 6 janvier 1354 [2]. Elle oublie aussi que Jean de Graville
avait été du nombre des seigneurs qui, en Normandie, résis-
tèrent à la levée de la gabelle sur leurs terres et cherchèrent
un appui auprès du roi de Navarre [3]. Ces deux omissions —
qu'il est difficile de considérer comme fortuites — sont suivies d'une erreur incontestable. D'après la lettre patente de
Louis XI, les terres de Bernay et de Séez auraient passé aux
d'Alençon, par voie de donation, tandis qu'en réalité c'est à
titre d'échange qu'ils en devinrent possesseurs ; en effet, le
5 juin 1356 [4], le roi échangea les terres confisquées sur Jean
Malet, sire de Graville, situées dans le comté d'Alençon, contre
un manoir à Saint-Ouen appartenant à Marie d'Espagne, comtesse d'Alençon, et le 8 juin, Marie d'Espagne, comtesse
d'Alençon confirmait cet échange [5].

1. Voir le récit exact dans *Étude sur la vie d'Arnoul d'Andrehen*, par
E. Molinier, Paris, 1883, p. 59-61, et *Chronique des quatre premiers Valois*, p. 36.
2. Froissart, éd. Luce, IV, p. LI.
3. Froissart, éd. Luce, IV, p. LXV.
4. Pannier, *La noble maison de Saint-Ouen*, Paris, 1872, *Pièces justificatives*,
n. 58.
5. *Ibid.* P. J., n. 59.

Ces inexactitudes et le soin que prend l'acte en question de restreindre les droits de la famille d'Alençon nous montrent que Graville ne fut pas étranger à sa rédaction ; cet acte avait pour lui une importance capitale : c'était en quelque sorte la réhabilitation de son ancêtre : il est donc tout naturel qu'il se soit efforcé de représenter cette restitution moins comme la récompense de son dévouement que comme la réparation légitime d'un dommage dont son trisaïeul aurait été victime.

Il est surprenant que cette restitution ait été faite à Louis de Graville [1], que rien n'avait encore illustré, plutôt qu'à son grand-père, le compagnon de Jeanne d'Arc, et grand maître des arbalétriers sous Charles VII ; mais, à cette époque, il eût fallu trouver une compensation pour le duc d'Alençon : en 1474, au contraire, il venait d'être déclaré coupable de lèse-majesté et ses biens avaient été confisqués. Graville ne laissa pas échapper cette occasion. La tâche lui fut sans doute facilitée par le roi lui-même tout disposé à dédommager la famille de Graville des pertes que lui causait la captivité de son chef en Angleterre. Le 29 décembre 1474, le Parlement enregistrait la donation, et la Chambre des comptes le 2 janvier 1475. Louis de Graville prenait aussitôt ses nouvelles qualités ; au mois d'août 1475, dans l'octroi de la terre de Vandeuil [2], il est intitulé « seigneur de Montagu, Séez et Bernay ».

Quoique la lettre patente fût très explicite et que la donation fût des plus larges, Graville, qui aimait les choses parfaites, n'en jugea les termes ni assez clairs, ni assez formels ; il préten-

---

1. Le doute est impossible sur ce point : c'est à Louis que la cession est faite et non à son père : « Parquoy nostredit cousin de Montagu nous a fait remonstrer les choses dessus dictes et que les dictes terres... sont le propre heritage de ces predecesseurs, qu'il est filz dudict seigneur de Graville qui a present est et son heritier presomptif, et pour ce le voulsissions restituer et remectre en la possession et joyssance d'icelles au lieu de son dict pere qui à present est prisonnier en Angleterre. »

2. Archives nationales, X1ᵃ 8607, fol. 98 vᵒ.

dit que la haute, basse et moyenne justice qui avait appartenu
à ses prédécesseurs, n'étant pas mentionnée, ne lui serait pas
rendue ; Louis XI fit droit à sa requête et, le 18 décembre 1475 [1],
il lui concéda « la haute justice, moyenne et basse et droiz de
chastellenie ». Le seigneur de Séez et Bernay nommera les
officiers qui rendront la justice en son nom [2], et il ne prêtera
ainsi que ses successeurs qu'un hommage au roi, en tant que
duc de Normandie [3]; il devient donc le vassal direct de la
couronne.

Louis de Graville dut entrer sans retard en possession de
ses nouvelles propriétés et des privilèges que lui conférait la
déclaration royale du 18 décembre 1475; le 2 mai 1478, c'était
un fait depuis longtemps accompli : à cette date [4], Jean Louvet,
procureur du sire de Montaigu et son receveur, attestait à
Jean Chesnel, bailli de Séez et Bernay, que le seigneur de
Montaigu et ses officiers avaient « jouy et exploicté du contenu
esdictes lettres, tant en recepte que en judicature ». Cette possession cependant n'allait pas sans quelques difficultés. Louis
de Graville, en 1482, « doubta [5] que soubz la generalité des
« dites premieres et secondes lettres, les preeminences et
« prerogatives à lui données par nous, en faisant lesdits don et
« restitution et ampliation, et soubz les appartenances et
« appendances des dites terres l'on lui voulsist obvier ou dire
« qu'il ne peut faire cueillir, lever, recevoir ne applicquer à
« son prouffict les fouaiges et drois de tiers et danger. » Il

1. A. N. X¹ᵃ 8607, fol. 486.
2. « Voulans et octroyans que pour icelle haulte justice, moienne et basse et
droiz de chastellenie exercer et entretenir, il puisse commettre, constituer et
establir baillifs, seneschaux, vicomtes, etc., ».
3. « Declarons… que icelluy nostredit cousin, ses heritiers, successeurs et ayant
cause, tiendront dores en avant de nous et de nos successeurs, roys de France et
ducs de Normandie lesdites terres — en une seule foy et hommage, à cause de
nostre dit duché de Normandie, soubz le ressort de nostre eschiquier. »
4. Archives nationales, K 71, n° 33 *bis*.
5. *Ibid.*, X¹ᵃ 8603, fol. 98.

prévoyait plusieurs troubles, controverses et altercations « qui
« se pourroient ou temps avenir nourrir et susciter ».

Le roi pour mettre l'esprit de son cousin en repos, « desi-
« rans, dit-il, le bien et avancement de nostre dit cousin le s^r
« de Graville... entend par ses don et restitution avoir donné,
« octroyé, cedé, transporté et delaissé la perception des
« fouages, tiers et danger avec les echoites et les nouveaux
« acquets ; » il y ajoute le patronage de l'église de N. D. de
Montperroux [1].

L'année 1474 vit Graville comblé des bienfaits royaux :
Louis XI, le même mois où il venait de lui restituer les
terres de Séez et de Bernay, érigeait la seigneurie de Graville en haute justice [2]. Mais quelques difficultés furent soulevées [3] par l'échiquier de Normandie, qui, sur le rapport
du bailli de Caux, commis à l'examen de cette affaire, n'enre-
gistra les lettres patentes (24 novembre 1474) que sur « l'exprès
commandement du roi, son voulloir et plaisir », et sous les
modifications et réserves suivantes : 1º appel pourrait être
porté au bailli de Caux des sentences du bailli de Graville ;
2º les sergents royaux pourront, dans le ressort de la seigneurie
de Graville, faire tous les exploits requis ; 3º enfin, les notaires
et tabellions nommés par le seigneur de Graville ne dresseront
que les actes intéressant les personnes « demeurant en la
seigneurie ». La situation était donc moins belle qu'à Séez
et Bernay, où Graville était maître souverain après le roi
et où il échappait à la juridiction du bailli d'Alençon. La
Chambre des Comptes de Paris [4] entérina la création royale
sous les conditions et réserves stipulées par l'échiquier de
Normandie.

1. Près d'Essai (Orne, arrondissement d'Alençon, canton du Mesle).
2. Archives départementales de la Seine-Inférieure, A 8/30 *bis.*
3. *Ibid.*, A 8/30 *bis.*
4. *Ibid.* A 8/31 *bis.*

Pendant l'année 1474, la pension de Graville était de
1200 l. [1] ; il lui fut alloué la même année, à titre de gratification, 564 l. t. qui lui furent payées le 5 février 1475 par Jean
Raguier, receveur général des finances en Normandie, sur les
revenus du grenier à sel de Pont de l'Arche [2].

Jusqu'ici nous avons vu Graville augmenter sa fortune, mais
sa situation n'a pas suivi les mêmes progrès : il est resté simplement conseiller et chambellan du roi. L'année 1475 marque,
pour Graville, la fin de cette période de jeunesse, de transition.
Le 10 juin 1475 lui réservait une belle revanche ; ce jour-là le
roi lui assigna un poste de confiance : l'office de capitaine des
cent gentilshommes de sa maison, vacant par la mort d'Hector
Goulart, et l'établit, à vrai dire, le gardien de sa personne [3].
Louis de Graville sera donc dès lors en rapports incessants
avec le roi qui, avec sa profonde connaissance des hommes,
l'appréciera tous les jours davantage. Les lettres de provision
contiennent un préambule des plus flatteurs, où les éloges les
plus vifs ne lui sont pas marchandés. Après avoir rappelé d'un
mot les services passés de Louis, le roi s'étend avec complai-
sance sur les motifs de cette nouvelle grâce, sur la singulière
confiance qu'il a « de sa personne et de ses sens, suffisance,
« loyauté et vaillance, bonne diligence et experience et grant
« dilligence ». Le nouveau capitaine ne passera pas montre,
comme les commandants des compagnies d'ordonnance, mais
recevra sa solde et celle de ses gens par mois, par deux mois,
par trimestre des mains du notaire et secrétaire royal Morelet
du Muscau ; il nommera et cassera les hommes d'armes à sa
volonté ; son traitement sera de 1.200 l. t. par an, à dater du
10 juin 1475 ; chaque lance fournie recevra 30 l. t. par mois,

1. B. N. Ms. fr. 21448.
2. B. N. Cabinet des titres, Pièces originales, Malet, n° 45.
3. « Conducteur des cent hommes d'armes et leurs archers que nous avons establis et ordonnéz pour la garde de notre corps. » V. P. J. n° 2.

sur lesquelles on prélèvera 50 s. pour l'enrôlement et l'entretien des archers.

Graville exerça jusqu'au 18 septembre 1481 cet office où il eut pour successeur Thibaut de Beaumont, seigneur de la Forest. Les lettres de provision de ce dernier ne motivent pas la retraite de Graille [1], le roi dit simplement « le descharger de cet office ». Il est fort possible que notre chambellan, dont la santé fut toujours précaire, ne put soutenir les fatigues que lui imposaient ses importantes fonctions, et s'en démit à la première occasion favorable.

L'année 1475 fut heureuse pour Graville. En août [2], Louis XI récompensant « la vraie et loyalle amour et affection » que Graville avait toujours eue envers lui, lui concéda la terre et seigneurie de Vandeuil [3] à charge d'hommage-lige. Tous les droits du nouveau possesseur sont mentionnés et constituent une longue énumération [4].

L'année suivante débuta sous de non moins heureux auspices. Le 7 janvier 1476 [5], le roi octroyait à ses deux chambellans, Louis de Graville et Jean Blosset, seigneur de Saint-Pierre, les terres de Saint-Mars, Villaines, Villemoiron, Bourdenay, Mazières et Langery, formant avec le manoir de la Faucompere, sis en la prévôté de Richemont (Aisne), la seigneurie de Montceaux. Cette donation ne fut enregistrée par le parlement que le 7 décembre 1482.

Cette seigneurie, comme celle de Vandeuil, avait été confisquée sur le connétable de Saint-Pol [6].

<hr>

1. B. N. mss. fr. 21448.
2. Archives nationales, X^{1a} 8607, fol. 98 v°.
3. Aisne (canton de Mayenne, arrondissement de Saint-Quentin).
4. « Avecques tous les drois, noblesses, prerogatives, juridiction, haulte, moienne et basse et autres appartenances et dependences quelzconques — hommage de quelque qualité qu'ilz soient, droits de guetz, cens, etc. »
5. Archives nationales, X^{1a} 8608, fol. 53 v°.
6. Le 16 avril, le roi lui concédait les revenus du grenier à sel de Dieppe, dont il était déjà capitaine, et le 18 février de l'année suivante, Graville donnait quit-

Louis de Graville se fit bientôt distinguer dans sa charge de capitaine des gardes ; les deux faveurs royales que nous venons de rappeler le démontrent amplement ; mais nous avons une preuve encore plus formelle de la haute estime que Louis XI faisait de ses talents. Au mois de mai 1476, il lui confiait une mission, dont le poste qu'il occupait auprès de lui semblait devoir l'écarter, mais à laquelle le désignaient certainement la pénétration de son esprit et son caractère conciliant.

Le roi René, par son troisième et dernier testament, avait institué pour son héritier universel Charles III, duc de Calabre et comte du Maine [1]. A la nouvelle de cet acte, Louis XI, qui n'attendait que la mort de son oncle pour réunir au domaine royal les duchés de Bar et d'Anjou, prévint cet évènement, se saisit des duchés et y installa son administration. Le vieux roi paraît avoir cherché alors un appui auprès du duc de Bourgogne [2]. Mis au courant de ces menées, Louis XI fit ajourner le roi de Sicile devant le parlement de Paris (avril 1476) [3]. Mais, entre temps, la défaite subie à Granson (20 février), par Charles le Téméraire, privait René de son soutien, et le 11 avril, à Pertuis, il s'engageait envers les envoyés du roi, l'archevêque de Vienne, le maire de Bordeaux et le premier président du parlement de Toulouse, à « *ne pactiser avec aucun des ennemis de la couronne* [4] ». Cependant sa soumission n'était pas complète ; il se refusait à reconnaître les faits accomplis dans les duchés de Bar et d'Anjou. Espérant le persuader, le roi manda auprès de lui, à Lyon, René qui y arriva le 4 mai. La négociation était épineuse, comme l'a fort bien remarqué M. Lecoy de la Marche [5], dont nous reproduisons les termes propres, entre

---

tance au grenetier, Laurent Sureau, de 500 l. t. provenant de ces revenus qu'il venait de lui payer. (B. N. Clairambault, t. 130, n° 1375).

1. 22 juillet 1474. Voir Lecoy de la Marche. *Le roi René*, I, p 291, note.
2. *Ibid.*, p. 400 et 401. Commines, éd. Dupont, t. II, p. 199.
3. Lecoy de la Marche, *op. cit.* p. 402.
4. *Ibid*, p. 405.
5. *Ibid.*, p. 407.

Louis qui voulait garder l'Anjou et acquérir des droits sur la
Provence, et René qui voulait garder la Provence et recouvrer la
pleine possession de l'Anjou. Toutes ces prétentions du roi de
Sicile étaient encouragées par le duc de Calabre qui voulait être
admis comme héritier légitime, obtenir à sa mort le comté de
Provence et partager avec la France le duché d'Anjou où on lui
constituerait un comté avec Saumur, Loudun, Champtoceaux,
et La Roche-sur-Yon. Il est évident que si on fournissait à
René la preuve que Charles de Calabre avait rabattu de ses exigences, sa résistance s'en trouverait singulièrement affaiblie, et
qu'abandonné du principal intéressé après lui, il cèderait sur
tous les points. C'est ce que Louis XI avait compris tout de
suite. Aussi, avant même l'arrivée de son oncle à Lyon, pour
arracher des concessions à Charles de Calabre, lui avait-il
dépêché Graville. Il le joignit à Châtellerault et, le 6 mai, fut
passé entre le duc de Calabre et Louis de Graville, agissant
pour le roi, un projet de traité qui devait être soumis à la
ratification du roi[1].

Graville dut maintenir avec énergie les demandes de son
maître, car le duc de Calabre réduisit singulièrement les
siennes. Les droits de Charles III ne sont admis qu'à titre de
prétentions[2]; il perd Saumur, Loudun, Champtoceaux, qui,
avec Angers, Baugé, la Ménitré, constitueront le duché
d'Anjou « compétent et appartenant au roi »; en retour, il
obtient le comté de Beaufort en Vallée avec les terres et seigneuries de Mirebeau, Sablé et La Roche-sur-Yon ; mais le titre
de comte d'Anjou qu'il ambitionnait lui fut refusé. Le traité et
« appointement » fut ratifié par le roi à Lyon, le 14 mai 1476[3].
Peu après, il notifia au duc de Calabre[4] sa ratification et lui

1. P. J. n° 3.
2. « Pour le droit par luy pretendu et choses dessus dictes tant en proprieté
de present que comme heritier presomptif du roi de Cecille. »
3. P. J., n° 4.
4. P. J., n° 5.

réclama la sienne : dans cette missive, après lui avoir témoigné sa satisfaction de la conclusion de l'entente, il donne pour motifs à son refus de créer un comté d'Anjou en faveur de Charles de Calabre, que les terres qui étaient attribuées à ce dernier par l'accord en question font partie de « l'ancien appanaige de la couronne et paravant qu'il y eust oncques duc en Anjou ». En terminant, il rappelle que le roi René est à Lyon, et que toutes les autres questions relatives à l'Anjou seront réglées pendant ce séjour[1].

Par la donation des reliefs (20 août 1476), lods et ventes et droits seigneuriaux provenant de la vente par adjudication de la seigneurie de Redeval, relevant du roi et en qualité de seigneur d'Andelys[2], Louis XI semble avoir voulu récompenser le récent succès diplomatique de son chambellan.

La même année vit Graville diplomate et juge : il tint ce dernier emploi dans le procès de Jacques d'Armagnac, duc de Nemours[3]. L'instruction dirigée contre le connétable de Saint-

---

1. Cette lettre du roi, dont nous n'avons retrouvé que la minute, n'est pas datée, mais comme elle fait allusion aux conférences que Louis XI et René d'Anjou tinrent à Lyon, où René demeura du 4 mai au 9 juin ; que la ratification de la convention de Châtellerault est du 14 mai, qu'enfin, la lettre est postérieure à la ratification, elle a dû être écrite entre le 14 mai et le 9 juin.

M. Lecoy de la Marche ne s'est servi que de la pièce du 14 mai (*op. cit.*, p. 408), encore prétend-il qu'aucun effet ne sortit de cet acte (*ibid., ibid.*) : c'est se contredire puisqu'il dit un peu plus loin, p. 436 : « Le testament de René et les conventions de Lyon reçurent leur pleine exécution... Le duché d'Anjou fut immédiatement réuni au domaine royal, non de plein droit, mais du consentement de l'héritier. » La convention de Châtellerault n'est-elle pas ce consentement ?

2. B. N. Cabinet des titres. Pièces originales. Malet, n° 46. — La seigneurie de Redeval avait été mise en vente par son propriétaire, Guillaume Picart, seigneur d'Estelan, de Bosc Achard et de Redeval, grand maître de l'artillerie, qui avait prêté hommage pour elle, le 17 janvier 1469 (P. Anselme, VIII, p. 160) : nous ignorons qui en fut l'acquéreur.

3. Nous empruntons notre récit du procès, dont la Bibliothèque ne possède que des extraits ou des copies incomplètes, à un manuscrit conservé sous la cote L⁷ 7 à la Bibliothèque Sainte-Geneviève, au moins depuis 1753 ; on lit, en effet, sur le premier feuillet : « *ex biblioteca sanctæ Genovefæ*, 1754. » C'est un volume en papier de format in-4°, de 484 feuillets. L'écriture est du XVᵉ siècle. Ce manuscrit offre, selon nous, la reproduction des rôles mêmes du procès ou d'une copie faite

Pol avait révélé les menées de Nemours avec Saint Pol,
Charles le Téméraire et le duc de Bourbon, Jean II[1]. Louis XI
lui avait enjoint de se rendre auprès de lui; loin d'obéir, le
duc s'était fortifié dans Carlat (Cantal), où le sire de Beaujeu
l'avait assiégé sur l'ordre du roi[2]. Le 9 mars 1476, il signa
une capitulation; retenu prisonnier, il fut enfermé d'abord à
Vienne, puis au château de Pierre Encize, sous la garde de
Blosset; enfin, il fut transféré à la Bastille, où il arriva le
4 août[3]. Louis XI avait de bonnes raisons pour se montrer
sévère à l'égard de ce parent; Jacques d'Armagnac avait été le
« mignon du roy Loys », à ce que dit Robert Nevill[4]; son
comté de Nemours avait été érigé en duché-pairie (1461); il
ne répondit à ces marques d'amitié que par des trahisons; il
entra dans la Ligue du Bien-Public; au cours de la procédure
dirigée contre lui en 1466[5], à Orléans, le 18 novembre, à
Rodez, du 16 au 19 décembre, il avoua que, de concert avec

directement sur les rôles; de plus, la meilleure copie du procès gardée à la
Bibl. nat. (Mss. fr. 16542) et datant du xviiie siècle ne diffère du manuscrit de la
bibliothèque Sainte-Geneviève que par des détails orthographiques, donc elle
reproduit le manuscrit ou celui-ci reproduit l'original. En voici l'analyse.

1° Lecture devant le parlement des lettres patentes de Louis XII (Aubervilliers
27 janvier 1477) adjoignant le parlement aux commissaires pour juger Nemours
(fol. 1-fol. 3).

2° Résumé des agissements du duc de Nemours de 1465 à 1476 (fol. 3[a] fol. 98[b]).

3° Lettres patentes (Cléry, 22 septembre 1476) nommant la commission d'enquête (fol. 98[b]-fol. 100[a]).

4° Interrogatoires des témoins et des complices de Nemours et de Saint-Pol
(fol. 100[a]-fol. 251[b]).

5. Reprise de la procédure devant le parlement et la commission d'enquête,
arrêt et exécution (fol. 251[b]-fol. 484[b]).

Pour abréger les renvois, nous désignons le manuscrit de la bibliothèque
Sainte-Geneviève par les lettres S. G. avec l'indication du folio.

1. Après la lecture du procès, les accointances et la complicité de Nemours ne
sont plus douteuses.

2. B. N. Mss. fr. 16542 f. 432[b].

3. Barante, *Histoire des ducs de Bourgogne*, t. XII, p. 354.

4. Comm., éd. Dupont, t. III, p. 215.

5. Ces interrogatoires se relient sans doute à l'enquête dirigée contre le comte
du Maine.

le sire du Lau, il avait médité d'assassiner Louis XI à Montluçon, lorsque celui-ci alla combattre en Bourbonnais les seigneurs du Midi. Du Lau et Nemours tentèrent de tuer ou d'enlever le roi à plusieurs reprises, mais toujours avec aussi peu
de succès, à Saint-Pourçain, à Aigueperse, au retour de Lyon,
à Montluçon, en revenant du Bourbonnais; Nemours avait
même proposé au duc de Bourbon de l'enlever en cette dernière ville, tandis que lui-même viendrait demander son par-
don. Le vendredi 13 septembre 1465, à Conflans, Nemours, en
l'hôtel du comte de Charolais avec les ducs de Berry et de
Bourbon, Dunois, Chabannes, comte de Dammartin[1], jurait
de ne point traiter séparément avec le roi. Le lendemain, le
comte de Saint-Pol venait prêter le même serment[2]. Néanmoins,
le 5 octobre, par le traité de Conflans, Jacques d'Armagnac
« fait serment au Roy lui promettant tenir son party[3] ».
Promu, à la suite de cette paix, gouverneur de Paris et de
l'Ile de France, il redevenait traître le lendemain; « toutes
« fois depuis feit le contraire, dont le Roy conceut ceste longue
« hayne que il avoit contre luy, comme plusieurs fois il m'a
« dict[4]. » En 1469, il s'associe à la révolte du comte d'Armagnac, son cousin; le roi expédie contre lui Chabannes[5], qui
l'obligea à traiter (8 décembre 1469[6]); par le traité de Saint-
Flour (17 janvier 1470), Nemours renonça aux droits et privilèges de la pairie, en cas de récidive. « Et dès à present, de
« son consentement, a volu et consenty icelluy de Nemoux que
« ou cas que il contreviendra à ce que dit est, que par tel juge
« ou juges ecclesiastiques qu'il plaira au Roy nommer, choisir

---

1. S. G. 4[b], fol. 5[b]. Chazaud, *La Ligue du Bien public en Bourbonnais*,
Moulins, 1872, p. 55.
2. S. G., in-fol. 3[b].
3. Comm., éd. Dupont, t. I, p. 26.
4. *Ibid., ibid.*
5. S. G., fol. 19[b].
6. *Ibid., ibid.*

« ou eslire, lesdites peines et censures soient à l'encontre de
« luy promulguées [1]. » Mais la peur passa, et il continua à agir
en ennemi.

« Il se tenait cantonné dans ses places n'envoyant pas un de
« ses gentilshommes pour servir le roi. Quiconque se hasardait
« à appeler au Parlement, était battu, blessé. Les consuls
« d'Aurillac ne pouvaient sortir, pour les affaires des taxes,
« sans être détroussés par les gens de Nemours. Il correspon-
« dait avec Saint-Pol et voulait marier sa fille au fils du conné-
« table ; il promettait d'aider au grand complot de 1475, en
« saisissant les finances du Languedoc [2]. » Ce passage est très
exact : il ressort des articles du procès de Jean Dismier « fait
au mois de novembre mil IIII^c LXXII [3] » que le comte
d'Armagnac réfugié à Fontarabie correspondait par son intermédiaire avec le duc de Nemours, sa femme et le connétable
de Saint-Pol ; celui-ci envoya son secrétaire Bonnet à deux
reprises auprès de Nemours qui se serait déclaré prêt à servir
les intérêts de Charles, duc de Guyenne, et se serait secrètement
entendu avec le duc de Bourbon.

En ce qui regarde les abus de pouvoir signalés par Michelet,
la procédure entre dans de longs et intéressants détails ; ils
nous sont fournis par le compte rendu de la mission en Languedoc du conseiller Aubert le Viste ; parti de Paris le 11 mars,
il arrive à Aurillac le 21 mars 1475. Les gens de cette ville [4]
forment un vrai monopole pour ne point payer au roi les
sommes qui lui sont dues ; ils empiètent de toutes manières sur
les droits financiers et la juridiction royale. Nemours les y
aide. Dans les extraits des informations adressées à Aubert le
Viste par les consuls d'Aurillac [5], on voit Jacques de Balsant,

1. S. G., fol. 19^a.
2. Michelet, *Histoire de France*, t. VI, p. 264.
3. S. G., fol. 23^b.
4. Fol. 38^b, 43^a.
5. Fol. 58^b.

châtelain de Carlat pour le duc, guetter les consuls d'Aurillac qui se rendaient à Toulouse pour y porter l'argent du roi et les dépouiller. Les jours de foires, il épiait les marchands, les arrêtait, les enfermait dans les châteaux de Nemours et ne les relâchait que moyennant rançon. Le bailli de Murat, Hugues Chameilz, eut l'un de ses serviteurs enlevé par 200 hommes du duc [1]. Tant d'ingratitude lassa la clémence du roi ; c'est alors qu'il fit arrêter le duc.

Le 22 septembre 1476, Louis XI ordonne et députe « à faire « faire le procès du duc de Nemours nostre amé et feal chan- « celier (P. Doriole), nostre cher et feal cousin, conseiller « et chambellan Loys de Graville, seigneur de Montagu [2], etc.

Après avoir rappelé tous ses griefs contre Jacques d'Arma- gnac, après avoir observé qu'au traité de Saint-Flour, ce der- nier a renoncé aux prérogatives de la pairie au cas d'une réci- dive, le roi dit « savoir faisons que nous, considéré la grandeur « de la matiere, laquelle nous avons très à cueur... par l'advis et « deliberatïon desdits seigneurs de notre sang entre lesquels... « avoit des pers de France et autres de nostre grant conseil », ordonne à ces commissaires de commencer l'instruction et d'interroger Nemours et ses complices. « Si vous mandons et « commandons, et expressement enjoignons et commettons » par ces presentes que vous reprennez par devers vous toutes « les informations que pourrez trouver faictes et à faire... et, si « mestier est, et que voyez que le cas le requiert, en faictes ou « faictes faire de nouvelles ». Graville, ainsi qu'on le voit, nommé par le roi immédiatement après le chancelier, se mêla activement à toute la procédure, quoiqu'il ne vînt pas aux pre- mières séances. La commission siégea à la Bastille, au Louvre ou en l'hôtel du chancelier.

1. S. G., fol. 60ᵛ.
2. Fol. 98ᵛ.

Voici la manière dont elle procédait : on questionne d'abord les témoins et complices; puis, sur leurs dépositions, on interroge Nemours; les interrogatoires se poursuivent parallèlement, à partir du 7 novembre 1476.

La première séance se tint, le 30 septembre, au château de Vincennes. On y examina plusieurs personnes; d'abord, un « adherent » du duc de Nemours, Pierre des Cordes, chevalier « natif de la ville « d'Aurillac, demourant oudit lieu d'Aurillac et naguere « lieu tenant dudit lieu, aagé de xlvij ans ou environ[1] ». Les commissaires présents étaient le chancelier Doriolle, Boullenguier, Blosset, Bouffille le juge, « vige roy en Roussillon, » Jean Baillet, Thibault Baillet, Jean Aubert et Aubert le Viste. Ils s'efforcent surtout d'arracher à Des Cordes des renseignements sur Pozols et sur la manière dont Carlat fut fortifié pour supporter le siège[2]. Le soir du même jour, les commissaires ayant appris l'arrivée de Jacques Balsant, le châtelain de Carlat, qui détroussait si audacieusement les consuls et les marchands d'Aurillac, se transportèrent au Louvre : ils le questionnèrent sur les mêmes points que Des Cordes. Pierre Rogade dit Cabeinnes, valet de chambre de la duchesse, introduit, déchargea le duc de toute accointance avec les Anglais; de même Jacques de Balsant proteste qu'il ne veut pas trahir l'honneur de son maître ; d'ailleurs, « viel ancien fort maladif, il n'a plus guere à vivre[3]. » Nous ne nous arrèterons pas aux séances des 2, 3 et 4 octobre, où Hector de l'Ecluse, seigneur du Mas en Bourbonnais, Jacques de Montanac, échanson de Nemours, et quelques autres dénoncent les pratiques de Nemours avec le duc de Bourgogne et le connétable, etc., car nous avons hâte d'arriver au moment où Graville intervient.

1. **S. G., fol.** 100ᵇ.
2. Fol. 100ᵃ et sqq.
3. Fol. 106ᵇ.

La première séance à laquelle il assiste est celle du lundi
7 octobre 1476, à la Bastille [1]. Il était en compagnie du chancelier, du premier président, du seigneur de Saint-Pierre. On
fit comparaître de nouveau Balsant de qui l'on s'efforça d'obtenir l'exposé des empiètements des sergents du duc, le récit de
leurs vols par les grands chemins, des arrestations qu'ils
avaient opérées, etc. L'après-dîner, au Louvre, l'interrogatoire
se passe devant les mêmes commissaires [2], ils voudraient éluci-
der une ancienne déposition du bailli de Montferrand [3] ; le
23 mai 1476, celui-ci avait déjà répondu au sujet d'un héraut
venu d'Angleterre pour conférer avec le duc de Nemours ; il dit
l'avoir vu traverser la ville, mais ignorer les motifs de son
voyage.

Le lendemain, à la Bastille, Graville fut présent à un nouvel
interrogatoire de Jacques de Balsant ; accusé d'avoir encou-
ragé les gens d'Aurillac à résister à l'autorité royale, d'avoir
jeté un sergent du roi dans un cul de basse fosse [4] et d'en
avoir tué un autre appelé Rezon du Molin, Balsant avoue tous
ces excès de pouvoir. Il ne les a pas commis sur le commandement de Nemours, mais « par sa folie » (fol. 136[b]). Le jeudi,
10 octobre, par devant la commission où siège Graville, comparaît Pierre Vielhart, marchand d'Aurillac ; il dépose comment
Balsant « lieutenant ou capitaine de Carlat » l'a fait arrêter lorsqu'il se rendait à Toulouse, pour y chercher de l'argent ; il ne
fut délivré que contre rançon ; on le confronte avec Balsant qui
change de visage et s'embarrasse dans ses réponses [5].

Le même jour, on fit venir Louis de Lussault, seigneur de
Villeret, natif de Touraine, député vers Nemours par Charles,

1. S. G., fol. 116[b] et sqq.
2. Fol. 122[a].
3. Fol. 91[b].
4. Fol. 127 à 131[a].
5. Fol. 135[b] à 138[a].

duc de Berry, pendant son exil en Bretagne ; l'objet de sa mission était de faire savoir au duc de Nemours que Charles de France se souciait peu de la Normandie et ne voulait pas être aidé des Bourguignons pour la reprendre. Lors d'un second voyage à Vannes, il fut envoyé à Nantes auprès de l'évêque de Verdun [1]. Le soir même, cet évêque, nommé Guillaume de Haraucourt, prisonnier à la Bastille, confirme la déposition précédente [2]. Nous trouvons ensuite une série d'interrogatoires secondaires ; ce sont ceux de Bonnet de Salles (10 oct.), de Jacques de Montamer (13 oct.), de Louis de Pozols, écuyer d'Aurillac ; de David Collesson, lieutenant des Maréchaux de France [3], de Bertrand de Mons, protonotaire, abbé commendataire de Lester (17 oct.), de Jean Richer, serviteur de Miquelot Fauvel, dit de Bucy [4] ; la commission désirait être éclairée sur le rôle de Miquelot de Bucy, alors décédé ; c'était un archer picard qui servit d'intermédiaire au connétable de Saint-Pol et au duc de Nemours lors du débarquement d'Edouard IV [5]. Bertrand de Mons fut encore interrogé, le 17 ou le 18 oct., sur les rapports de Nemours avec son cousin le comte d'Armagnac [6].

Le jeudi 24 octobre 1476, en l'hôtel du chancelier, furent lues les charges [7] réunies contre Henri de Pompignac « dit Palamides, chevalier, seigneur de Pompignac », au diocèse de Saint-Flour, sénéchal de Castres, détenu à la Bastille [8]. Le lendemain, il dira qu'il ne sait « combien il a d'age » ; il était au service de la maison de Nemours depuis le couronne-

1. Fol. 138ª à 139ᵇ.
2. Fol. 142ᵇ à 145ª.
3. Fol. 145 à 154.
4. Fol. 154ᵇ-fol. 159ᵇ.
5. Fol. 69ᵇ-70ª.
6. Fol. 159ᵇ-162ᵇ.
7. Fol. 172ª.
8. Fol. 174ª.

ment de Charles VII ; il fut l'écuyer du connétable d'Armagnac, père de Nemours ; il passa au service du duc lui-même,
un an ou deux avant la conquête de la Normandie ; il fut gouverneur de l'accusé ; « interrogué sy ledit Nemoux a point esté
« à l'escolle, dit que paravant qu'il fust baillé en gouverne-
« ment à luy qui parle, il avoit esté cinq ou six ans et depuis
« y fust par aucun temps [1] ». Son élève, en 1456, peu après la
mort de son père, lui fit don des lieux de Berens [2], Montans et
Saint-Félix dans le comté de Castres. Il avait « le gouverne-
« ment et charge de la personne et des affaires de monseigneur
« de Nemoux ; il veilloit à la despense et conduicte de son
« hostel [3] ». Il fut créé par son maître sénéchal de Castres, et
obtint en 1475, de Louis XI, dispense de servir dans les
troupes royales. Rendu à la liberté, il prêta, en 1482, foi et
hommage au baron de Mercœur, pour son château de Pompignac [4].

Le 25 au matin, première comparution à la Bastille ; les
commissaires, pour ne pas l'intimider, délèguent à le faire parler le chancelier, le premier président, Louis de Graville
(Graville sera presque de toutes les séances où paraîtra Pompignac), le sire de Saint-Pierre et Philippe Luillier [5] : « ils lui
remonstrent doulcement sez promesses passées. » Palamède ne
sait pour le présent que dire ; il promet d'avouer toute la vérité :
il raconte une discussion violente survenue à Tours entre
Louis XI et la duchesse de Nemours, près d'accoucher ; au
moment où Pompignac allait retourner près de son maître, il
demanda au roi que lui rapporter : « Dites luy ce que vous
vouldrez ; c'est ung mauvais homme, » et il lui tourna le dos [6].

---

1. S. G., fol. 425ᵇ.
2. Tarn, arrondissement de Gaillac. D. Vaissete, V. p. 40.
3. Fol. 17ᵇ.
4. Bouillet, *Nobiliaire d'Auvergne*. Clermont-Ferrand, 1845, v. p. 152-3.
5. S. G., fol, 172ᵇ.
6. Fol. 173ᵇ.

L'interrogatoire se poursuit le 26 ; on le questionna sur les rapports de Nemours avec Saint-Pol ; il nie qu'il y ait eu entre eux autre chose que des relations d'intérêt privé, ayant pour objet des terres en Hainaut.

Le mardi 29 octobre, Pompignac [1] soutient que le sire de Beaujeu lui avait promis par lettre « trouvée en sa boete » qu'il n'aurait « aucun destourbier ne empeschement » ; ces promesses avaient été mal observées, puisqu'il n'avait plus d'argent ; il déclara qu'on ne voulait plus le raser à crédit et les commissaires lui firent restituer les 200 écus saisis en sa « boete ».

Le même jour, on chercha à tirer d'Isabelle du Fromente, veuve de Miquelot Fauvel, des renseignements sur les allées et venues de son mari, entre Nemours et Saint-Pol ; elle prétendit tout ignorer.

Le 30 octobre, le matin et le soir, nouvelles auditions de Pompignac [2] ; il a « autreffoy ouy dire (au duc de Nemours) « qu'il estoit l'un de ceulx que le roy haioit le plus, dont le « dit de Nemoux disoit estre desplaisant ». Le témoin, qui s'efforce de disculper son ancien élève, assure que celui-ci était peu lié avec le connétable de Saint-Pol. Le soir, Antoine Gomerc de Cheneraillos, en la Marche, fut interrogé ; il apprend que Fauvel était mort de la lèpre.

Un nouveau personnage entre en scène, le 7 novembre ; c'est le duc de Nemours [3]. « Item s'ensuit le procès fait par les « commissaires dessus nommez à l'encontre dudit Jacques « d'Armignac duc de Nemoux sur les charges et informations « dessusdites ». Le 8 novembre, par devant Graville et ses collègues, après avoir prêté serment, il expliqua l'usage qu'il

1. S. G., fol. 176ᵃ-177ᵇ.
2. Fol. 179ᵃ-fol. 180ᵇ.
3. Fol. 269ˣ.

avait fait de Miquelot Fauvel, quand il correspondait avec
Saint-Pol ; les commissaires veulent le convaincre de complicité
avec le feu connétable ; dès lors, criminel de lèse-majesté, il
serait condamné et exécuté comme lui [1]. Graville n'assiste pas
aux séances où paraît Nemours, du 8 novembre au 22 ; mais,
dans l'intervalle, Pompignac avait essayé de correspondre
avec son seigneur prisonnier ; il avait, sans doute avec les 200
écus de sa « boete », corrompu un archer auquel il avait confié
un « escripteau » pour le porter à Nemours [2]. Cet essai de
correspondance fut surpris, et le 19 novembre, Graville et les
autres commissaires firent demander à Pompignac pourquoi il
recommandait au duc de ne charger personne et de se défier
du chancelier. Pour le faire parler clair, on décida le lendemain de le mettre à la question ; mais « les brayes au mares-
« chal » étaient trop fortes pour ce vieillard « decrepit » ;
on se contenta de le soumettre à la courte pointe. Pendant
qu'on le déshabille, on s'informe de la prise de Lectoure, puis il
est étendu sur la courte pointe devant le feu ; il ne révèle rien
sur les entrevues de Saint-Pol et de Nemours [3].

Le 22 novembre, Graville était à la Bastille, où l'on pose à
Nemours des questions sur le traité de Conflans et sur le
voyage de Jean d'Armagnac en Catalogne [4]. Le duc se plaignit
que Philippe Luillier, capitaine de la Bastille, « l'avoit osté de
« ladite chambre et mis en une autre chambre, en une caige
« qui est un lieu bien estrange et fort froit et où n'a retraict ».

Le 26 novembre Graville était à la Bastille ; Pompignac avait
essayé une seconde fois de sortir du secret ; il s'était entendu
avec un boulanger de la prison, Simonnet le Vavasseur, qui
avoue l'avoir mis en relations avec son frère Jean. Découvert,

1. S. G., fol. 269ᵃ-278ᵇ.
2. Fol. 184ᵇ-fol. 185ᵃ.
3. Fol. 188ᵃ à 191ᵃ.
4. Fol. 302ᵃ-306ᵇ.

le prisonnier jeta au retrait son écritoire et ses tablettes, qu'on essaya, mais en vain, de déchiffrer, et il ne voulut pas en dévoiler le contenu. Il finit par déclarer au capitaine de la Bastille, Luillier [1], qu'il dira toute la vérité au chancelier et à Graville ; ces derniers, par décision des commissaires, se rendirent le lendemain auprès de lui pour l'interroger avec douceur, sans user de la question ; il les renvoya, pour connaître les relations de Saint-Pol et du duc à l'évêque de Castres, Jean IV d'Armagnac ; mais il faudra « donner bonne bouche à Monseigneur « de Castres pour la restitucion de ses benefices ». Cependant Jean de Pompignac, après avoir été interrogé [2] par le chancelier fut transféré à la Conciergerie, parce qu'il y serait mieux gardé qu'à la Bastille.

Le 29 novembre 1476, le chancelier et Graville [3] racontent leur visite à Palamèdes ; ils lui ont demandé de revenir sur ses anciens témoignages : il avoue que Bonnet de Salles, dans ses voyages auprès du connétable, avait en sa compagnie Miquelot Fauvel ; d'après lui, jamais le duc de Nemours n'aurait pris d'engagements avec Charles, duc de Guyenne, depuis les traités de Conflans et de Saint-Maur ; lors de l'entrevue de Péronne, il n'a pas communiqué avec le duc de Bourgogne.

Le 3 décembre, à la suite de l'enquête faite par Aubert le Viste à Aurillac, comparaît Guy Briançon, franciscain et ancien confesseur de l'accusé ; on lui intente presque un procès de magie : a-t-il fait des « jugemens [4] »? a-t-il usé d'astrologie à l'égard du roi et de son frère? a-t-il prédit que le duc de Guyenne serait roi, vaincrait les Anglais et les Turcs? Le lendemain [5], il dit que Charles le Téméraire ne devait pas être couronné roi, mais empereur.

1. S. G., fol. 199ᵇ-200ᵃ.
2. Fol. 201ᵃ.
3. S. G., fol. 208.
4. Fol. 219ᵃ à 224ᵇ.
5. Fol. 224ᵇ à 225ᵃ.

Ce même jour (3 décembre), l'archer Chocard révèle que Nemours lui a promis 10.000 écus et 500 livres de rente, s'il l'aidait à s'échapper. Nemours se défend : il a voulu avoir des nouvelles de son procès, mais non se sauver [1]. Le soir, on demande à Nemours ce que Domingo est allé faire à Lectoure ; il dit n'avoir eu avec lui aucuns rapports cachés [2].

Pour qu'une tentative d'évasion ne pût se renouveler et aussi pour faire droit à sa requête du 22 novembre, on décida que la chambre de Nemours serait close de gros barreaux, de « nates », afin qu'il pût y être détenu sûrement et sans danger de sa personne. Le même jour, le duc reconnaît avoir écrit au duc de Guyenne, lors de son séjour en Bretagne. Le 7 décembre il est confronté avec Pompignac, mais sans résultat [3]. Le 14 décembre 1476, Louis de Graville décida avec ses collègues d'adresser une lettre à Louis XI, parce que le procès du duc de Nemours touchait au roi et à la chose publique.

Le 16 décembre [4], on introduit un témoin nouveau, Antoine de Pozols, « prestre, licencié és loix et decrets, archi-diacre de « Maillan en l'eglise de Rodez : » il avait été au service de l'évêque de Castres, après l'année du « mal public » ; en sa compagnie, il est allé à Avignon, puis à Rome, auprès du cardinal de Foix ; par l'évêque, il a été mis au courant des menées du comte d'Armagnac. Ce prélat était ennemi du roi. On l'interroge sur Domingo « taillendier » du duc, qui vint à Lectoure au moment du siège ; il rapporte l'entrevue du duc de Bourgogne avec le connétable, à Valenciennes ; Charles le Téméraire se serait écrié qu'il aimerait mieux se faire cordelier que marier sa fille [5].

1. S. G., fol. 306ᵃ.
2. Fol. 309ᵇ.
3. Fol. 313.
4. 227ᵇ à 230ᵇ.
5. Fol. 231ᵃ.

Après cette déposition, Antoine de Pozols est élargi. Le 16 décembre 1476, Nemours reparaît devant Graville pour répondre sur un cordelier qu'il avait envoyé au duc de Guyenne, lorsqu'il était en Bretagne; il ne conteste aucune de ses intrigues d'alors.

Le 23 décembre, survient Guillaume Brezons, chevalier, seigneur de Brezons, qui donne des détails sur les conférences de Nemours et du duc de Guyenne pendant que le roi était à Ham.

Dans toutes les séances que nous avons résumées, Graville n'a été qu'auditeur. Le 23 décembre [1], il sort de son attitude passive; c'est, en effet, lui qui dirige l'interrogatoire auquel on soumet Palamèdes de Pompignac. Graville commence par demander à Palamèdes, s'il « avoit jamais dit à Monsr de « Brezons que par escript ne se trouveroit point que Monsr « de Nemoux traittast rien avec les seigneurs, mais par mes- « saiges et par paroles il ne disoit pas; sur quoy icelluy Palla- « mides a dict qu'il ne luy en parla oncques et qu'il luy diroit « à son visaige quand il y seroit present, et que au regard « dudit de Brezons, c'estoit un mauvaiz ribault et qu'il trahis- « soit le roy et monsieur de Nemoux l'un envers l'autre, cui- « dant entretenir l'un et l'autre, car il faisoit savoir le plus « qu'il povoit de l'un et de l'autre.

« Dit oultre que, le Roy estant à Saumur, Monsr de Nemoux « envoia ledit de Brezons et ung autre de ses serviteurs pour « ses affaires devers le Roy, et que incontinent ledit mons^r « de Brezons envoia audit de Nemoux unes lettres qui con- « tenoient qu'il ne se fiast point au Roy et qu'il ne lui tien- « droit chose qu'il luy promist, ne à luy ne aux autres sei- « gneurs et que tant que le Roy vivroit, il n'y auroit bien en ce

1. S. G., fol. 234^b.

« royaume : lesquelles Madame de Nemoux brusla durant le
« siege de Carlat.

« A plus dit ledit Palamides que lors mons[r] de Lau escripvit
« audit Monsr de Nemoux [1] que de deux de ses ambaxadeurs,
« l'un le trahissoit envers le Roy, et l'autre n'y entendait
« riens. Et dit que ledit du Lau entendait ledit de Brezons
« pour ceulx qui le trahissoient.

« Et par ce que mondit s[r] de Montagu a demandé audit
« Palamides ou avoit esté son frere, deux ou trois mois en
« commissyon de par ledit de Nemoux, dit qu'il fut devers le
« Roy de Cecille par le commandement de madite dame de
« Nemoux pour mettre à sauveté deux des enffanz du dit de
« Nemoux, c'est assavoir ung filz et une fille, s'il en estoit
« besoing, et aussi fist un autre voiaige devers Perseval de
« Dreux : quoy faire, il ne scet, comme il dit.

« Ce fait ledit Palamides a dit à mondit s[r] de Montagu qu'il
« luy estoit souvenu depuis que mesdits s[rs] le chancelier et de
« Montagu ne parlerent à luy d'aucunes choses secrettes qu'il
« voudroit bien declairer au Roy, ce c'estoit son bon plaisir,
« et que par plusieurs fois avoit depuis dit à ses gardes qu'il
« eust bien voulu parler à mondit s[r] de Montagu à part, et la
« cause qui le mouvoit estoit pour le luy dire ; et ce dit, a
« requis à mondit s[r] de Montagu qu'il luy pleust luy ayder à
« avoir sa grace et qu'il luy diroit tout ce qu'il savoit, et qu'il
« savoit bien qu'il avoit failly et qu'il estoit homme destruict,
« si le Roy n'avoit pitié de luy. Sur quoy ledit de Montagu luy
« a dit que s'il vouloit dire lesdites choses que voulentiers il le
« escriproit incontinent au Roy, et que ce luy pourroit prouf-
« fiter. Et lors, icelluy Pallamides a dit qu'il en estoit con-
« tant puisqu'il luy promectoit de le faire savoir au Roy, mais
« il luy supplioit qu'il luy pleust ne le declairer à autre qu'au

1. S. G., fol. 235[a].

« Roy [1]. Et au seurplus que lesdites choses contenoient deux
« poincts : le premier si estoit que depuis deux ans ença ou
« environ, il se trouva en la Marche et en chevauchant luy et
« maistre Jehan Bonnet ensemble, icelluy Palamides demanda
« audit Bonnet quel gibet il povoit aller faire si souvent
« devers mons[r] le connestable et que ce ne pourroit estre pour
« la vendition des terres ne pour le mariage et qu'il failloit
« qu'il y eust quelque autre chose : lequel Bonnet luy respon-
« dit que l'intencion de mons[r] le connestable estoit d'avoir le
« gouvernement du Roy et de oster les cappitaines de ses
« gardes et de y mettre autres cappitaines gens de bien qui
« seroient à sa porte et deux ou trois cens archers picars de
« ses campaignes dont mons[r] de Mouy auroit la charge et
« auroit regard à la personne du Roy et par dessus tous eulx
« et qu'il feroit l'appoinctement dudit de Nemoux et le feroit
« venir à la court et auroit le gouvernement de tout le conseil
« et que mons[r] de Mouy s'entendait avecques luy et que mon-
« dit s[r] connestable prendroit le serment de la plus part des
« cappitaines, duquel il estoit bien seur, et qu'il y en avoit
« deux cappitaines desquelz il luy sembloit qu'il ne cheviroit
« pas bien à son aise, mais qu'il savoit qu'ilz feroient tout ce
« que mons[r] de Nemoux vouldroit, Sallezart et le bailly de
« Saint Pierre le Moustier, et d'autres des nons desquelz il n'est
« à present recors. Mais il a prié à mondit s[r] de Montagu, qu'il
« luy baille par escript les noms de tous les cappitaines qui
« estoient lors et qu'il les luy nommera.

« Le second point dont dessus est parlé si est que pour tout
« certain, comme il dit, Arnault de Las et Bertrand d'Avalon
« avec le maistre d'escolle qui est Normant, lequel a en gou-
« vernement mess[rs] les enffans de Mons[r] de Nemoux, sont déli-
« berez voler mess[rs] les enffans et les mener à Romme.

1. S. G., fol. 235[b].

« Interrogué qu'ilz vouloient faire des archiers de la garde,
« tant Escossoys que Françoys, après qu'ilz auroient osté les
« cappitaines, dit qu'ilz avoient intencion de les oster par
« dixiesme et y en mettre d'autres qui seroient dudit pais de
« Picardie; et autre chose n'a ledit Pallamides [1] dit, et à tant
« mondit seigneur de Montagu l'a fait remener en sa prison et
« en ce faisant luy a prié derechef qu'il luy plust escripre pour
« luy au roy, à ce que son bon plaisir fust luy pardonner et l'a
« voir en sa bonne grace.

« Et le landemain ensuivant audit lieu de la Bastille S[t]
« Anthoine à Paris.

« Messire Henry de Pompignac dit Pallamides, prisonnier
« dessus nommé en la chambre dessus ditte où étoit seul mon·
« dit seigneur de Montagu et dedans le porche clos etant en icelle
« chambre estoit Monseigneur de Saint Pierre et en sa compa-
« gnie à la fin dessusdite, moy Jehan de la Veuve greffier
« dessus dit, a esté icelluy messire Henry de Pompignac
« interrogué par monseign[r] de Montagu et luy a repondu en
« la maniere qui s'ensuyt [2].

« Interrogué si monsieur de Nemoux et le duc de Bretaigne
« s'entreamoient beaucoup,

« Dit que ouy.

« Interrogué qui se mesloit des menées et des affaires d'entre
« eulx, dit que c'est ung des gens de Madame d'Armignac
« qu'elle envoioit souvant en Bretaigne; et puis, quant estoit
« revenu, l'envoioit devers ledit de Nemoux. Et n'y venoit
« jamais que de nuyt, et le scet, luy qui parle, parce qu'il luy
« a veu par deux fois passer entre deux huitz de nuyt, quant
« il entroit en la chambre dudit Nemoux, et dit qu'il ne scet
« le nom dudit homme, mais on disoit qu'il estoit boutiller de
« ladite dame d'Armignac.

1. S. G., fol. 673[a].
2. Fol. 236[b].

« Et pour ce qu'il dist le jour d'yer que en luy baillant par
« escript les noms des cappitaines qui estoient lors, et du
« temps, dont il parla ledit jour de hyer, qu'il nommeroit
« ceulx de qui ledit de Nemoux eust bien chevy ; de ceste cause
« iceulx noms des dits cappitaines luy ont esté monstrez par
« escript et après qu'il les a veuz en a nommé et poincté six
« desquelz ledit de Nemoux eust bien chevy, c'est assavoir
« Monsr de Poinctieuc, Mons. le Mareschal Joachim, mons[r] de
« la Forest, Sallezart, le bailly de Saint Pierre le Moustier,
« Estienne de Vignoles ; avec ce a nommé deux des cappi-
« taines des francs archiers qui en estoient, l'un nommé
« Tournevare, l'autre Gamaches ; et si a dit qu'il y en avoit
« plusieurs autres desdits cappitaines des francs archiers qui
« sont du pais dudit de Nemoux, auxquelz il a donné plusieurs
« fois des chevaulx [1].

« Interrogué pourquoy ledit de Nemoux recueillit Sapien
« qui estoit serviteur de feu mons[r] d'Armignac, dit qu'il le
« recueillit pour ce que icelluy Sapien avoit devers luy des
« vieulx tiltres, des testamens des feux S[rs] d'Armignac, les-
« quelz ledit Sapien a baillez audit de Nemoux ou le tout ou
« partie.

« Interrogué, comment il a sceu que madame de Nemoux a
« brullé les lettres que mons[r] de Brezons escripvoit audit de
« Nemoux, et celles que mons[r] du Lau escripvoit audit de
« Nemoux, dit que ledit de Nemoux le luy a dit.

« Interrogué que sont devenues les lettres que ledit feu
« connestable a envoyées par ledit Bonnet audit de Nemoux,
« dit qu'il croit que pareillement madite dame de Nemoux les
« brusla, car elle en brusla largement et dit que an dernier
« ledit feu connestable et de Nemoux ne escripvoient plus l'un

1. S. G., fol. 237[a].

« à l'autre par ledit Bonnet, mais luy bailloient les charges
« par creance, tellement se fioient en luy.

« Interrogué que disoit ledit de Bonnet, comment ledit feu
« connestable entendoit entretenir le duc de Bourgoigne, dit
« que c'estoit par le moien de ses frere, filz et nepveu, lesquelz
« avoient la charge de la plupart des gens d'armes dudit duc
« de Bourgoigne, et ledit connestable pensoit avoir l'auctorité
« des gens d'armes de pardeça, par quoy il pensoit tenir en sa
« subjection, l'un costé et l'autre. Et autre chose n'a dit et
« confessé ledit messire Henry de Pompignac, et partant a
« esté renvoyé en sa prison. »

Nemours suivit l'exemple de Pompignac et le lendemain
(24 décembre [1]) il promit de faire des révélations au chancelier,
à Graville, Boffille, etc. Il parla, comme Pompignac, de Guillaume de Brezons qui s'était introduit dans Carlat. Cet émis-
saire engagea Nemours à tenir jusqu'à Pâques ou à la Saint-
Jean ; Nemours serait alors aidé par le duc de Bourgogne et
traiterait à son gré avec le roi. Le sire de Brezons lui dévoila
encore les embarras du roi Louis XI, du côté du Roussillon, et
l'assura que bientôt Beaujeu lèverait le siège. L'interrogatoire
était donc dirigé de façon à prouver les rapports de Nemours
avec Charles le Téméraire.

Le 4 janvier 1477 [2], le matin et le soir, à la Bastille, les
commissaires reviennent sur toutes les menées du duc depuis
1469 ; le 7 janvier [3] au soir, en l'hôtel du chancelier, on décide
que le procès sera remis aux mains du commissaire Jean
Pellier pour en faire un rapport [4] ; le mercredi, 15 janvier,
Graville et les autres commissaires [5] entendent la lecture de ce

1. S. G., fol. 355ᵃ à fol. 357ᵇ.
2. Fol. 366ᵃ.
3. Fol. 377ᵃ.
4. Fol. 238ᵇ et 377,.
5. *Ibid.*

rapport ; le 18 janvier, il est décidé que le vice-roi Boffille rédigera une note supplémentaire relative au traité de Carlat [1]. Elle fut lue le 20 janvier, en présence de Graville [2] qui, le 24 à la Bastille, prit connaissance des lettres de Louis XI, données au Plessis-les-Tours, le 7 janvier [3] ; le roi rappelait d'abord la nomination du 22 septembre : « par grande et meure delibe-
« ration des seigneurs de nostre sang, dont il y en avoit
« aucuns pairs de France [4] nous avons les quinze, quatorze,
« treize, douze, unze ou dix de vous (commissaires) commis,
« ordonnez et deputez... à faire le procès dudict Jacques
« d'Armignac, duc de Nemours, de ses adherans et complices. »
Ils prendront les informations déjà faites, les examineront et en pourront prendre de nouvelles. Mais le duc avait prétendu qu'étant pair de France, il n'était justiciable que du parlement, suffisamment garni de pairs. Or, au traité de Saint-Flour (17 janvier 1470) il avait renoncé à ce privilège. En consé-quence « nous voulons... que nos commissaires nommez en
« nos autres lettres de commission dessus transcriptes, para-
« cheveront de faire le procez d'icelluy Jacques d'Armignac
« par voye ordinaire ou extraordinaire, ainsi que le cas le
« requerre jusques à sentence deffinitive et à faire faire l'exe-
« cucion d'icellui inclusivement [5]. Lequel jugement et sentence
« qui par eux sera donné, voulons et declarons estre de telle
« valeur et authorité que sy estoit fait, jugé et prononcé par
« nous et nostre cour de parlement garnye de pairs, nonob-
« stant le declinatoire proposé par ledict d'Armignac et les
« appellations par luy faictes ». Le 27 janvier, d'Aubervilliers [6],

1. S. G., fol. 242.
2. Fol. 381.
3. Fol. 244ᵇ et 392ᵃ.
4. Fol. 246ᵇ.
5. Fol. 249ᵃ.
6. Fol. 251ᵇ-252ᵃ.

Louis XI mandait aux gens du parlement de Paris que « appelez
« avec eux nos dicts commissaires qui ont besogné audit pro-
« cès ou ceux de ces commissaires qui seront presens en nostre
« dite ville de Paris, ilz voyent lesdites informations, confes-
« sions.. vaquent au jugement et conclusion dudit procès et
« sur ce donnent leur arrest et jugement et iceluy fassent mettre
« à execution ».

Ce mandement fut lu à la Bastille, le 29, en présence de
Graville [1]. Par lettres patentes datées du 27 et lues aussi en ce
jour, le roi remplaça au procès le « chancelier et autres qu'eme-
nons avec nous [2] » ; c'étaient outre Doriole, Thibault Baillet,
Raoul Pichon, Aubert le Viste qui allaient assister le roi dans
les décisions à prendre, au sujet de la mort de Charles le Téméraire. Cependant le procès définitif ne pouvait encore commencer, parce que l'instruction n'était pas terminée.

Le 29, à la Bastille, Graville était à la séance où Nemours
vit collationner les aveux qu'il venait de faire au chancelier, au
premier président du parlement et à Graville, les 20, 21 et 22
du même mois. Les commissaires se retirèrent alors, et il ne
resta en séance que le chancelier, le premier président, Graville et le vice-roi de Roussillon ; ils demandèrent à Nemours
une confession plus explicite ; le duc y acquiesça et ne nia pas
que « deux ans en ça » [3], M. de Bourbon devait devenir le
régent du royaume, tandis que Charles le Téméraire aurait eu
la haute main sur toutes les affaires ; le connétable de Saint-
Pol était mêlé à cette intrigue, avec l'archevêque de Lyon,
Charles II, cardinal de Bourbon ; Pompignac servait alors
d'intermédiaire aux conjurés. Le lendemain [4], l'interrogatoire
continua en présence de Graville : Nemours répondit sur les

1. S. G., fol. 251ᵃ.
2. Fol. 452ᵃ.
3. Fol. 401ᵇ.
4. Fol. 404ᵃ.

menées du duc et de la duchesse de Bourbon; l'évèque de Mende, Jean Petitdé, en savait plus que lui sur ce point.

L'accusé se sentait perdu et, le 31 janvier 1477, il adressait au roi cette lettre touchante [1], si souvent reproduite, avec la suscription : « vostre pauvre et très humble, obeissant sujet et « serviteur, Jacques. » Graville en prit connaissance « en la « tournelle criminelle au Palais royal à Paris ». Entre temps le 3 février, il assistait [2] à l'inhumation de Jacques de Balzant et examinait l'état de santé de Bournazel. Puis, en compagnie du premier président et de Boffile [3], il entendait Nemours s'étendre de nouveau sur ses rapports avec le connétable et sur le duc de Bonrbon. L'interrogatoire du matin ne suffisant pas, il se poursuivait le soir [4], entre huit et neuf heures « en la « chambre où est detenu prisonnier mon dict seigneur de « Nemours à la Bastille ».

Le 8 février, nouvelle comparution de l'accusé, en présence de Graville et des mêmes personnes [5]. Enfin, le 9 février, le procès « ayant esté veu, les chambres du parlement assem- « blées, ladite compagnie se transporta à la Bastille pour lire « et recoler en la presence du duc ses derniers interroga- « toires [6] ». Le premier président lui fit observer que la cour n'y était venue que pour « l'honneur du lignage en quoy il tient « au roy [7] ». Le 10 février, Graville et les commissaires con- férèrent en la grand'chambre du parlement, sur une tentative d'évasion du duc de Nemours; il avait promis de l'argent à ses gardes, s'ils lui assuraient leur concours; ceux-ci reçurent l'ordre de feindre d'accepter.

1. S. G., fol. 412-413.
2. 255ᵃ.
3. Fol. 407ᵃ.
4. Fol. 410ᵃ.
5. Fol. 408ᵃ.
6. Fol. 415ᵃ.
7. Fol. 259ᵃ.

Cependant [1] le parlement préparait la procédure définitive.
Le 13 février, au vu des interrogatoires précédents, les chambres
assemblées commettaient le président et deux autres conseillers
à obtenir de Nemours un supplément d'information sur certains
articles. Nemours prévenait cette démarche, et le 14 [2], il
obtenait de parler à part au premier président et à Graville :
il se déclare clerc. Sur l'ordre de la cour, les deux commissaires précédents, en compagnie de leurs collègues, se rendirent à la Bastille et interrogèrent Nemours, puis Pompignac,
au sujet de ce bénéfice de clergie que le duc invoquait.
« Item que n'a pas deux [3] ans que messire Henry de Pompignac,
« Palamides, principal conseiller dudit de Nemours et qui de
« tout temps a demouré avec luy avoit encore en ses mains et
« en garde ladite lettre de couronne... Item que de tout temps
« ceulx de la maison d'Armagnac dont est party ledit de
« Nemours ont acoustumé d'estre clercs, feussent lay ou gens
« d'eglise ».

Le 6 mars 1477 [4], malgré de nouveaux interrogatoires faits
par les conseillers du parlement, la question n'était nullement
élucidée ; Nemours prétendait avoir été tonsuré par Menaud de
Condom, évèque de Castres. Le parlement dépêcha en Languedoc, Etienne du Bois qui revint à Paris le 19 avril [5]. Il ressort
de l'enquête de du Bois que Nemours est clerc [6] : « depuis
« ladite clericature donnée audict de Nemours il a porté cou-
« ronne et tonsure en la teste la pluspart du temps ». La cour,
le 21 avril 1477, arrêta que le duc était tonsuré ; mais, le 2 mai,
elle décidait que le bénéfice de clergie lui serait refusé [7].

1. S. G., fol. 422ᵇ.
2. Fol. 425ᵃ.
3. Fol. 449ᵃ.
4. Fol. 440ᵃ.
5. Fol. 444ᵇ.
6. Fin au fol. 462ᵃ.
7. Fol. 462ᵇ.

Le 13 mai 1477 [1], la cour décida que les pièces ne seraient plus communiquées à Nemours et qu'on procèderait désormais à son jugement. Mais il fallait l'autorisation du roi.

Louis XI la donna d'Oisy, près Cambrai, le 20 mai [2] : « consi- « derant que Nemours est nostre parent et pour les dignitez et « seigneuries qu'il tient est reputé des grands personnages de « ce royaume, le mieux et le plus convenable seroit de faire « juger le procès par nous, convoquer et assembler nostre dite « cour avecques nous et autres notables personnages de « nostre Conseil ».

C'est, d'ailleurs, la manière dont son père Charles VII pro- céda à l'encontre de Jean d'Alençon en la ville de Vendôme. Il s'appuyait sur ce précédent pour ne pas garnir la cour de pairs et les remplacer par des conseillers à sa dévotion. « Sy « donnons en mandement à nos amez et feaux les gens tenant « nostre cour du parlement que dans le troisiesme jour du « mois de juin prochain venant, tous, eux, tant cleres que « lays, enquestes, requestes de l'hostel, du palais se transpor- « teront à Noyon pour expedier le procès, de concert avec les « conseillers du roy ».

Le 20 juin 1477, de Saint-Quentin, le roi adressa au parle- ment des lettres patentes [3] : ne pouvant procéder lui-même à l'achèvement de l'affaire, retenu qu'il est en Hainaut et en Artois, il commet, pour le suppléer dans cette tâche, son gendre, le sire de Beaujeu « nostre lieutenant et representant « nostre personne touchant la matiere du procès ». Le parle- ment reçut ces lettres le 20 juin, à Noyon. Beaujeu qui avait dû surveiller le démantèlement d'Avesnes, n'arriva que le 26 juin. « Du jeudi xxvie jour de Juing mil CCCC LXX VII au « conseil, en la ville de Noyon, en la salle de l'ostel episcopal

1. S. G., fol. 464ᵇ.
2. 465ᵃ-467ᵃ.
3. Fol. 469ᵇ-471ᵃ.

« où estoient assemblez, mess[rs], messire Pierre Doriole, che-
« valier, chancelier et autres mess[rs] dessus nommez est survenu
« hault et puissant prince mons[r] Pierre de Bourbon, conte de
« Clermont et seigneur de Beaujeu qui a fait presenter de par
« le roy à ladite court les lettres le nommant [1] president de la
« cour de justice. »

Le lendemain 27, on commence devant Beaujeu la lecture du
procès [2] ; elle dure jusqu'au 8 juillet ; ce jour, Aubert le Viste,
récusé par le duc de Nemours, au début du procès, se récuse
lui-même ; la cour admet ses raisons et il se retire.

Le mercredi 9 juillet, Graville et Bouffille le Juge imitent
Aubert le Viste [3].

« Ce faict (récusation de le Viste) m[re] Loys de Graville, che-
« valier seigneur de Montagu et M. Bouffille le Juge aussy
« chevalier, vige roy, ont supplié à mes dicts seigneurs qu'il
« leur pleust les tenir pour excusez de dire oppinion ny juger
« audit procez, disans qu'il leur sembloit en leur conscience
« qu'ils ne le devoient faire et a tant se sont retraiz ». Les
excuses alléguées par ces deux personnages, s'ils en allé-
guèrent, n'ont pas été insérées au procès-verbal ; nous en
sommes donc réduits à des hypothèses sur les causes de
leur abstention. Etaient-ils des amis de l'accusé? Estimaient-
ils que l'instruction avait été conduite d'une façon inique
et peu régulière? Une part dans les dépouilles leur avait-
elle été déjà distribuée, comme l'a avancé Sismondi [4]. Nous
n'avons pu vérifier l'exactitude du fait pour le vice-roi de
Roussillon. Dans tous les cas, les lettres faisant don à Graville
de la seigneurie de Nemours ne sont que du mois de septembre. Quant à l'affirmation de Barante que Graville et

1. S. G., fol. 468[b].
2. Fol. 473[b].
3. Fol. 474[b].
4. *Hist. des Français*, T. 14, p. 536.

Bouffille « se deportèrent de donner leur avis parcequ'ayant
« garanti les promesses faites au duc de Nemours lorsqu'il
« s'était rendu à Carlat, il leur semblait en leur conscience
« qu'ils ne devaient point le juger », on ne trouve rien de
semblable dans le compte rendu, et, de plus, ces deux personnages n'étaient pas, que nous sachions, à la reddition de Carlat.

Peut-être pourrait-on expliquer l'hésitation de Graville, au
dernier moment, par sa grande piété, dont nous avons tant de
preuves, et le mot « consciencieux » ne serait pas ici une formule vide.

Il n'en reste pas moins qu'il leur fallut à tous les deux un
certain courage pour se mettre, avec autant d'évidence, en
opposition avec les désirs du roi et s'exposer à son ressenti-
ment. Quoi qu'il en soit, leur requête fut acceptée. « Après a
« esté mis en deliberation entre mes dits s^rs quelle responce
« leur seroit donnée et sy les dessus dicts devoient estre con-
« traincts à opiner ou non ; sur quoy a esté deliberé et conclud
« que, puisqu'il leur sembloit en leur conscience qu'ilz ne
» devoient oppiner, ils seroient tenus pour excusez, et ainsi leur
« a esté signiffié [1]. »

De même, Beaujeu se récusa, mais il expliqua pourquoi. « Et
« ledit mercredi IXe jour du dit present moys de Juillet ainsi
« que mondit s^r le lieutenant estoit à dire son oppinion audit
« procès pour le dernier des oppinans, il c'est excusé de ce
« faire tant parce que ledit de Nemoux chargoit mons^r le Duc
« de Bourbonnoys et d'Auvergne, frere d'icelluy mons^r le lieu-
« tenant, que aussi parce que ledit mons^r le lieutenant par le
« commandement du roy avoit prins et mené prisonnier par
« devers ledit s^r ledit de Nemours, lequel, comme il croit, l'en
« avoit en hayne plus que autre homme de ce royaulme [3]. »

1. S. G., fol. 476^b.
2. *Ibid.*
3. Fol. 475^a.

Le jour même, Nemours est déclaré coupable de lèse-majesté
et « condemné à recevoir mort, decapité et executé par jus-
« tice ». Ses biens seront confisqués.

Le Parlement écrit au roi le jugement [1]; d'Arras, le 22 juillet, Louis XI confirme l'arrèt et ordonne qu'il recevra son
exécution à Paris. Le Parlement rentre dans cette ville [2] le
2 août; il choisit les conseillers qui liront le jugement et
nomme trois confesseurs [3]. Enfin, le 4 août, la sentence est
signifiée au prisonnier, en présence de Beaujeu et du chancelier. Il est mené aux Halles, où il prend ses dernières dispositions, fait son testament qui remplit les derniers feuillets du
manuscrit, décharge Brézons, et meurt.

L'assiduité de Graville au procès l'empêcha de prendre
part à la première partie de la campagne diplomatique et
militaire que Louis XI entreprit après la mort de Charles le
Téméraire devant Nancy (5 janvier 1477). On sait que la nouvelle lui en parvint au Plessis le 9, et Commines nous a dépeint,
en traits inoubliables, la joie que son maître en éprouva [4]. Il
prit sur le champ toutes les mesures propres à lui assurer cette
succession depuis si longtemps convoitée. Il ordonnait au sire
de Craon et au gouverneur de Champagne d'occuper la
Bourgogne [5] et dépêchait l'amiral, bâtard de Bourbon, et Commines en Artois et en Picardie, travailler les villes de la
Somme, ce but tant de fois atteint et tant de fois perdu des rois
de France. Lui-même ne tardait pas à les suivre. Le 17 janvier,
il quittait le Plessis du Parc et se dirigeait vers le Nord. Ses
cent gentilshommes devaient l'accompagner : en effet, le
19 janvier, il est à Selommes [6], d'où il adresse une proclama-

1. Fol. 478ᵃ.
2. Fol. 480ᵇ.
3. Fol. 481ᵇ.
4. II, p. 71 et suiv.
5. *Ibid.*, p. 71, note 2.
6. Loir-et-Cher, arrondissement de Vendôme.

tion aux Bourguignons [1], et, le même jour, au même endroit, son maître d'hôtel Cleret passe en revue cette compagnie [2]. Il est certain que Graville n'était pas à sa tête, puisque nous venons de le voir assister sans interruption aux audiences du procès de Nemours, jusqu'au 9 juillet où il se récusa [3]. Graville ne traversa donc pas avec le roi et sa garde Montdidier, Péronne (2 février [4]), Abbeville, Montreuil et Arras (4 mars [5]). Les cent gentilshommes étaient toujours privés de leur capitaine, lorsque le 4 avril [6], Jean Blosset fit leur montre à Thérouanne qui avait capitulé aux mains du s^r de Torcy. Pendant qu'ils allaient prendre Hesdin, Arras se soulevait; ils devaient revenir l'assiéger avec le roi qui n'y rentrait que le 4 mai; le séjour de Louis XI ne s'y prolongeait guère; il gagnait Péronne [7] tandis que sa garde s'attardait à Arras; elle y passait montre le 4 juillet devant Jean d'Aillon et le 28 septembre devant Imbert de Batarnay, s^r du Bouchage [8]. A cette date, Graville devait avoir rejoint sa troupe depuis un mois ou deux. C'est, en effet, à Arras et en septembre, que Louis XI lui donna des terres confisquées sur le duc de Nemours. La date de cette pièce dénote, selon nous, la présence à Arras de Graville qui y aurait, à la fois, exercé ses fonctions de capitaine et veillé à ses intérêts particuliers.

Le rédacteur de la lettre patente, après un résumé du procès de Nemours, et une allusion aux mérites passés et présents du seigneur de Montaigu, s'exprime ainsi : « transportons pour lui,

---

1. *Ord.*, XVIII, p. 224.
2. B. N., ms. fr. 21448.
3. J. de Troyes, p. 331 (édition du Panthéon littéraire).
4. *Ibid.*, p. 331.
5. B. N., ms. fr. 21448.
6. J. de Troyes, p. 332.
7. B. N. ms. fr. 21448.
8. A. N., X1a 8607, fol. 144.

ses hoirs, successeurs et ayans cause... les villes, chasteaulx,
chastellenies, baronnies, etc., de Nemoux[1], Graiz, Pont-sur-
Yonne[2], Flagy[3], Ferrottes-le-Metz, Mareschal, Chesnoy, Bre-
tencourt et Abliz[5]. »

L'octroi comporte celui de la juridiction à laquelle Graville
s'intéressait, on l'a vu, tout particulièrement. Les seigneuries
seront tenues « à un seul hommaige lige et ung gobelet à pié
pesant ung marc et demy d'argent doré et martellé de devoir » ;
l'hommage et le symbole le figurant seront dus à chaque
mutation de seigneur et de vassal.

Le parlement apporta des retards à l'enregistrement de
cette donation ; il ne céda que devant une lettre de jussion ;
le 17 février 1478, de Forges, le roi lui écrivait[6] :

> « De par le Roy »
>
> « Nos amez et feaulx, nous avons donné et octroyé à nostre
> « amé et feal cousin, conseillier et chambellan, le sire de
> « Montagu, les terres et seigneuries de Nemoux, Vendeul et
> « Cailly, comme pourres veoir plus à plain par ses lettres que
> « lui en avons données en forme de chartre ; et pour ce que
> « nostre plaisir est que nostre dit cousin joysse des dictes
> « terres et seigneuries en faveur des services qu'il nous fait
> « chascun jour, à l'entour de nostre personne, comme vous
> « savez, faictes que tout incontinent vous facez lyre, enregis-
> « trer, veriffier et expedier lesdictez lettres de point en point
> « selon leur forme et teneur et sans le tenir en longueur, et
> « sur ce besongniez en maniere qu'il n'ait cause d'en retour-
> « ner plaintif devers nous et que n'ayons plus de paine, de

1. Nemours, Seine-et-Marne, arrondissement de Fontainebleau.
2. Yonne, arrondissement de Sens.
3. Seine-et-Marne, canton de Lorret-le-Bocage.
4. Seine-et-Oise, canton de Brétencourt.
5. *Ibid.*, canton de Dourdan.
6. A. N. X1a a 3317, f. 70.

« vous en escripre, autrement n'en serions pas contans, car
« tel est nostre plaisir. Donné aux Forges, le XVII° jour de
« Février ».

« Loys.

« Desiré ».

C'était une seconde injonction : ainsi s'explique le long
intervalle qui sépare, de son expédition, l'enregistrement de la
donation. Le parlement obéit le 20 février : la lecture, la
publication et l'enregistrement ne sont faits que « *de expresso*
« *mandato domini nostri Regis, iteratis vicibus, facto pro gau-*
« *dendo per Ludovicum de Graville...* » La lettre de jussion
elle-même ne fut enregistrée que le 27 février 1479[1]. A quoi
faut-il attribuer la résistance du parlement et ses dilations?
Faut-il y voir la satisfaction d'une mesquine vengeance des
gens du parlement irrités contre Graville qui les a abandonnés
au dernier moment dans le procès du duc de Nemours et
leur a laissé toute la responsabilité de l'arrêt. Des hommes de ce
temps étaient-ils, au contraire, animés de sentiments assez
délicats pour apercevoir tout l'odieux du spectacle qu'offrait
un juge enrichi des dépouilles de l'accusé. Et Graville pouvait
alléguer pour son excuse qu'il s'était refusé à opiner. Peut-
être estimaient-ils tout simplement que, dans un moment où le
roi était forcé à des dépenses considérables, leur devoir de
sujets leur interdisait d'approuver des largesses qui, à leurs
yeux, devaient paraître démesurées. Ce sont là autant de points
d'interrogation auxquels on ne peut répondre en l'absence des
remontrances qu'ils durent faire parvenir au roi.

Quoi qu'il en soit, pratiquant cette générosité dont il nous
offrira de si nombreux exemples, Graville ne garda pas longtemps ces biens. Le 19 juillet 1483, « inclinant à la requeste »
de Jean, de Louis, de Marguerite, de Catherine et de Charlotte

---

1. On lit, en effet, au dos : *Registrata* XXVII *februarii* MCCCCLXXVIII.

d'Armagnac, fils et filles de Jacques d'Armagnac, « tant en leur faveur, comme de plusieurs personnes qui de ce l'en avoient et ont prié et requis », il consentait à leur céder « pour eulx chascun en son égalité, et gardant audit monseigneur, Jean d'Armagnac en son droit d'aînesse » les villes et seigneuries dont le roi lui avait fait don à Arras en septembre 1477, à la condition qu'ils lui compteraient 7.000 l. t. Graville se réservait seulement la châtellenie de Britencourt qu'il avait achetée depuis de ses deniers à Pierre Paingnant, conseiller du roi. Il était de plus stipulé que les officiers du duché de Nemours ne pourraient plus, comme ils l'avaient fait, « prétendre aucune juridiction » sur les hommes et sujets de Graville en ses terres de Boutres et Choisy dépendant du Bois Malesherbes et de Buno et de Longueval dépendant de Milly. Cet acte fut réalisé, le 23 juillet 1483, par devant Guillaume Dumoustier et Thomas le Maire, notaires au Châtelet de Paris [1].

Nous avons laissé à Arras, le 28 septembre, Louis XI, Graville et les cent gentilshommes : la campagne était près d'être terminée et le roi, après son expédition en Hainaut, venait prendre ses quartiers d'hiver à Paris : le 3 octobre, sa garde était passée en revue à Villeneuve-lez-Beauvais, par du Bouchage, ainsi que l'apprend un mandement du roi aux généraux des finances (Plessis-du-Parc, 27 novembre, 1477) [2] les informant de la nomination de son secrétaire, Morelet de Museau, en qualité de payeur des cent gentilshommes. Ils durent rentrer à Paris, le 9 octobre, avec le roi, pour célébrer la fête de saint Denis. Nous les retrouvons, le 13 janvier à Vendôme [3] sans pouvoir déterminer s'ils étaient commandés par leur capitaine. Il est probable qu'ils revinrent à Paris avant le mois de mars : le 3 de ce mois [4], le roi y était et ordonnait

1. B. N. Cabinet des titres. Pièces originales, Armagnac, 3, n° 367.
2. B. N. ms. Clairambault, t. 222, n° 13.
3. B. N. ms. fr. 21448.
4. B. N. Cabinet des titres. Pièces originales, Malet, n° 47.

aux trésoriers de France de faire enregistrer sans retard la
donation qu'il avait faite à Graville, le 20 août 1476, des droits
utiles provenant de la vente de la terre de Redeval, enregistrement que Graville « obstant la continuelle occupation qu'il
a en nostre service à l'entour de nostre personne et par nostre
ordonnance », n'a pu poursuivre. Ce passage nous permet de
supposer que Graville ne s'est pas éloigné de Louis XI à
partir du 9 juillet. Au printemps, les hostilités reprenaient :
le roi se mettait en route pour le nord, escorté de sa garde ;
elle est passée en revue à Arras, le 14 avril 1478, par le sire
du Bouchage [1] ; elle dut prendre part avec le roi au siège de
Condé qui fut emporté au commencement de mai. Tandis que
l'armée s'avançait jusqu'à Oudenarde, les cent gentilshommes
revenaient avec Louis XI à Arras et y étaient inspectés, le 15
juin 1478, par Jacques d'Epinay, seigneur de Segré [2]. C'était
la fin des opérations, puisque, le 11 juillet, à Vieux-Wenden,
Maximilien conclut une trève d'un an avec Louis XI, lui abandonnant provisoirement la Picardie, l'Artois et la Bourgogne.

Les biens considérables de Graville lui avaient servi à un
noble usage, à avancer à son père 10.000 écus pour l'aider à
payer sa rançon. Il est vrai que ce prêt était garanti par toutes
les propriétés de Jean de Graville, mais il n'en reste pas
moins acquis que son fils pouvait disposer de la somme, alors
fort importante, de 10.000 écus d'argent comptant [3]. Le 8 septembre 1478 [4], Jean de Graville reconnaissait que Guillaume
de Villetain, seigneur de Gif, son mandataire, lui avait remis
10.000 écus de la part de Louis de Montaigu et en conséquence

1. B. N. ms. fr. 21448.
2. *Ibid., ibid.*
3. Les sommes qui lui étaient dues parfois ne rentraient que difficilement :
ainsi ce n'est que le 29 avril 1478 qu'il recevait de Jean Ango, commis de Laurent
Sureau, grenetier de Dieppe, 109 l. 19 s. t. sur le produit de l'année 1476. (B. N.
ms. Clairamb. t. 130, n° 1377).
4. V. P. J., n° 6.

il ratifiait l'acte par lequel ledit Villetain, le 17 août 1478,
pardevant les tabellions de Pont de Larche, avait cédé, au
nom de son mandant, au s^r de Montaigu, 1600 l. t. de rente
sur ses terres situées en France et en Normandie, payables à
la Saint-Michel, à Noël, à Pâques et à la Saint-Jean. Jean de
Graville se réservait pendant 10 ans le droit de se libérer de
cette rente, en remboursant le principal dans ces délais. C'est
donc, en quelque sorte, une vente à réméré. Une indemnité
était accordée presque aussitôt au vieux seigneur de Graville :
le 23 janvier 1479, de Forges, près Chinon, Louis XI se rap-
pelant les campagnes de son cousin en Normandie et en
Guyenne, à la fin de la guerre de Cent ans, lui donnait 2.000
l. t. de pension : elle devait courir du 1er octobre 1478.

Les avances qu'il avait faites à son père n'avaient pas vidé
le trésor de Graville. Nous savons que, le 26 février, il était
avec le roi, qu'il lui prêta 136 écus d'or dont il fut remboursé
au mois d'octobre ; que, le 20 mars, un fait semblable se produi-
sait et qu'il avançait à Louis XI 429 l. 18 s. 4 d. t., soit
268 écus d'or dont il ne fut remboursé qu'en février 1480 [1].
Malheureusement, ces deux renseignements ne nous apprennent
pas grand'chose : tout au plus, ces deux prêts, rapprochés du
prêt plus important qu'il venait de consentir à son père, nous
prouvent-ils — ce qui, du reste, ne serait pas nouveau pour
nous — que Graville était déjà fort riche à la fin du règne de
Louis XI [2]. Les sources de cette fortune n'étaient pas toujours

---

1. V. A. N., K. K. 64 f° 13ª et 26ª. M. Douët d'Arcq a publié en les écourtant
(*Comptes de l'hôtel des rois de France aux* xive, xve *siècle*, Paris, 1865 in-8, Société
de l'histoire de France, pp. 351 et 354), ces deux extraits du compte de Pierre
Simart, pour l'année 1478-1479.

2. Nous relevons aussi dans un mss de la B. N. (Clairambault, t. 782,
fol. 222) que le 21 novembre 1479, le roi étant au Plessis-du-Parc, fit don « à Louis
de Graville, seigneur de Montagu, Séez et Bernay, conseiller et chambellan du
roy et à present capitaine des gentilshommes de l'hôtel du roy, qualifié amé et
féal cousin de S. M., de certaines confiscations ». Ce passage, d'après le mss. de la
B. N. où il est reproduit, serait extrait du Mémorial Z de la Chambre des Comptes

très pures : nous l'avons déjà vu à propos des biens confisqués
sur le duc de Nemours, nous allons voir qu'il avait accepté
du roi des récompenses qui passeraient aujourd'hui pour
étranges, mais qui, chez les hommes du xvᵉ siècle, n'éveillaient
aucun scrupule et paraissaient, au contraire, toutes simples.
Le 6 mai [1], Louis XI après avoir rappelé la requête de son
chambellan « contenant que nous luy avons baillé et fait bailler
plusieurs grans sommes de deniers pour employer et distribuer
en plusieurs lieux et à plusieurs personnes par nostre ordonnance et commandement, et aussi pour nous acquitter envers
luy d'aucunes sommes de deniers qu'il avoit baillées et distribuées comptant de par nous... et aussi pour recompense et
remuneration en partie d'aucuns grans et louables services...
luy avons donné plusieurs prisonniers de guerre, les confiscations d'aucunes personnes tenans le party à nous contraire,
plusieurs forfaictures, aubeynes et espaves, et l'avons commis
et depputé à recevoir les fruiz, proffiz et esmolumens d'aucunes
terres, mis en notre main » ; expose que Graville, pour s'acquitter de toutes ses charges, « n'a encore lettres de don [2], ne
commission et la pluspart a pris sur nostre parolle à quoy il se
fye » et qu'il a peur d'être inquiété à l'avenir de se voir reven-
diquer une partie des fonds qu'il a touchés dans ces conditions.
Aussi Louis XI, en considération de ses mérites, pour mettre
sa conscience en repos, mande-t-il à la Chambre des Comptes
de n'exiger aucun compte de Graville ou de ses successeurs,

(f 723). Or, ce mémorial a été brûlé dans l'incendie de la Chambre des Comptes
en 1737. La mention qui nous est offerte par le manuscrit Clairambault 782 est du
xviiᵉ siècle : les Archives nationales n'en conservent qu'une cote non datée et encore
plus succincte que la nôtre. Il nous est donc impossible de déterminer quelles
furent ces confiscations.

   1. P. J., n° 7.

   2. Cette affirmation est très exagérée, à moins que la moitié des pièces concernant Graville ait été perdue ou ait échappé à nos recherches. De tout ce qui précède nous concluons qu'il s'efforçait d'obtenir du roi le plus de garanties qu'il
pouvait.

pour toutes les commissions et dons qu'il lui a faits verbalement ou non.

Nous nous sommes attaché à analyser très minutieusement cette curieuse pièce : elle nous révèle, en effet, un Graville tout nouveau qui ressemble bien peu au Graville, qui, en 1513, abandonnera au roi 80.000 livres pour le soulagement du pauvre peuple. Accepter la seigneurie de Nemours nous avait déjà surpris ; mais ce trafic de prisonniers, de confiscations que décèle l'acte du 6 mai, jette un jour étrange sur la moralité des hommes du xv° siècle et même des plus grands parmi eux. Cet acte nous prouve aussi la prudence de Graville. Selon nous, il prévoyait la fin prochaine de son maître : clairvoyant comme il l'était, il ne pouvait se dissimuler l'animosité violente et générale qui existait contre ceux de ses familiers que le roi avait plus particulièrement honorés de ses faveurs. Cette animosité que la présence du vieux roi pouvait à peine contenir, son successeur aurait-il le pouvoir, la volonté de la dominer ? Il est probable qu'il faudrait une victime expiatoire. Sa haute naissance, son rôle effacé, moins apparent que celui d'Olivier le Daim par exemple, sinon moins actif, devaient lui faire espérer que, dans cette réaction, les formes de la justice seraient conservées vis à vis de lui ; mais des personnages jaloux de sa grandeur précoce, ou qui se prétendraient lésés par lui, les enfants de Nemours, ne réclameraient-ils pas ? On pouvait se mettre à fouiller dans cet obscur passé ; et, auprès des personnes circonvenues. pouvait-il se flatter de sortir d'une pareille enquête exempt de tout reproche ? Tels sont les raisonnements que devait se faire Graville : aussi le mandement du roi, qui a la double intention de prouver que son chambellan n'a agi que par ses ordres et de lui éviter toute inquiétude, nous prouve-t-il, au contraire, le peu d'assurance de ce dernier et les craintes que lui inspirait l'avenir [1].

Nous ignorons si Graville combattit à Guinegate et s'il fut de l'expédition dirigée contre Maximilien et la Flandre dans les derniers mois de 1479 et les premiers de 1480 [2].

L'année 1480 s'ouvre par une quittance de Graville [3], capitaine de Dieppe, qui reconnaît avoir reçu de Beaudoin Eudes, commis de Jacques de Dreux, grenetier, 1035 l. t. pour le produit du grenier à sel de cette localité, pendant l'année écoulée [4].

En mars 1480 (Plessis-les-Tours), le roi lui délivra des lettres patentes [5], par lesquelles il lui accordait le droit de chasse, dans toutes les forêts du domaine royal. Louis XI se montre plein d'attention pour son chambellan « afin que en « son viel aage, où il ne pourroit faire ce qu'il fait de présent, « il puisse plus aisement chacer à son aise ainsi que bon lui « semblera ». Il compte que son serviteur sera plus vaillant que lui en ses vieux ans et ne se contentera pas, comme son maître, de chasser les souris, de chambre en chambre, avec de petits chiens, dressés à ce passe-temps [6]. Il reconnaît dans

1. L'affaiblissement du roi n'était un secret pour personne. Commines (II, p. 205), à son retour d'Italie qui eut lieu au printemps de 1479, fut frappé des changements survenus dans sa personne « Je trouvay un peu le Roy nostre maistre envieilly, et commençoit à soy disposer à malladie. » Sa première attaque est, du reste, du mois de mars 1480. (Ibid, p. 212).

2. Les montres des cent gentilshommes manquent pour cette année, mais, ainsi que nous l'avons dit, lors même qu'elles subsisteraient, nous ne pourrions nous en servir pour baser avec certitude l'itinéraire de Graville. Nous les rencontrons, le 9 janvier 1480, à Vendôme (B. N. ms. fr. 21448) où Antoine du Tillay leur fait passer montre : mais rien n'indique que leur capitaine fût à leur tête.

3. B. N. ms. fr. 26097, n° 1805.

4. D'après une pièce publiée par M. Isambert (Op. cit., X, p. 825) à Plessis lez Tours, en mars 1480, un seigneur de Graville est présent à l'octroi des lettres d'abolition, en faveur d'un archevêque qui s'était opposé à l'occupation de la Bourgogne par les armées royales. Ce devait être le père de Graville.

5. A. N. X¹ᵃ 8607, fol. 207 v°.

6. *Histoire des règnes de Charles VII et de Louis XI* par Thomas Basin, (éd. de la Société de l'Histoire de France), t. III, p. 169.

Graville une passion héréditaire pour la chasse : « les pre-
« decesseurs de nostre amé et feal cousin ont aymé et exercé
« la chasse de toutes bestes de tout temps et de si grande
« ancienneté qu'il n'est memoire du commencement et ainsi
« fait iceluy nostre cousin. » La donation est des plus larges,
elle est faite à Graville et à ses « hoirs masles ; ils pourront se
« livrer à la chasse à telle heure que bon leur semblera, en
« toutes et chascune forestz, buissons, bois de deffens ou non,
« congneues bestes, parcs fermez de murailles ou non, et
« autres lieux de nostre royaume à nous appartenans... en
« toutes les saisons... à toutes bestes... au vautray ou autre-
« ment, à puissance de chiens, aux levriers, sans aucun
« fillé.. » C'est là une petite restriction ; en revanche, les officiers du roi, gardes, maîtres des eaux et forèts, verdiers,
garenniers, ne pourront « proceder à l'encontre d'eulx par
« arrest de leurs personnes, chevaulx, chiens, harnaiz ». Les
lettres furent enregistrées au parlement, le 15 janvier 1480.
Nous ne pensons pas que Louis XI ait voulu dédommager ainsi
Graville de la levrière qu'il entretenait depuis avril 1472, au
manoir de Chanteloup [1]. Quoi qu'il en soit, c'est là une faveur
exceptionnelle : les octrois de chasse, sous cette forme, sont très
rares pendant toute la monarchie et surtout pendant le règne
de Louis XI. On croirait, à lire cet acte, où tout est si bien
prévu, qu'il a été rédigé sous les yeux du roi qui, dit Commines [2], « s'y (à la chasse) congnoissoit mieulx que nul homme
« qui ait regné de son temps, selon l'oppinion de chascun. »
Nous ne rencontrons plus, jusqu'à la fin du règne de
Louis XI, d'actes importants pour la biographie de Graville,
mais des quittances [3], des pièces d'un intérêt purement privé

1. Voir plus haut.
2. II, p. 272.
3. Le 27 avril 1480 (B. N. Cabinet des titres, pièces originales, Malet, n° 48),
il donne décharge à Jean du Gué, vicomte de Pont de Larche, de 1500 l. t., pour

ou local [1], etc., que nous analyserons plus longuement dans le dernier chapitre consacré aux terres et seigneuries possédées par Graville.

Il est à remarquer que c'est en 1481, qu'il fut relevé de ses fonctions de capitaine des cent gentilshommes, par la promotion de Thibault de Beaumont à ce poste (18 septembre [2]). Louis de Graville fut payé jusqu'au 30 septembre et reçut 750 l. t.

Nous le perdons de vue jusqu'au mois d'avril 1482 : le 12 avril, il reçut de Jean Lallemand, receveur général en Normandie, sur les aides de l'élection de Bernay recueillies par Macé Bastard, 760 l. t. à valoir sur les 1200 l. t. de sa pension de l'année courante [3]. Ceci semblerait indiquer que Graville résidait alors en Normandie : il y avait peut-être été appelé par la maladie de son père qui mourut avant le 30 août de cette année. En juillet, Graville était à Marcoussis, où il est rejoint par le receveur de la seigneurie de Graville qui, du Pont de Chamois, vint à Marcoussis « pour les affaires de la seigneurie » de Graville. Son père était peut-être déjà mort [4], dans tous

3 années de recette du pontage-passage et grenier de ladite ville, qu'il a reçues des fermiers. Guichard de Saint-Pierre et Foullebet, tuteur des enfants d'Adrien Haves. Le 9 janvier 1481, nouvelle quittance : 1° (B. N. Cabinet des titres, pièces originales, Malet, n° 49), de 1495 l. 20 s. 9 d. t. délivrée à Baudouin Eude, commis de Jacques de Dreux, grenetier de Dieppe pour le produit de l'année 1480 ; 2° (ms. Clairambault, t. 165, n° 23) de 1700 l. au même, pour le produit de la même année.

1. La justice de Milly est placée sous le ressort direct du parlement de Paris (novembre 1480, *Ordonnances*, XVIII, p. 596). La juridiction de la paroisse de Cély est détachée du bailliage de Melun et rattachée à celle de Milly (novembre 1480. A. N. X¹ᵃ 8807, fol. 266).

2. B. N., ms. fr. 21448.

3. B. N. Cabinet des titres, pièces originales, Malet, n° 50.

4. La mort doit être antérieure à ce voyage : on lit, en effet, dans le compte d'où nous extrayons ces renseignements, que le receveur en question, avant de se rendre à Marcoussis, alla porter de l'argent à Mᵐᵉ de Graville, au Pont de Chamois. Si M. de Graville eût été encore vivant, on ne comprend pas pourquoi l'argent eût été destiné à sa femme et non à lui. Il est probable que J. de Graville mourut subitement, que sa veuve eut besoin d'argent et que le receveur de Gra-

les cas, le décès est antérieur au 30 août, puisque « les vendredi et samedi penultieme et derrain jour d'aoust mil IIII ͤ
IIII ˣˣ et deux » furent célébrés, à Graville même, « les service
« et enterrement de mondit sʳ de Graville. » Il mourut au Pont
de Chamois, et c'est par eau que son corps fut transporté à
Graville, moyennant 98 l., 2 s., 6 d. t. Nous ignorons si Louis de
Graville put fermer les yeux de son père : il est tout au moins
à présumer qu'il dut conduire son service funèbre. Ainsi les
pages de Jean de Graville ne purent porter longtemps « les
« quatre paires de chausses vermeilles » que le pauvre seigneur
avait commandées pour eux, à Pierre et Linars du Raiguet et
qui avaient coûté 60 sous [1].

Graville dut abréger son deuil, puisque le 11 octobre, il était
revenu à la cour. Il assistait à Tours à une assemblée de seigneurs [2] que le roi avait convoqués, afin de leur lire les remontrances et instructions qu'il avait rédigées, le 21 septembre [3], à
l'intention du Dauphin.

Lorsque la lecture en fut achevée, « il commanda et ordonna
« à Messieurs de Beaujeu, chancelier et autres dessuz nommez,
« aller incontinent et ledit jour, à Amboise, devers mondit
« seigneur le Dauphin et porter lesdits articles et les exposer
« à mondit seigneur le dauphin et luy requerir de les accor-
« der, promettre et tenir. ».

Ils partirent sur le champ et arrivèrent à Amboise « celuy
« jour environ trois heures après midy » ; le chancelier fit la

---

ville profita de son voyage pour aller prendre à Marcoussis les instructions de
l'héritier. Les délais écoulés jusqu'à la célébration des funérailles auraient été
remplis par le transport du corps.

1. Tous ces détails nous sont fournis par les comptes de la seigneurie de Graville en 1482, conservés aux Archives départementales de la Seine-Inférieure,
sous la cote A⁶. Ces comptes nous apprennent aussi, comme nous l'avons vu, que
la belle-mère de Graville, Marie de Montberon, survécut à son mari.

2. Godefroy. *Charles VIII*, p. 35.

3. Godefroy. *Ibid.*, p. 306, *Ordonnances*. XIX, p. 56 ; Lejeay. *Hist. de Louis XI*,
Paris. 1874, t. II, p. 454.

lecture des instructions au futur Charles VIII « qui mettoit
« toute peine de iceux ecouter et entendre et qui monstra bien
« avoir souvenance. Lorsque le dauphin, non pas comme
« enfant, mais d'une grand audace, ferme et haut courage,
« s'écria : « j'aimeroys mieux mourir que avoir desobey à monsg[r]
« mon pere, et que plutost me donnast Dieu la mort que avoir
« pensé a y desobéir » il n'y eût personne dans l'assemblée à
« qui les larmes ne tombassent des yeux », en voyant tant
d'affection unie à tant d'obéissance. Graville eut, en outre,
l'honneur d'un entretien avec le dauphin : « et devisa mondit
« seigneur le dauphin particulièrement à un chacun et après
« mesdits sieurs prinrent congé et se départirent [1].

Louis XI ne pouvait laisser échapper une occasion pareille, à
la mort de son père, d'être agréable à Graville. En effet, le
2 novembre, il lui fait abandon du droit de relief de la terre de
Graville [2]. Le même jour, le roi recevait de Louis de Graville,
au Plessis du Parc, son serment de foi et hommage pour ses
seigneuries situées dans l'Ile de France [3].

La mort de son père n'empêcha point Graville de songer à
ses intérêts ; c'est, en effet, sur sa requête et pour mettre fin
aux doutes que laissaient subsister dans son esprit les lettres
de 1479 [4], que le roi lui accorda les troisièmes lettres patentes
relatives à Sées et Bernay qui, au droit de haute justice,
adjoignaient la perception des fouages.

Le rôle de Jean Lallemand, receveur général en Normandie [5],
nous apprend qu'en 1482 et 1483, la pension de Graville était

1. Ce fait nous est relaté dans une lettre qu'Eustache de Sansac adressa de
Tours, le 11 octobre, à la Chambre des Comptes. Publiée tout au long dans
Godefroy, elle n'a été utilisée à notre connaissance que par Fontanieu, auteur de
l'histoire manuscrite de Charles VIII, possédée par la Bibliothèque Nationale
(ms. fr. 13579 et 13580).
2. Arch. Seine-Inférieure, AI 16.
3. A. N., p. 16, n° 5871.
4. Voir plus haut.
5. B. N. mss. f. 23266, fol. 9-27.

de 1200 l. t., et que sa gratification s'élevant à 750 l. t., pendant ces deux années, consistait dans le profit du grenier à sel de Pont de Larche [1]. Par le même document, nous savons qu'il avait payé par l'ordre du roi 4000 l. à Jehannot de Tordes « en faveur de son mariage », et qu'en « plusieurs et diverses fois il avait avancé 4518 l. 2 s. 11 d. t. [2] pour les plaisirs et voulentés dudit s[r] ». En 1482, Jean Lallemand lui versa un premier à compte de 2518 l. 2 s. 11 d. t. sur les 4518 l. 2 s. 11 d. t. qui lui étaient dues [3]. Il recevait en 1484 d'Antoine Bayard, trésorier de Languedoc, 1500 l. t. [4] pour solde, et perdait ainsi près de 482 l. t. Il est vrai qu'il avait, pour la somme remise à Jehannot de Tordes, une cédule du roi, ce qui n'était sans doute pas le cas pour les 518 l. t. « prêtées en plusieurs et diverses fois » ; mais Louis XI était mort, et le trésor ne payait que les dettes dont on pouvait justifier.

Le règne de Louis XI, on le voit, est la première étape de la fortune de Graville ; il semble que nous ne le rencontrions, en 1470, que pour assister à son élévation. De chambellan du roi, de simple gentilhomme de ses gardes, il arrive au commandement de la troupe où il n'était que soldat ; dès lors, comblé des faveurs royales, il se mêle à des négociations intéressantes avec René d'Anjou, et il siège, en qualité de juge, dans le procès de Nemours. Néanmoins, jusqu'à l'avènement de Charles VIII, il est resté au second plan, il n'a été que comparse dans les grands évènements du règne ; désormais il s'avancera au premier plan, il deviendra acteur principal ; il dirigera les affaires, il sera comme le premier ministre d'Anne de Beaujeu ; remarquons enfin que son arrivée aux affaires coïncide presque avec la mort de son père qui le crée chef de la famille de Graville.

1. B. N. mss. f. 23266, fol. 14 et 31.
2. *Ibid.*, fol. 15.
3. *Ibid.*, fol. 15.
4. *Ibid.*, fol. 31.

CHAPITRE III.

LOUIS DE GRAVILLE DE LA MORT DE LOUIS XI A SA NOMINATION
COMME AMIRAL (1483-1487).

Louis XI mourut, comme on sait, au Plessis-du-Parc, le
30 août 1483. Nous ignorons si Graville se trouvait alors
auprès de lui dans l'exercice de ses fonctions de chambellan.
Que fit-il jusqu'au mois d'octobre ? Son attitude au milieu des
intrigues de la nouvelle cour nous est inconnue ; cependant
on peut inférer de sa conduite postérieure que, sans se soucier
des prétentions à la régence émises par la reine douairière,
Charlotte de Savoie, sans faire attention aux réclamations de
Louis d'Orléans, il se rangea aussitôt du côté des Beaujeu.
Etait-il déjà de leurs amis ? Rien ne le prouve ; il est plus
naturel de croire qu'en soutenant la sœur du jeune Charles VIII,
il ne faisait qu'obéir aux volontés du feu roi ; il savait, d'ailleurs, qu'il retrouverait auprès d'Anne les traditions politiques
du règne précédent.

Bien qu'aucun document ne nous y signale la présence de
Graville avant le 16 octobre, nous présumons qu'il se rendit
sans retard à Amboise, où les Beaujeu s'étaient transportés le
lendemain de la mort de Louis XI [1]. Il n'y aurait pas fait un
long séjour, puisque, le 8 septembre, des lettres patentes expédiées d'Amboise l'instituaient concierge du bois de Vincennes,

1. Pélicier. *Essai sur le gouvernement de la dame de Beaujeu*, Paris, Picard,
1882, p. 49.

en remplacement d'Olivier le Daim, jusqu'au 29 novembre *en suivant* [1]. Il dut aller prendre possession de ce poste de confiance et mettre sous bonne garde son prédécesseur [2]. S'il s'absenta, ce ne fut pas pour longtemps ; le 16 octobre, il était de retour à Amboise où il accomplit un acte solennel : il y prêtait foi et hommage à Charles VIII pour ses terres et seigneuries situées dans l'Ile-de-France [3].

Ces allées et venues s'expliqueraient difficilement si Graville avait fait partie du Conseil du roi dès son avènement ; on sait, en effet, qu'après la mort de Louis XI avait été constitué « un conseil provisoire de douze, puis de quinze membres [4] », dont la liste, présentée aux Etats généraux le 6 février 1484, nous est fournie par Masselin [5]. Graville ne figure pas dans cette liste, quoique nous le trouvions pour la première fois, parmi les membres du Conseil, au mois de novembre 1483, à Beaugency [6].

Pendant les cinq premiers mois de la régence d'Anne de Beaujeu, la situation de Graville n'offre rien de saillant ; cette période n'avait été marquée que par des intrigues de cour qui demeurent assez obscures pour nous ; le parti des princes et celui d'Anne de Beaujeu mesuraient réciproquement leurs forces ; on préparait les élections aux Etats généraux et l'on vivait au jour le jour, dans l'attente des évènements qui allaient sortir de cette assemblée. Madame Anne peuplait de ses parti-

---

1. Sauval, *Hist. de Paris*, t. II, p. 448. Au mois d'août 1484, les privilèges des capitaines, chapelains, etc., du bois de Vincennes étaient confirmés (Godefroy, *Charles VIII*, p. 447).

2. Pélicier, *op. cit.*, p. 55. note.

3. A. N. P 16, n° 5880.

4. *Le Conseil du roi et le Grand Conseil*, par M. Valois, Bibliothèque de l'Ecole des chartes, 1882, p. 600.

5. Bernier, *Procès-verbaux du conseil de régence de Charles VIII*, Paris, 1836, p. 100 et 102.

6. A. N. JJ 211 f° 20ª et Valois, *op. cit.*, p. 603 note.

sans le Conseil du roi, où Graville, selon toute apparence, fut un des aides les plus précieux de la duchesse. Nous serions volontiers disposés à lui attribuer une large part dans sa conduite sage et modérée, dans cette politique de conciliation et presque de concessions qui caractérise presque toujours les premiers temps d'une régence, de celle-ci en particulier.

Les Etats généraux s'ouvrirent le 15 janvier : Graville n'y était pas député, mais il dut être un des chevau-légers de Madame, auprès des Etats, un de ces négociateurs officieux qui s'employaient auprès de chaque ordre et même de chaque membre pour le convertir à la politique de la régente. Les Etats se séparèrent le 14 mars et nous ne retrouvons Graville que le 23, à Montils-lez-Tours : il y assista au conseil. Sa pension et « entretenement » sont désormais beaucoup plus élevés que les années précédentes : le 30 avril, il donnait quittance à Jean Lallemant, receveur général en Normandie, de 3.000 l. t. [1] pour ses gages de chambellan ; le même jour, il était remboursé par le même receveur de 1.500 l. t. sur les 4.000 l. qu'il avait prêtées au roi Louis XI pour le mariage de Jeannot des Tordes, échanson ordinaire du roi [2].

Nous passons légèrement sur ces actes d'intérêt privé : nous avons hâte de voir Graville intervenir dans des évènements d'un ordre plus général. Il ne s'éloigne plus de la cour à partir du mois de juillet ; en juillet et en août [3], il est avec le roi à Paris ; le 6 septembre, nous le trouvons au bois de Vincennes [4] ; le 23, il reçoit Charles VIII dans sa terre de Bois-Males-herbes [5] ; enfin, le 27, la cour arrive à Montargis [6] ; Madame

1. B. N. Clairambault, t. 55, n° 4183.
2. B. N. *ibid.*, *ibid.*, n° 4185.
3. A. N., JJ 216, n° 8. JJ 214, n° 152, JJ 215, n° 94.
4. *Ordonn.* XIX, p. 436.
5. A. N., JJ 215, n° 62, J 1039, n° 21.
6. *Ordonn.* XIX. p. 458.

y avait emmené son frère pour le mettre à l'abri d'un coup de
main médité par le duc d'Orléans, qui aurait voulu enlever le
roi aux Beaujeu. Si l'on s'en rapporte à Saint-Gelais [1],
Charles VIII aurait été assez enclin à entrer dans les vues de
son oncle ; la conversation que les deux princes avaient eue à
Vincennes ne laisse aucun doute à cet égard. C'est alors qu'ayant
eu vent de ces projets, Madame avait conduit son frère à
Montargis ; elle fit plus : elle opéra une révolution dans l'entourage du roi ; trois chambellans, Gui Pot, les sires de Boisy
et de Maillé, étaient partisans du duc d'Orléans ; ils pouvaient
entraîner le roi dans quelque aventure fâcheuse [2] ; la duchesse
n'hésita pas à les destituer et à les remplacer par Graville et
le sire de l'Isle. Désormais, attaché au roi, Graville ne le quit-
tera pour ainsi dire plus jusqu'à son départ pour l'Italie.

En ce moment s'était formée contre les Beaujeu une véritable ligue, dont le duc d'Orléans était la tète, avec le duc de
Bretagne pour principal allié. Madame sut empêcher cette
coalition de se grossir de nouveaux adhérents ; c'est ainsi
qu'elle regagna le duc de Lorraine, René de Vaudemont, qui,
à Bar, le 30 septembre, s'engagea « de prendre le parti du
jeune roy Charles VIII et de l'en tenir envers et contre tous [3] ».
En revanche, le duché de Bar était restitué au Lorrain et on
lui constituait une pension de 36.000 livres [4]. Graville, qui
était un peu le parent de Vaudemont [5], ne contribua-t-il pas à
ce rapprochement ? C'est ce que Commines paraît vouloir faire
entendre lorsqu'il dit [6] : « En ce temps des dictes quatre
« annees, ceulx qui gouvernoient ledict roy (qui estoient le

1. Godefroy, *op. cit.*, p. 51.
2. V. Pélicier, *op. cit.*, p. 87, note.
3. Godefroy, *op. cit.*, p. 451.
4. Dupuy, II. 41, *Hist. de la réun. de la Bret. à la France*, Paris, 1879, t. II,
p. 41.
5. Bordenave, *Hist. de Béarn*, p. 92 (éd. de la Soc. de l'hist. de Fr.).
6. T. II, p. 296.

« duc et duchesse de Bourbon et ung chambellan appellé le
« seigneur de Graville et autres chambellans qui en ce temps
« eurent grant regne) appellerent en court, en auctorité et à
« credit, ledict duc de Lorraine pour en avoir port et ayde,
« car il estoit homme hardy, etc. » Graville, avec la cour,
séjourna à Montargis jusqu'au 26 octobre [1] ; après s'être arrêtés
à Châtillon-sur-Loire [2], ils arrivèrent à Gien où leur séjour se
prolongea jusqu'au 13 décembre [3].

L'endroit était bien choisi pour surveiller les mouvements
des Bretons que Dunois poussait à la guerre dès le commencement de novembre, et la Bourgogne que Maximilien tentait
de reconquérir. Le Conseil, depuis le 1er novembre, délibère
presque tous les jours ; mais Graville n'y siégea que le 21 [4]. A
cette réunion, de même qu'aux suivantes, le 23 novembre, les
7 et 13 décembre, il est personnage muet ; du moins, le procès-
verbal très succinct ne permet pas de découvrir quelle part il
eut aux décisions. Graville ne partit pas de Gien les mains
vides. En novembre, Charles VIII, à sa requète contenant
« que pour la grande et fervente devocion » qu'il avait eue et
avait encore « à la benoiste trinité du paradis, en l'honneur et
« soubz le titre de laquelle fut pieça fondé le monastere des
« religieux Celestins en ledit lieu de Marcoussis » par Jean de
Montaigu, grand maître d'hôtel de France, et considérant leur
« grande povreté et indignité » permet à Louis de Graville
d'amortir aux mains desditz religieux les terres d'Ardanne,
Saint-Hilaire (canton d'Etampes), Aubeterre, Pierrefitte, Rue,
le Moulin-Neuf, « qui anciennement fut molin à blé et de pre-
« sent est à huille et à draps », en la chatellenie de Bruyères-

1. *Ord.* XIX, p. 458. A. N. P. 266 [2].
2. A. N. JJ 215, n° 9.
3. A. N. JJ. 217, n° 172. Bernier, *op cit.*, p. 172. 174. 211, 219. B. N. mss. fr.
20432, n° 3.
4. V. Bernier, *op. cit.*, p. 172.

sur-Orge, des rentes sises à Doulainville et Chetainville, et
une maison « où pend pour enseigne l'ymage Saint-Georges en
la rue de la Cossonerie à Paris [1] ».

Ce n'est pas tout. Le 13 décembre, Graville assista au
conseil ; il y fut d'abord question des guets, etc. ; puis fut
mise en délibération la requête [2] « faicte par mons[r] de Gra-
« ville, touchant la restitucion et reintegracion qu'il a requis
« lui estre faicte de la place, terre et seigneurie de Vendeul
« qu'il dit avoir prinse sur lui par voye de fait, par mons[r] le
« conte de Romont ou par ses gens, ensemble plusieurs biens
« meubles estans en ladite place. »

M. de Bresse, frère du comte de Romont, et Graville se retirèrent ; l'affaire fut mise en délibération « et a esté conclud
« que lettres seront escriptes de par le roy à mondit seigneur
« de Romont, qu'il vueille rendre et restituer ladite place
« audit de Graville, veu que ledit de Graville en estoit paisible
« possesseur à l'eure de ladite prinse, comme il dit ». Graville
n'obtint pas satisfaction complète ; il devait désirer être réinté·
gré immédiatement et sans autre forme de procès ; mais les
conseillers n'agissaient pas à la légère et ils décidèrent : « Item,
« que si ledit seigneur de Romont y pretend aucun droit, qu'il
« le poursuive en justice. Et au surplus se icellui seigneur de
« Romont, après avoir veues lesdites lettres du roy, fait diffi-
« culté de rendre ladite place, a esté ordonné que ledit sei-
« gneur de Graville aura lettres patentes adressant au bailli,
« soubz la juridiction duquel est assis ledit Vendeul, que s'il
« lui appert que à l'eure de ladite prinse de ladite place, ledit
« seigneur de Graville en feust paisible possesseur, et que ledit
« seigneur de Romont l'ait prinse ou fait prandre sur lui, et

1. A. N. JJ 215, n° 107.
2. V. Bernier. *op. cit.*, p. 221.

« semblablement lesditz biens meubles, par voye de fait et
« sans auctorité de justice, que en ce cas, il face remectre et
« reintegrer ledit seigneur de Graville en possession de ladite
« place, terre et seigneurie de Vendeul et lui rendre et resti-
« tuer lesdits biens meubles. » Nous ne savons ce qu'il en
advint, mais la donation de 1476, ayant été faite dans toutes
les règles, Graville eut sans doute gain de cause.

De Gien, le roi revint par Sully-sur-Loire à Montargis où
nous retrouvons Graville, le 27 décembre ; il assista au conseil
de ce jour et y contresigna des lettres patentes, portant révo-
cation du domaine aliéné [1]. Il y célébra sans doute les fêtes du
nouvel an, car il y était encore au début de janvier 1485 [2].

Les Beaujeu étaient alors entourés de difficultés ; la ligue
des princes s'était accrue de nouveaux alliés, Maximilien
d'Autriche, les d'Albret, etc. Quoique Madame, de son côté,
comptât pour amis le roi d'Angleterre, les barons bretons
révoltés et les communes flamandes, ses adversaires se crurent
assez forts pour agir, et le duc d'Orléans ouvrit la campagne ;
le 14 janvier, il adresse au roi une lettre où il expose ses griefs
et ceux de son parti [3] ; le 17, il convoque le Parlement de
Paris et y fait lire par son chancelier, Denis le Mercier, des
remontrances contre l'administration de Madame ; enfin, le
18, il expédie une circulaire aux bonnes villes.

Le Parlement n'écouta pas le duc d'Orléans, mais ses protestations n'en produisaient pas moins une mauvaise impres-
sion. Le duc était gouverneur de Paris ; il disposait, en cette
qualité, d'une force armée considérable et l'on pouvait craindre
que le peuple parisien, habilement travaillé par ses agents, ne

---

1. Godefroy, *op. cit.*, p. 465. A. N. X¹ᵃ 8607, f. 60. B. N. ms. fr. 21411, f. 19.
2. Bernier, *op. cit.*, p. 237, 240. A. N. K 74, nᵒ 40.
3. V. Pélicier, *op. cit.*, p. 247 et 92 ; de Cherrier, *Histoire de Charles VIII*, I,
p. 128 ; Dupuy, *op. cit.*, II, p. 37.

se soulevât en sa faveur : Madame résolut de le faire arrêter, mais il put s'échapper.

La cour partit de Montargis, le 25 janvier, rentra par Bois-Malesherbes et Melun à Paris, où elle était le 4 février. Graville l'avait à peu près suivie dans sa marche [1] ; la régente songea aussitôt à récompenser le Parlement de sa fidélité ; le 14 février, le roi y tint une séance solennelle où il publia une déclaration exemptant du ban et de l'arrière-ban les membres de ce corps [2]. Graville est compté parmi les assistants à cette séance. Le roi ne s'attarda pas à Paris ; le 14 mars, il était à Evreux. Cependant le duc d'Orléans réfugié à Verneuil, puis à Alençon, par l'arrivée du roi en Normandie séparé du duc de Bretagne avec qui il ne peut plus concerter ses opérations, est réduit à traiter ; le 23 mars, il fait sa soumission, rentre à Evreux et assiste au conseil où il siège à côté de Graville [3].

Il paraît que tous ces évènements avaient pris Graville au dépourvu ou que sa bourse s'était vidée rapidement dans ses marches et contre-marches, car, le 15 janvier, il avait reconnu avoir reçu de Jean Chalenge, lieutenant du vicomte de Pont-de-l'Arche, la somme de 100 l. t, à valoir sur la ferme du pontenage dudit pont en 1485 [4].

La première montre où Graville est mentionné comme capitaine de place est également du mois de janvier (21 janvier). C'est la revue des 20 hommes de guerre de morte-paye en garnison à Pont-de-l'Arche, sous la conduite de Guillaume de Villetain, lieutenant de Graville. Elle est passée par Guillaume de Rouville, chevalier, seigneur de Moulineaux, et chaque homme touche « cent solz tournois par mois », ce qui faisait

---

1. *Ord.* XIX, p. 450. Godefroy, *op. cit.*, p. 469.
2. *Mém. de l'ac. des Inscr.*, t. VIII. p. 723.
3. Cherrier, *op. cit.*, I, p. 134.
4. B. N. ms. fr. 26099. n° 91.

pour toute la troupe 300 livres par quartier d'an, et Guillaume le Barge « commiz de maistre Robert le Barge, notaire et « secretaire du roy nostre sire et contrerolleur des morte-« payes de Normandie » certifie que le quartier « commançant « le premier jour de juillet... et finissant le derrain jour de « septembre 1485 » a esté payé [1].

La soumission du duc d'Orléans avait mis fin à la campagne ; cependant, au lieu de revenir à Paris, Madame crut utile de faire une tournée en Normandie, dont le roi alla présider les Etats réunis à Rouen. La cour y arriva le 14 avril et y resta jusqu'à la fin de mai [2]. Bien que nous n'y trouvions pas Graville avant le 18 [3], nous ne doutons pas qu'il ne fût dans la capitale de sa province dès le début du séjour du roi. Telle est aussi l'opinion de M. de Beaurepaire [4]. Par Blainville, la cour revint de Rouen à Paris [5], où elle est rentrée le 3 juin. Il semble que Graville se soit attardé dans sa province ; nous ne le retrouvons, en effet, à Paris qu'en juillet [6]. Peut-être avait-il voulu examiner la garnison d'Honfleur dont il était capitaine, avant qu'Antoine de Latre, dit Cauwart, vice-amiral de France, en passât revue, le 2 juillet [7]. La gravité des circonstances suffit à expliquer son retour ; en effet, le duc d'Orléans persévérait dans ses intrigues, et François II, sous le prétexte de réduire ses barons rebelles, ne cessait d'armer et de préparer des alliances ; à en croire même M. Pélicier [8], la coalition aurait pu espérer une descente des Anglais.

Le duc d'Orléans jeta bientôt le masque ; il quitta brusque-

---

1. B. N. ms. fr. 25781, n° 13.
2. Pélicier, *op. cit., Itinéraire.*
3. A. N. P¹, 346. B. N. mss. fr. 25716, n° 58. A. N. K 73, n° 33.
4. *Entrée et séjour du roi Charles VIII à Rouen, en 1485.* Caen 1854, p. 11.
5. Pélicier, *Itinér.*
6. *Ord.* XIX, p. 574.
7. B. N. mss. fr. 25781, n° 33.
8. P. 101.

ment la cour et Paris, et se rendit à Blois où son armée était rassemblée. D'après Bouchet [1], il eût voulu établir son quartier général dans la capitale de son apanage, à Orléans ; mais les habitants encouragés par du Bouchage, dépêché en toute hâte, lui fermèrent leurs portes. Charles VIII marcha contre lui : il avait quitté Paris le 17 ou le 18 août [2] ; Graville eut, dans cette marche, l'honneur de le recevoir deux fois, à Marcoussis, le 20 et le 21, et à Bois-Malesherbes, le 23 [3].

Le roi était arrivé dans Orléans avec Graville, le 7 septembre [4] ; le duc, après s'être vu refuser l'entrée de cette ville, s'était rabattu sur Beaugency où le roi l'envoya assiéger [5] : la place ne pouvait soutenir un siège, force lui fut de capituler dans le courant de septembre [6]. Graville ne paraît pas avoir participé à cette campagne, car il ne quitte ni la ville d'Orléans, ni le roi pendant la plus grande partie du mois de septembre [7]. Il se révèle un peu plus tard dans une circonstance non moins sérieuse. Le duc de Bourbon et le duc d'Angoulème, qui avaient levé des troupes pour secourir le duc Louis à Beaugency, apprenant la capitulation de leur confédéré, marchèrent sur Bourges, où le roi vint de Blois « bien accompagné [8] ». « Tou-
« tefois, ajoute Bouchet, par la sage conduicte du mareschal de
« Gié et du s^r de Graville (qui avoient grosse authorité en la
« cour du roy sous Madame de Beaujeu) fut trouvé quelque
« expedient par lequel tous ces princes furent d'accord. »
Nous ne pouvons soupçonner en quoi consista cet arrangement.

1. Voir Bouchet, *Annales d'Aquitaine*, Poitiers, 1644, p. 294.
2. Voir Pélicier, *op. cit.*, IIin.
3. A. N. JJ 216, n°s 188 et 130. Pélicier, *op. cit.*, p. 292.
4. *Ord.* XIX, p. 583.
5. Voir Bouchet, *op. cit.*, p. 104.
6. Voir Pélicier, *op. cit.*, p. 294.
7. D. Vaissete. *Op cit.* Voir Preuves, col. 60. B. N., ms. fr. 22406, n°s 29 et 30. *Ord.* XIX, p. 585.
8. Bouchet, *op. cit.*, p. 294.

Cette année s'acheva tranquillement, et, après le traité de
Bourges (2 novembre) avec François II, ratifié en présence de
Graville, l'ordre ne fut plus troublé. La régente et le conseil
royal profitèrent de cette période de répit pour s'occuper
activement de l'organisation intérieure du royaume. De nombreuses réformes furent alors accomplies ; on promulgua, en
effet, beaucoup d'ordonnances de pure administration, et
Graville assista à la rédaction de la plupart d'entre elles ; par
exemple, il contresigne à Bourges, en octobre, un édit sur
les fonctions et privilèges des examinateurs de la prévôté de
Paris [1], une foule de rémissions, des octrois de foires, des
lettres patentes imposant différentes provinces, le Périgord [2],
le Rouergue [3], l'Agenais [4], une ordonnance sur la réforme
des habits [5], etc.

A cette époque, Graville préludait à ses fonctions d'amiral,
en intervenant dans une affaire qui avait manqué rompre le
bon accord régnant entre le gouvernement français et la seigneurie de Venise. Les quatre galères vénitiennes du voyage de
Flandres, parties à la fin d'avril [6], avaient été attaquées dans la
nuit du 20 au 21 août, à la hauteur du cap Saint-Vincent, par
six navires portant pavillon français et commandés par le corsaire Colombo [7]. Après un combat qui se prolongea jusqu'au
soir du 21 et qui coûta cent trente hommes aux Vénitiens, les
galères de la République durent se rendre. Conduits à
Lisbonne, leurs équipages furent mis en liberté : les Français
transportèrent sur leurs navires les marchandises qui char-

---

1. *Ord.* XIX, p. 596.
2. A. N. K 73, n° 34.
3. B. N., ms. fr. 25716, n° 49.
4. B. N., ms. fr. 25716, n° 50.
5. *Ord.* XIX, p. 615.
6. Rawdon-Brown, *Calendar of satte papers Venetian*, Londres, 1864, t. I, n° 492.
7. Malipiero, *Annale veneti*, Florence, 1843-44, t. 2. p. 260. — Harrisse. *les
Colombo de France et d'Italie*. Paris, 1874, p. 45 et 51.

geaient les bateaux capturés ; puis, les abandonnant où ils étaient, mirent à la voile.

Le 18 septembre, le Sénat informait [1] de cet évènement Jérôme Zorzi, ambassadeur à Milan, et lui ordonnait de partir sans retard pour la France : il avait pour instructions de réclamer au roi la restitution des galères, des effets et des marchandises capturés. Le 3 novembre [2], le Sénat, par soixante voix contre trente-sept et seize nulles, enjoignait en guise de représailles à s' Melchior Trevisano, vice-capitaine général de mer de s'emparer d'une galéasse française qui était à Alexandrie, et lui recommandait de ne faire aucun mal à l'équipage.

Zorzi était arrivé en France et, le 5 novembre, il écrivait [3] que le roi était tout disposé à donner satisfaction à la République. Le Sénat lui répondit, le 2 décembre, qu'il comptait sur la restitution intégrale des biens volés. Cependant l'amiral, Louis de Bourbon, prenait énergiquement le parti de Colombo, et écrivait à Charles VIII une lettre que M. Harrisse a ignorée et qui est un véritable plaidoyer en faveur des corsaires [4]. Elle est écrite du 21 novembre à Honfleur. C'est la réplique de l'amiral aux réclamations des Vénitiens : on peut, grâce à elle, suivre de plus près les phases que traversa cette négociation. Tout d'abord, Charles VIII avait consenti à accorder des sauf-conduits aux pirates, à la condition que les

1. Rawdon-Brown, *ibid.*, n° 498.
2. *Ibid.*, *ibid.*, n" 502.
3. *Ibid.*, *ibid.*, n° 505.
4. Cette lettre, dont l'original est conservé à la Bibliothèque impériale de Saint-Pétersbourg, et dont la Bibl. Nat. de Paris possède une copie, malheureusement très fautive, (ms. fr. 15541, fol. 32), a été attribuée, par l'auteur du catalogue de Saint-Pétersbourg (*Revue des Sociétés Savantes*, Paris, 1874, p. 373-399 et par M. H. de la Ferrière (*Deux années de mission à Saint-Pétersbourg*, p. 5), à Louis de Graville, mais elle est certainement du bâtard de Bourbon, amiral de France (1466-1487). En effet, elle est signée, « *l'Amyral* » ; or, aucune des lettres, aucun des actes de Graville que nous possédons ne porte cette signature, qui est, au contraire, la forme constamment employée par son prédécesseur. De plus, en 1485, Graville n'était pas amiral.

marchandises provenant de la prise seraient mises sous
sequestre[1] : l'amiral se récriait contre cette clause, il expliquait que « jà les mariniers en ont leurs pars et qu'ils ont
vendues et transportées ainsy qu'ils ont voulu et sont les trois
quarts desdits mariniers tous estrangers et sur lesquels il
n'y a aucune rescousse ». De plus, pour les empêcher de se
rendre en Angleterre, il leur avait promis l'impunité[2] et il suppliait le roi de ne pas le forcer à violer sa promesse ; il déve-
loppait les inconvénients qu'offrirait cette manière de faire :
« autrement vous perdrez tous vos navires et tant que vous
avez de bons serviteurs pour la mer, et qui seroit une mauvaise recompense du service qu'ils vous pensent avoir fait
audit voyage... Sire, le Roy vostre pere que Dieu pardoint, me
commanda faire la guerre aux Venitiens comme hereticques et
ses ennemis. Depuis vous ne m'avez point fait sçavoir qu'eussiez alliance avec eux. Parquoy me semble que ce que vos
gens et serviteurs ont fait a esté bien et deuement fait. »

Ces représentations de l'amiral coïncidaient avec l'arrivée à
Honfleur d'un agent vénitien nommé Rosetti que Zorzi, du
consentement du roi, avait expédié « poursuyvre la delivrance
desdites galaires et biens[3] ». Une émeute éclata dans la ville
lorsque l'objet de la mission de Rosetti fut connu, et le messager fut tué dans la « haulte rue ». Le Sénat apprit ces nouvelles par deux dépêches de Zorzi, en date du 20 et du 22
novembre[4] : dans sa réponse (15 décembre), il exhorte vive-

---

1. « Vous estes bien content que je donne sauf-conduit pour six semaines, aux
personnes qui ont fait la ditte prinse pourveu que je mette et fasse mettre en
vostre main tous les biens venus de la ditte prinse qui seront trouvés en nostre
pouvoir. »

2. « Sire, avant la reception de vos dittes lettres et pieça pour doute que j'avois
des dittes navires tant qu'ils ne se perdissent en la rade de la mer ou ils estoient
en tres grant danger mesmement qu'ils ne s'en allassent en Angleterre ou
quelque autre part, pour ces causes les asseuray leurs corps et tous leurs biens,
car autrement ils ne fussent point icy venus ».

3. Harrisse, *op. cit.*, p. 112.

4. Rawdon-Brown, *op. cit.*, n° 507.

ment son ambassadeur à exiger non seulement la délivrance des marchandises enlevées, mais encore une indemnité et le châtiment des meurtriers de Rosetti. Dans la même séance où il rédigeait ces instructions, le Sénat votait une somme de 1.200 ducats, destinée à des cadeaux pour les seigneurs français qui pourraient aider Zorzi de leurs bons offices. Charles VIII, sans doute, sur les instances de l'orateur vénitien, n'avait pas attendu que la république le mît en demeure de rechercher les coupables du crime de Honfleur : le 18 décembre, étant à Melun, par un mandement il invitait Nicolas du Gal, capitaine de Honfleur, à mettre sous sequestre les galères de Venise, et à faire une enquête sur « l'omicide commis à la personne du messager de ladite seigneurie de Venise ». Graville contresignait ce mandement. Le roi semble avoir pris vivement à cœur le parti des Vénitiens : le 16 et le 17 décembre[2], Zorzi écrivait, en effet, à la seigneurie que Charles VIII et son conseil avaient décidé d'envoyer deux chevaliers à Honfleur, afin de presser les travaux de l'enquête, et avaient permis au secrétaire de Zorzi de les accompagner. Le Sénat, le 9 janvier, considérait l'affaire comme réglée, il lui adressait de longues instructions relatives au retour des marchandises restituées, et lui indiquait une série de précautions, afin d'éviter tout embarras aux galères lors de leur retour.

Dans son impatience, le Sénat allait un peu vite : le 9 avril, lui parvenait une dépêche où Zorzi notifiait les résultats de ses démarches[3] : une partie des prises emmagasinées à Honfleur avaient été remises à l'orateur vénitien ; il attendait la délivrance du surplus qui était en Biscaye. Charles VIII persistait dans ses bonnes intentions : il avait refusé un sauf-conduit à Colombo, et dans une audience qu'il avait accordée au corsaire,

---

1. Harisse, *op. cit.*, p. 112.
2. Rawdon-Brown, *op. cit.*, n° 508.
3. Rawdon-Brown, *op. cit.*, n° 510.

le roi lui avait reproché sa conduite qui faisait subir à la seigneurie une perte de près de 200.000 ducats.

L'amiral devait continuer de protéger ses subordonnés et
Colombo entre autres ; dans le cas contraire, on s'expliquerait
difficilement qu'il eût été admis à se justifier devant le roi ; ses
protecteurs agirent encore plus efficacement en sa faveur [1] ;
d'abord des contestations furent soulevées à propos de la quantité des marchandises vénitiennes [2] ; mais elles furent vite
réglées. C'était la question de l'indemnité qui entravait tout.
Graville, qui avait la place prépondérante dans la commission
française déléguée par le roi pour la régler et composée de
trois membres [3], voulait que du chiffre de l'indemnité on dédui-
sît la valeur des carènes et des ponts des galères demeurées à
Lisbonne. Le 17 juin, le Sénat faisait les observations suivantes
à ces ouvertures : lors du pillage des galères, les ponts ont été
détériorés, au point que les débris qui subsistent ne peuvent
plus servir ; quant aux carcasses des navires, laissées à l'abandon
et sans soin, elles ne sont bonnes qu'à brûler ; l'équité commande donc aux Français de les payer intégralement ; cependant, s'il paraît impossible à Zorzi de faire entendre raison à la
commission, le Sénat consent à rabattre de l'indemnité le
prix des carènes et des ponts, mais, en revanche, l'envoyé doit
exiger le payement total des marchandises, ou des garanties
équivalentes dont le terme d'échéance ne dépasserait par quatre
ans ; en résumé, la demande première de la seigneurie de 50.000
ducats était réduite à 30.000, la différence de 20.000 portant
sur les deux articles qui ne faisaient plus l'objet d'une réparation. Il semblait qu'après ces concessions, tout était terminé :

1. La correspondance de Zorzi nous renseignerait sur toutes les phases de sa
négociation ; malheureusement, elle est perdue : nous ne la connaissons qu'indi-
rectement par les réponses du Sénat à son orateur — conservées dans les registres
secrets (t. 32 et 33) de ce corps — conservés eux-mêmes aux archives de Venise.
2. Rawdon-Brown, *op. cit.*, n° 511.
3. *Ibid.*, n° 512.

le Sénat de Venise en était si bien persuadé que, le 9 septembre, il adressait [1] à Zorzi des pouvoirs très étendus pour conclure l'accord sur les bases posées le 17 juin. Mais, le 14 octobre, la seigneurie recevait l'annonce de nouveaux délais : elle croyait qu'on se jouait d'elle, et elle ordonnait à Zorzi, si les trois commissaires ne faisaient pas des concessions de leur côté, de prendre congé de S. M. [2], et de regagner Venise. Nous ne doutons pas que Graville, l'homme des solutions pacifiques et de la conciliation, en voyant les rapports prendre cette tournure, n'ait rabattu de ses prétentions primitives, et n'ait employé toute son influence à ménager une entente. Le 8 mars suivant, elle était conclue : car, à cette date, le Sénat apprenait de Pierre Trevisan, consul à Londres, l'arrivée dans cette ville de deux vaisseaux chargé des marchandises provenant du pillage des galères de Flandre, et élisait trois personnages qui devaient se concerter avec le consul sur les mesures à prendre pour leur rapatriement.

Cet incident a eu, selon nous, une grande importance dans la vie de Graville : nous ne doutons pas que la modération et les talents d'administrateur qu'il déploya dans la solution de ce différend maritime ne contribuèrent pour beaucoup, deux ans plus tard, à sa nomination comme amiral. Un intérêt d'un autre ordre attirait aussi notre attention sur les relations de Graville avec Venise : il possédait un manuscrit sur le gouvernement vénitien, propriété aujourd'hui du duc d'Aumale. N'avons-nous pas là une preuve sinon d'un goût très vif pour la république sérénissime, au moins d'une assez vive curiosité de ses institutions et de ses mœurs [4] ?

---

1. Archivio Veneto-Senato-Secreta Deliberazioni, t. 33, p. 34.
2. Rawdon-Brown, *op. cit.*, n° 515.
3. *Ibid.*, n° 517.
4. Cet incident des galères vénitiennes eut un tardif épilogue en août 1493, où Charles VIII promulgua un édit réglant la compétence de l'amiral en matière de

Au commencement de 1486, la cour est à Paris ; nous y rencontrons Graville dès le 5 janvier [1]. Une ligue plus dangereuse qu'aucune des précédentes s'était nouée contre les
Beaujeu ; depuis la mort de Louis XI, les rapports du gouvernement français avec les Flamands avaient été des plus tendus ;
Maximilien avait déchiré le traité d'Arras (1483) et, d'autre
part, Charles VIII ou plutôt les Beaujeu, après un essai infructueux de réconciliation, s'étaient rapprochés des communes
flamandes contre l'archiduc. En 1484, une courte expédition de
des Querdes en Flandre était demeurée sans résultat ; puis, avait
succédé une période d'apaisement, dont Maximilien avait profité pour surveiller son élection comme roi des Romains
(16 février 1486). Aussitôt élu, il soutint que le gouvernement
français fomentait des troubles dans ses États et il demanda
des réparations [2]. En même temps, il recevait les ambassadeurs
du duc de Bretagne, chargés de lui proposer la main d'Anne,
la fille de leur maître. Maximilien accueillit avec empressement ces ouvertures, et aux Bretons, prêts à se soulever, s'adjoignirent sans retard les anciens acteurs de la guerre folle :
Dunois, le duc d'Orléans, les comtes d'Angoulème et d'Albret.
Sans attendre ces auxiliaires, pendant que Charles VIII était à
Troyes (12 mai-16 juin) [3], Maximilien franchit brusquement
les frontières du Nord et prend par surprise Mortagne et
Thérouanne. Aussitôt le gouvernement français envoie une
armée contre lui ; le roi rentre à Paris, et de là, pour diriger les
opérations, il se porte à Beauvais, où il était le 24 août.
Graville l'avait accompagné dans ses pérégrinations ; sa posi-

---

piraterie et portant en substance que « les jugements de l'amiral et ses autres
actes interlocutoires pour faits de piraterie seront, quant à la restitution des biens,
exécutoires nonobstant appel, à charge par les marchands qui ont obtenu ces
jugements de fournir caution ». *Ordonnances*, XX, p. 371.

1. B. N. Clairambault, 782, n° 232.
2. Pélicier, *op. cit.*, p. 113.
3. *Ibid.*, *Itinéraire*.

tion est des plus considérables ; dès lors il faut compter avec
son influence ; elle est combattue, mais elle n'est plus niée, et
jamais les adversaires des Beaujeu ne réclament leur éloignement du pouvoir, sans réclamer le sien. Ainsi, Maximilien, dans
le manifeste qu'il adresse de Bruges au roi, le 31 juillet, veut
montrer tout le mal que les Beaujeu auraient fait au royaume
et termine par ces mots [1] : « nous vous requérons donc dans
« votre propre intérêt, dans celui de votre royaume comme
« dans le nôtre, de ne point écouter les avis desdits sieur et
« dame de Beaujeu, non plus que ceux des sieurs des Querdes
« et de Graville, de ne donner à ces dangereux conseillers ni
« autorité ni crédit ».

Madame de Beaujeu, qui espérait peut-être se réconcilier
avec Maximilien, fit rédiger par le roi une réponse à ce manifeste qui n'en méritait guère. Il prend la défense de ses conseillers et invoque la mémoire de son père qui lui a recommandé d'écouter leurs avis : « Nous voulons vous bien avertir,
« lui disait-il, que le feu roi, notre père et seigneur, nous
« ayant fait venir devant lui, un an et plus avant sa mort, nous
« dit expressément, en présence de plusieurs princes et de
« nobles personnages, que son bon plaisir était que nos très
« chers frère et sœur, le sieur et la dame de Beaujeu, eussent
« le soin et la conduite de notre personne ; qu'ils restassent
« toujours pres de nous, et que notre dit frère prît la direction
« de notre royaume. Il nous commanda aussi de garder à notre
« service ceux qu'il avait eus au sien pour le fait de la guerre,
« et, nommément, le sieur de Graville, que, bien à tort, vous
« voulez faire congédier [2]. »

Avant d'expédier cette lettre, le roi la soumit à son conseil ;
Jaligny nous a raconté cette séance où Graville se signala

1. De Cherrier, *op. cit.* I, 145.
2. *Ibid.*, I, 148.

d'une façon toute particulière et nous ne saurions mieux faire que de laisser la parole au chroniqueur.

« Le Roy aussy de sa part, après que les lettres de sa res-
« ponse furent prestes, se trouva un jour en l'Hostel de
« l'Evesque, où il estoit logé, et en sa Chambre de parement,
« accompagné des seigneurs de son sang, estans avec luy des
« chevaliers de son Ordre, et des autres de son Conseil, où
« lesdites lettres furent leües, et puis à un chacun fut deman-
« dée son opinion, pour sçavoir si elles estoient en bonne
« forme, et si le Roy faisoit convenable response : Il y eut
« sur ce plusieurs belles opinions. Et entre autres, le seigneur
« de Graville, qui estoit un des principaux autour de la per-
« sonne du Roy, dit qu'il s'esbahissoit qui mouvoit le Duc
« d'Austriche de vouloir corriger le Roy, et mettre l'ordre en
« France, veu qu'il ne lui touchait en rien ; attendu qu'il
« n'avoit aucune chevance dedans le Royaume ny alentour ; et
« n'estoit de par luy aucunement parent du Roy, sinon à
« cause de la fille du duc Charles de Bourgongne, qu'il avoit
« espousée : Et allegua qu'il avoit aucunes fois leu dans les
« Croniques et anciens faicts de France, et qu'il n'y avoit
« point trouvé que les Allemans eussent jamais subjugué les
« François, ny mis ou donné ordre et police en leurs affaires ;
« mais qu'au contraire les François avoient subjugué et réduit
« sous leur obéissance les Allemans, et mis et donné loix,
« ordre et police en leur pays, comme feit le Roy Charle-
« magne et plusieurs autres » [1].

Cette fière sortie, qui était la meilleure réponse à ses ennemis, atteste, avec une certaine connaissance de l'histoire de
France, un ardent patriotisme, sentiment bien rare chez les
hommes du xve siècle, car l'idée et l'amour de la patrie française n'existaient pas plus alors que le mot qui les exprime.

1. Godefroy, *op. cit.*, p. 5.

Nous n'estimons donc pas trop dire, quand nous prétendons que Graville, en prononçant ce discours, ne devançait pas moins son temps que Philippe Pot, lorsqu'il proclamait aux États généraux de 1484, les fameuses maximes sur l'origine et les devoirs des rois.

Le mois suivant, toujours à Beauvais [1], Graville eut à lutter contre un autre adversaire; son crédit fut sauvé, grâce à la dame de Beaujeu. Le connétable, Jean II de Bourbon, retiré à Moulins depuis la fin de la guerre folle, avait fait de sa cour, dit M. Pélicier [2], le rendez-vous des mécontents; il avait auprès de lui Commines, les frères d'Amboise et le sire de Culant qui ne cessaient de l'animer contre sa belle-sœur. Comme ils y réussissaient, la régente craignait fort de voir le duc se rapprocher des Bretons et de Maximilien; une telle confédération aurait étendu la révolte et les hostilités au centre même de la France, il fallait donc arracher Bourbon à ses nouveaux amis En conséquence, Madame dépêcha vers lui le comte de Vendôme et Gautier d'Escars, munis d'instructions en date du 10 juin, à Troyes [3]. Elles témoignent du plaisir qu'aurait le roi d'écouter les avis du vieux duc; elles expliquent la campagne entreprise contre Maximilien; pour terminer, Charles VIII déclare « qu'il traitera les seigneurs « de bien en mieux par le bon conseil de mon dit seigneur de « Bourbon en maniere qu'ils s'en devront contenter. »

Le duc se mit en route sans empressement et arriva à Beauvais à l'entrée du mois de septembre [4], bien accompagné. Après y avoir séjourné trois ou quatre jours, dit Jalligny, « à « la poursuite desdits seigneurs de Culant et d'Argenton (je

---

1. Graville était à Beauvais à la fin d'août et y demeura jusqu'au 15 septembre. (B. N. Clairambault, 782, f° 233. A. N., JJ. 213, n° 158-161. *Ord.* XIX, p. 669. B. N. Clairambault, 782, f. 243.)

2. *Op. cit.*, P. 117.

3. Godefroy, *op. cit.*, p. 531.

4. *Ibid.*, p. 6.

« crois bien que monseigneur d'Orlaans qui estoit aussi à
« Beauvais et ceux de sa bande n'y nuisoient pas) mondit sei-
« gneur de Bourbon feit un peu du courrroussé, feignant de
« n'estre point content de monseigneur et de madame de
« Beaujeu, ny du seigneur de Graville et autres qui gouver-
« noient sous eux. » Il accusait ces trois personnes d'avoir
causé une guerre pour la direction de laquelle on aurait dû le
consulter, en sa qualité de connétable [1].

Jaligny traite assez légèrement le pauvre duc ; il le montre
à la merci de ses favoris. « Toutesfois, quelque chose qu'il fist,
« je crois qu'il l'entendoit autrement, mais il vouloit bien
« feindre d'estre un peu mecontent pour contenter lesdits
« seigneurs de Culant et d'Argenton et autres [2]. » Ainsi l'inimitié de Commines à l'endroit de Graville nous est prouvée
par cette dernière citation, et la mauvaise issue des intrigues
du seigneur d'Argenton explique le dédain avec lequel il traite
notre personnage [3].

Jaligny ne nous dit pas comment Madame parvint à faire
entendre raison à Jean II dans une conversation qu'elle tint
avec lui en septembre [4] ; toujours est-il que ses deux confi-
dents principaux furent « mis hors de sa maison ». La défec-
tion du duc eut de grands avantages politiques ; il donna ses
hommes d'armes au roi ; ses anciens alliés furent tout décon-
tenancés de voir dans le camp opposé leurs auxiliaires pro-
bables ; Maximilien suspendit la campagne et ramena son
armée en Flandre ; les Français l'imitèrent et l'année s'acheva
sans notables péripéties.

La cour revint aux environs de Paris ; elle passa une partie

1. Godefroy, *op. cit*, p. 7 et B. N. ms. fr. 13759.
2. *Ibid.*, p. 671.
3. Commines, II, 296.
4. Godefroy, p. 9.

du mois d'octobre à Compiègne [1], Vincennes [2], Paris [3], Melun [4], puis se dirigea vers les bords de la Loire et Montils-lez-Tours. Graville ne quitte pas le roi ; il est encore avec lui à Orléans en novembre [5]. Il disparaît jusqu'au 9 décembre [6], où il est à Montils ; la maladie du duc de Bretagne, les mesures à concerter en prévision de sa mort, les préparatifs du voyage royal sur les marches d'Anjou ont dû le rappeler auprès du roi, s'il s'en était écarté.

1. A. N. JJ. 217, n° 40. JJ. 218, n° 133. *Ord*. XIX, p. 672.
2. A. N. K. 73, n° 46. *Ord*. XIX, p. 670.
3. A. N. P. 7, n° 2272.
4. B. N., ms. fr. 25716.
5. A. N. JJ. 218, n° 172.
6. *Ord*. XIX, p. 681. A. N. JJ 218, n°⁵ 141-163.

CHAPITRE IV.

DE LA NOMINATION DE GRAVILLE COMME AMIRAL AU MARIAGE DE
CHARLES VIII AVEC ANNE DE BRETAGNE (1487-1491).

Jusqu'à l'année 1487, Graville n'apparaît que lorsque la
faveur royale va le chercher parmi la foule ou lorsque ses
talents l'en font sortir ; c'est un seigneur quelconque, plus
intelligent peut-être que ses pareils, dans tous les cas plus
favorisé, mais dont le rôle et la place dépendent un peu du
hasard ; sa situation, en un mot, est très instable. Désormais
il va être pourvu de la charge d'amiral ; il aura, de droit, place
dans tous les conseils, et, de fait, il sera le premier ministre
d'Anne de Beaujeu, et il dirigera la politique de la France
pendant la période qui s'ouvre avec la guerre de Bretagne et
finit avec la majorité parfaite de Charles VIII.

Les lettres de provision de Graville comme amiral ont
échappé à nos recherches ; nous ignorons donc la date précise
de sa nomination, mais nous l'avons resserrée dans d'assez
étroites limites : le bâtard de Bourbon, son prédécesseur,
mourut le 19 janvier 1487[1] : d'autre part, dans une quittance
du 24 janvier[2], par laquelle Jean Lallemant, au nom des généraux des finances, reconnaît avoir reçu de Denis du Val, grenetier de Dieppe, 300 l. t., partie de 3.000 l. ordonnées à
Louis, seigneur de Graville, pour sa pension en 1487, Graville

1. P. Anselme, VII, p. 865.
2. B. N. Cabinet des titres. Pièces originales. Malet, nº 54.

n'est encore qualifié que « chambellan et conseiller du Roy ».
Mais, le 31 janvier, il donne quittance au même Jean Lallemant de ses gages d'amiral[1] : il a donc été nommé après le
24 et avant le 31 janvier. Les appointements d'amiral d'après
cette pièce s'élevaient à 2.000 l. t. par an.

La mort de Bourbon avait excité toutes les convoitises et les
plus grands personnages aspiraient à lui succéder[2]. Quelles
furent donc les raisons qui militèrent en faveur de Graville?
Nous voulons bien que dans toutes les difficultés précédentes
son rôle ait été plus actif qu'il ne paraît aujourd'hui ; nous
voulons bien qu'il se soit mis hors de pair, qu'il se soit distin-
gué par son courage, son esprit d'entreprise, comme dit Jaligny, et ses bons conseils. Admettons même qu'on lui ait tenu
compte de sa véhémente tirade contre Maximilien (et elle dut
frapper ses contemporains puisque Jaligny la rapporte au long) ;
y a-t-il là vraiment de quoi gagner un poste si en vue? Pourquoi, du reste, si on avait voulu le récompenser, ne l'a-t-on
pas créé maréchal et non amiral? Sa nomination n'était-elle
pas dangereuse : ne risquait-elle pas de passer pour une provo-
cation aux yeux du connétable qui allait voir celui dont il avait
demandé l'éloignement en possession d'une dignité qui le
faisait presque son égal?

Si nous recourons à Jaligny, nous ne sommes pas mieux
éclairés : il dit en effet : « Pour ce que au temps de ladite
« vacation le seigneur de Graville avoit toute auctorité auprès
« du Roy, soubs Monseigneur et Madame de Beaujeu, et qu'il
« estoit homme de grande entreprise, qui plus avoit entre les
« mains les affaires du roy qu'aucun autre, il fut pourvu dudit
« office d'amiral[3]. »

1. B. N. Clairambault, t. 165, u° 24.
2. V. Godefroy, *op. cit.*, p. 14.
3. *Ibid.*, p. 14.

Tout ceci peut et doit être vrai ; mais c'est ailleurs qu'il faut chercher les causes déterminantes et, selon nous, M. Pélicier les a indiquées d'un mot [1]. « Ce choix dû au mérite autant qu'à « la *faveur* était parfaitement justifié. Louis Malet, seigneur de « Graville, faisait partie, avec du Bouchage, la Trémoille, des « Querdes et Duplessis-Bourré, de cette élite d'hommes intel- « ligents et dévoués qui occupaient la première place dans les « armées ou les conseils du jeune monarque. »

Nous pensons, comme lui, que la *faveur*, et la faveur des Beaujeu, contribua beaucoup en ce moment à la fortune de Graville. La question se posait ainsi : un emploi de la plus haute importance était vacant ; celui qui l'obtiendrait, en se rangeant dans l'opposition, en s'unissant avec le connétable, pouvait réduire au néant la sœur et le beau-frère du roi. Il fallait donc avant tout que le titulaire de cette charge fût un homme sûr et dévoué à leurs intérêts ; il fallait qu'on pût au besoin en faire l'antagoniste des princes ; or, Pierre de Beaujeu ne pouvait se l'adjuger sans provoquer les récrimi- nations de tous ; de plus, le personnage qui l'obtiendrait devait avoir donné des preuves assez nombreuses et assez écla- tantes de son talent pour que sa nomination ne soulevât pas des protestations générales et ne suscitât des défections. En un mot, il fallait qu'il fût un homme de paille et ne le parût pas ; or, personne dans l'entourage de Madame ne rem- plissait ces conditions mieux que Graville : il était le plus influent de ses conseillers ; les autres, des Querdes et du Bou- chage, étaient déjà pourvus ; son origine empêchait Duplessis- Bourré d'y pouvoir prétendre ; la Trémoille était bien jeune ; Graville restait le candidat indiqué ; il appartenait d'ailleurs à une province maritime, où se trouvait l'arsenal royal, « le clos des galées » ;enfin, par cette combinaison, on recon-

1. *Op. cit.*, p. 128.

naissait les mérites d'un bon serviteur et on affermissait son zèle[1].

A ce moment, le duc de Bretagne contrairement aux prévisions de la régente, avait recouvré la santé; effrayé par l'approche du roi des frontières d'Anjou, il avait prêté l'oreille aux propositions de Dunois et, le 13 décemdre 1486, il avait adhéré à une ligue où entrèrent, le 15 décembre, les ducs d'Orléans et de Lorraine, le roi et la reine de Navarre, les comtes d'Angoulème, de Nevers, de Comminges, le sire d'Albret; le 22 décembre, le prince d'Orange; enfin, le 16 mars 1487, Maximilien[2]. Ce n'était plus une *guerre folle* qu'allait avoir à combattre Anne de Beaujeu, car les coalisés, forts de leur nombre et de leur entente, dessinaient un véritable cercle d'ennemis autour du domaine royal.

Le duc d'Orléans, qui s'était enfui d'Amboise le 11 janvier 1487, arriva à Nantes le 13 et y rédigea, le 10 février, une lettre au roi où il paraphrasait le manifeste des princes du 13 décembre précédent[3]. Ce brusque départ, une nouvelle tentative d'enlever le roi, avaient fort ému les Beaujeu et leurs conseillers qui « mettoient peine de descouvrir au vray l'entre-« prise de mondit seigneur d'Orleans, et de sçavoir ceux qui « voudroient adherer avec luy : souvent ils en avoient nou-« velles par lesquelles ils apprenoient qu'ils avoient intention « de brouiller le Royaume[4] ».

Une lettre adressée par Graville à du Bouchage, d'Amboise, le 19 janvier, nous fait part de leurs inquiétudes[5] : « Des « nouvelles de par deçà, pour ce que le Roy en escript bien « au long à monseigneur de Bresse je ne vous en escrips point

1. V. Godefroy, *op. cit.*, p. 14.
2. V. Dupuy, *op. cit.*, t. 2, p. 94.
3. V. Pélicier. *op. cit.*, p. 266.
4. V. Godefroy, p. 15.
5. P. J. n° 8.

« sinon que le bruyt est que ses seigneurs ont semblable vou-
« loir de faire une telle chose qu'ilz feirent il y a deux ans, et
« desja commancent très bien... L'ambassade de Bretaigne a
« esté icy et s'en est retournée. Ilz y estoient à l'eure que
« monseigneur d'Orleans s'en partit pour s'en aller à Nantes
« dont ilz ont fait fort des esbaiz, disant qu'il n'en estoit nou-
« velle à l'eure de leur partement. Le roy y envoye mons^r de
« Bordeaulx, l'advocat Thiboust et d'autres pour veoir ce
« qu'il se pourra faire touchant ses matieres. »

Au même moment, une complication extérieure préoccupait
vivement l'entourage du roi : nous voulons parler des démêlés du duc Charles Ier de Savoie avec le marquis Louis II
de Saluces, démêlés qui ne sont qu'un épisode de la rivalité
héréditaire des deux familles [1]. En 1486, à l'instigation de
seigneurs savoyards que le duc avait bannis, le marquis de
Saluces envahit la Savoie pour les rétablir dans leurs biens
confisqués. Ce n'était là qu'un prétexte, le véritable motif de
l'hostilité était cette vieille question de l'hommage que depuis
le xiie siècle la Savoie réclamait aux marquis de Saluces qui,
de leur côté, prétendaient ne le devoir à personne quand ils se
croyaient assez forts pour n'avoir besoin de personne, ou qui
prétendaient le devoir au roi de France quand son appui leur
était devenu nécessaire. Tout d'abord, la fortune sourit au
marquis : il enleva Pancalieri, Sommariva, Cavour, etc. ; mais,
à la fin de l'année, le duc, aidé des Suisses et des Milanais,
recouvrait l'avantage, s'emparait de plusieurs forteresses et
mettait même le siège devant Saluces. Dès que Louis Ier se vit
en danger, il s'adressa à Charles VIII et lui demanda secours

---

1. Nous ne faisons que résumer le récit très clair et très exact de M. de Mandrot
(V. B. de Mandrot, *Imbert de Batarnay, seigneur du Bouchage* ; Paris, 1886, in-8°,
p. 135). — V. aussi : Guichenon, *Histoire généalogique de la maison de Savoie*.
t. I, p. 578. — *Chronica latina Sabaudiæ* dans *Monumenta historiæ Patriæ. Scrip-
tores*, I, col. 666, Turin, 1840. Delaborde, *L'expédition de Charles VIII en Italie*,
Paris, 1888 (p. 186).

comme à son suzerain. Le gouvernement français, dont la guerre
de Bretagne employait toutes les forces, à défaut de soldats
lui dépêcha du Bouchage qui se croisa en route avec lui. Graville, fort intime ami de du Bouchage, le tenait au courant ; dans
la lettre que nous venons de citer il lui écrivait : « Le marquis
« de Salluces et mons' de la Forest [1] sont icy et chascun d'eulx
« a conté ses bonnes raisons au mieulx qu'il a peu devant le roy.
« Il a esté dit ce qu'il faut dire au dit seigneur de la Forest,
« selon le contenu en vostre dite lettre, en lui donnant assez
« à congnoistre que ledit seigneur soustendra son hommage.
« Ils seront despesch ez tous deulx bientost et s'en retourne-
« ront. Le duc de Millan a escript lettres au roy touchant
« ceste matiere, en donnant à congnoistre qu'il n'a pas baillé
« les gens à monseigneur de Savoye, pensant qu'il depleust
« au Roy et que ce feust contre ledit hommage, et que incon-
« tinent qu'il en a esté adverty qu'il les a fait retirer. »

Malheureusement du Bouchage arriva après la prise de
Saluces et ne put même pas se mêler avec efficacité aux négociations, ayant oublié en France ses pouvoirs. Graville fait
allusion à cette bizarre négligence au début de sa lettre [2]. Du
Bouchage fut retenu assez longtemps à la frontière du Dauphiné [3] ; de là entre lui et Graville un échange de lettres parmi
lesquelles nous est parvenue celle-ci [4] (Poitiers, 20 février
1487) où nous trouvons un écho de l'opinion qu'avaient les
seigneurs français sur cette grave question de l'hommage du
seigneur de Saluces.

« Le marquis de Salluces a fait son hommage au roy ainsi
« que vous serez adverty : ledit seigneur a depeschié monsei-

---

1. C'était l'envoyé du duc de Savoie.

2. « Vous avez fait merveilleusement bonne dilligence, mais sa esté grant faulte
d'avoir oblyé vos lettres. »

3. B. de Mandrot, *op. cit.*, p. 137 et s.

4. B. N. mss. fr. 2923, f° 5.

« gueur d'Anjou pour s'en aller par della devers mons^r de
« Bresse, et luy a esté donné charge de porter telles parolles
« que mons^r de Bresse et vous adviserez touchant lesdites
« matieres. Monsr de la Forest a esté par deça ainsi que vous
« sçavez ; et devant son partement nous avons eu plusieurs
« parolles ensemble touchant lesdites matieres, et luy en ay
« dit ce qu'il m'a samblé estre raisonnable, et entre autres
« choses que si la question de mons^r de Savoye et dudit mar-
« quis, estoit de partye à partye, je me declareray pour mondit
« seigneur de Savoye, mais puisqu'il est question en sest
« endroit des droiz et autres du roy, il fault bien que moy et
« tous ses bons serviteurs le servent. » Ainsi, en tant que gen-
« tilhomme, Graville donnait raison au duc de Savoie ; mais,
en tant que serviteur du roi de France, il admettait le bien
fondé des réclamations du marquis. Les négociations de du
Bouchage aboutirent à une trève d'un an à l'issue de laquelle
le duc Charles Ier occupa définitivement le marquisat ;
Charles VIII chercha pour Louis de Saluces des compensa-
tions à l'intérieur ; comme François de Savoie, archevêque
d'Auch et évêque de Genève [1], avait secouru son parent avec
2.000 Suisses, il lui enleva son temporel et son domaine pour
les transmettre au marquis « *in subsidia alimentorum* ».

L'arrivée du duc d'Orléans en Bretagne avait réveillé le parti
des mécontents contre François II ; la Bretagne divisée était
donc peu redoutable ; il valait mieux se tourner vers le Midi
où les coalisés étaient plus unis et le sire de Lescun tout puissant. Charles VIII, ayant Graville en sa compagnie, partit de
Tours le 9 février, arriva à Poitiers le 17 [2] ; l'amiral y était
encore le 20, et de là il adressait à du Bouchage la lettre que
nous venons de citer et dont la fin est consacrée au récit de la

1. *Chronica latina Sabaudiæ* (*Monum. hist. Patr.*, I, col. 666).
2. A. N. K. 73, n° 48.

campagne : « Des nouvelles de par deçà nous en tyrons en
« Guyenne. Le cappitaine Odet [1] s'estoit mis dedans Xaintes ;
« nous avions envoyé cinquante hommes d'armes et deux cens
« archiers faire le logis du roy ; mais incontinent qu'il a esté
« de ce adverty il est desemparé dudit lieu et s'en est allé
« dedans Pons avecques les gens qui estoient avecques lui
« audit lieu qui sont environ soixante lances. Mais je croy que
« incontinent que le roy en approchera, ilz en desempareront
« aussi bien qu'ilz ont fait dedans Xaintes. Les barons de
« Bretaigne sont bons pour le Roy. Monsr de Dunoys est
« dedans Partenay ».

Graville avait bien préjugé que la résistance de Lescun serait
peu sérieuse ; il se maintint dans Blaye quelques jours seulement
et rendit ensuite toutes ses places de Guyenne. Le roi fit son
entrée dans Bordeaux le 9 mars. Tandis que le gouvernement
de la province était remis aux mains de M. de Beaujeu, l'amirauté était réunie à celle de France et donnée à Graville [2].
Comme le dit Jaligny [3], il « avoit la principale charge des
affaires du royaume » ; aussi, sans s'inquiéter davantage de la
marine bordelaise, remonte-t-il avec le roi de Bordeaux sur
Laval. Ils passèrent par Saint-Jean-d'Angely (20 mars) [4] et
arrivèrent à Niort où le roi reçut la nouvelle de la capitulation
du sire de Joyeuse laissé par Dunois dans Parthenay [5].
Charles VIII séjourne à Niort du 24 au 26. Les préoccupations politiques de l'amiral ne l'empêchaient pas de songer au
mobilier d'une petite maison « neufve qui est encore très mal
« extancillée pour ce qu'elle n'est pas achevée ». Il avait remar-

---

1. Odet d'Aydie.
2. D. Lobineau, *Hist. de Bretagne*, t. I, p. 765.
3. Godefroy, *op. cit.*, p. 23.
4. B. N. mss, fr. 20427, f. 100.
5. Pélicier, *op. cit.*, p. 271. — Sur la marche de Graville, v. Huillard-
Bréholles, *Titres de la maison de Bourbon*, t. I, p. 418. — B. N. mss. fr. 20432,
f. 42. — A. N. X[1a] 8609, f. 97.

qué, à Niort, dans les chambres occupées par Etienne de Vesc et
Duplessis-Bourré, deux belles tapisseries que ce dernier avait
fait acheter par « ce macquignou le Byernoys ». Sans plus se
gêner, il prie Duplessis de lui en céder une au prix coûtant.
« Je scay bien qu'elle vault mieulx, mais je seray assez hardy
« pour prendre autant sur vous en esperance que une autre
« foiz, quant vous aurez envye d'avoir quelque chose qui sera
« chez moy qu'il vaudra mieulx que cela, vous en pourrez
« faire autant, et sy vous estes contant que je l'aye, je vous
« prye, envoyez la moy par inventoire ». La lettre tourne aux
comptes de ménage ; Bourré avait vendu à l'amiral une ou
deux pipes du vin qu'il récoltait sans doute dans ses propriétés
d'Anjou : « quant et mon vin à Orleans en une pippe ou deux
« bien nettes et foncées et je vous feray porter vostre argent
« en vostre maison » [1].

De Niort, par Saint-Antoine de la Lande (28 mars) [1], Parthenay [2] (30 mars-3 avril), Thouars [3] (10-24 avril), Graville et le
roi se dirigèrent sur Laval, où ce dernier arriva le 4 mai [4] ;
cependant l'armée allait opérer sa jonction sous les murs de
Vannes avec les barons bretons révoltés, au mépris des clauses
du traité de Chateaubriant qu'avait signé, le mois précédent,
l'archevêque de Bordeaux, André d'Espinay [5]. François II, pris
au dépourvu, cherchait partout des secours en offrant sa fille
en mariage à Maximilien qui ne peut accourir et au vieil Alain
d'Albret que le sire de Candale tient en échec à Nontron [6].
Graville [7] pouvait écrire à du Bouchage le 30 mai : « Des nou-

1. B. P. ms. fr. 20427, f. 100.
2. *Ibid.*, 25716, n° 67.
3. A. N. JJ 217, n° 8.
4. A. N. JJ 217, n° 23, et Pélicier, *op. cit.*, *Itinéraire.*
5. Nous ne trouvons Graville à Laval que le 25 mai (B. N. ms. fr. 25716, n° 69,
2922, f. 2).
6. Dupuy, *op. cit.*, II, p. 106.
7. Pélicier, *op. cit.*, p. 134 et ss.
8. B. N., mss. fr. 2922, f. 2.

« velles de par deçà les affaires du Roy se portent très bien
« de toutes pars, le mercy Dieu. Les Bretons sont tenuz si de
« court qu'ilz ne sçavent où eulz mettre. Monsieur d'Albret est
« assiegé à Nontron... Par devant Monseigneur d'Albret est
« mons^r de Candalle, les seneschaulx de Tolouze, d'Agenez,
« de Cercy, d'Armaignac, de Poitou. Mrs de Bresiere (Bres-
« suire), mons^r de Taillebourc, de Toulouviers, Philippe du
« Moulin et dix mille hommes de pyé et cinq cens hommes
« d'armes payez, et de l'artyllerie une bande. » On n'avait
pas à s'inquiéter de la frontière du Nord ; « il n'y a ung seul
« homme en armes de la part du duc d'Autriche ne autre-
« ment depuis la lysyere de Picardye jusques en Flandres.
« Pour abreger, le tout des besongnes dudit seigneur se
« portent sy bien jusques icy que mieulx ne pourroient. » On
s'attendait bientôt à rencontrer l'ennemi : « Je croy que nos
« gens de Bretaigne se batront avant qui soit quate jours, et
« sont de noste costé quinze mille hommez de pié et six cens
« hommes d'armes et sy couchent aujourd'hui à une lieue l'un
« de l'autre. » On avait même envoyé contre eux bande d'artillerye.

Graville ne se trompait pas : les troupes françaises, commandées par Guichart d'Albon, seigneur de Saint-André, et Jacques
de Grassay, opérèrent leur jonction avec Jean de Rieux, maréchal de Bretagne et chef des barons révoltés ; ils pillèrent
Ploërmel (19 juin) et allèrent attaquer Vannes. François II,
Louis d'Orléans, Dunois, Lescun s'en étaient enfuis avant le
5 juin ; c'est ce que nous apprend une lettre collective du
seigneur de Saint-André et de Grassay, adressée d'Helevain
(Elven) à Graville le 5 juin [1].

Cependant l'armée française était entrée, presque sans coup
férir, dans Ancenis, Châteaubriant, Josselin et Redon, s'empa-

1. *Revue des prov. de l'Ouest*, mai 1854, p. 197.

rant ainsi des approches de Nantes où François II s'était
réfugié : on résolut d'attaquer cette grande ville elle-même [1].
Tandis que le roi séjournait à Laval [2], Graville se porta
à Château-Gontier, nœud des routes donnant accès en Bretagne, pour y préparer les approvisionnements. C'est de
cette ville, un dimanche de juin ou juillet, qu'il adressa à
Duplessis-Bourré une lettre [3] où il est question des ambassadeurs hongrois envoyés en France par Mathias Corvin au
printemps de 1487 ; ils venaient de la part de ce souverain,
« lequel souhaitoit beaucoup l'alliance du Roy, d'autant qu'il
« estoit lors en guerre avec l'Empereur et le Duc d'Aus-
« triche [4] ; » une des conditions de cette alliance était la remise
du prince Djem, frère de Bajazet II, que Pierre d'Aubusson,
grand maître de Rhodes, retenait prisonnier dans le donjon
de Bourganeuf. Le roi reçut cette ambassade durant son séjour
à Angers [5]. Graville avise son ami que « l'ambassade sera
« demain chez lui à diner ». Graville avait dû loger au Plessis-
Bourré et faire quelque accroc à la tapisserie de la salle à
manger ; il indique comment la réparer : « au regard de la
« tapisserye, à la verité la bresche que j'y ai faicte est bien
« grande, rabillez-la le mieulx que vous pourrez pour l'hon-
« neur des Hongres, et vous aydez de la tapisserie qui est
« dans ma chambre et en la garde robbe, car quant j'y voul-
« droye couchier pour ma santé sy la ferai-je oster. Et quand
« je suis chez moi, jamais je ne couche en chambre tapissée,
« car la challeur m'est contraire de nuyt. » Les Hongrois
restèrent assez longtemps en France ; ils étaient encore le
5 octobre à Paris où ils attendaient les présents du roi [6],

1. D. Morice, *op. cit.*, t. II, p. 167.
2. Pélicier, *op. cit.*, *Itinéraire*.
3. B. N., mss. fr. 20487, f. 9.
4. Godefroy, *op. cit.*, p. 28.
5. *Ibid.*
6. *Ibid.*, p. 28.

comme nous l'apprend un message collectif de Denis de
Bidaut, de Briçonnet et de Denis le Breton au roi : « Touchant
« les presens de Hongrie, nous avons envoyé à Paris à mons[r]
« l'ambassadeur dudit Hongrie III[c] marcs d'argent en vaisselle
« de la plus belle façon et myeulx assortie qu'avons peu, et
« esperons qu'il l'aura demain en ladite ville de Paris. Sire,
« nous luy avons escript et pour ce que les ouvriers (n'ont)
« encore parachevé les habillemens de teste, plumaulx et
« autres choses que dedans VIII ou X jours [1]. » Ils partirent de
Paris le 15 octobre avec une brillante escorte [2].

Nous avons laissé l'armée française devant Nantes et Graville à Château-Gontier ; il ne rejoignit qu'en juillet [3] le roi qui
d'Angers avait descendu la Loire jusqu'à Ancenis [4] (23 juin [5]) ;
il paraît que Graville ne put « secourir le siege de Nantes de
« ce que besoin estoit [6] », puisque, après sept semaines d'inu-
tiles efforts, l'armée dut se retirer (6 août), se contentant de la
prise de Saint-Aubin et de Dol.

Charles VIII et l'amiral visitèrent Châteaubriant en août [7],

1. B. N., mss. fr. 15538, f. 195.
2. Nous avons trouvé (B. N., f. fr. 15541, f. 155) cette curieuse lettre de M. de
Plailly au roi sur le départ de cette mission : « Sire, plaise vous savoir que
« aujourd'huy est party l'ambassadeur de Hongrie et l'a convoyé mons[r] le grand
« maistre, mess[rs] d'Amiens, de Sens, le prevost de Paris, le cappitaine Jehan
« Blosset, le chevalier du gué et autres ; et m'a chargé ledit ambassadeur le
« recommander très humblement à vostre bonne grace à laquelle il se recom-
« mande ; et s'en va mondit s[r] de Sens avecques luy jusques à Lyon. » Le jour
précédent, 14 octobre, l'archevêque de Sens, Tristan de Salazard, avait écrit au roi :
« Il vous a pleu m'avoir escript venir icy pour accompaignez et conduire les am-
« bassadeurs de Hongrie jusques hors du royaulme. Pourquoi incontinant suis
« venu et ay receu du s[r] de Sarvilliers Lailler six lettres pour adresser aux villes
« où le chemin s'adonnera. Sire, demain au plaisir de Dieu, nous partirons de
« ceste ville de Paris et passerons par vos pays de Champagne droit à Troyes et
« delà en Bourgogne et fere à mon povoir ce qui vous a pleu me commander. »
(B. N., mss. fr. 15541, f. 196.)
3. A. N. JJ 217, n° 126. A. N. X1[a] 8609, f. 98. *Ord.* XX, p. 9.
4. Godefroy, *op. cit.*, p. 28.
5. Pélicier, *Itinéraire*.
6. Godefroy, *op. cit.*, p. 28.
7. A. N. JJ 217, n° 98.

Vitré en septembre [1] et firent leur rentrée à Laval, le roi le 17 [2] et Graville le 20 [3]. Ils séjournent en cette cité jusqu'au milieu d'octobre [4]. Peut-être l'amiral accompagna-t-il Charles VIII dans un pèlerinage au mont Saint-Michel (26-28 octobre) qui n'était qu'un prétexte à empêcher Maximilien de débarquer à Saint-Malo. Nous retrouvons l'amiral avec Charles VIII à Caen (6 novembre) [5], puis à Rouen, du 14 novembre au 5 décembre [6]. Sans doute il l'assista pendant la session des Etats de Normandie, auxquels on demanda des subsides pour couvrir les frais de la guerre de Bretagne. Ainsi Graville, le 20 novembre, contresignait les ordonnances fixant la quote-part des élections d'Avranches et de Mortain dans la *crue* de 516.623 l. t. perçues dans tout le royaume [7].

Les ressources financières de l'année suivante étant ainsi assurées, le roi se dirigea sur Paris, peut-être pour y presser auprès du parlement la procédure intentée contre le duc d'Orléans et ses adhérents [8]. Il trouva, en arrivant à Pont-de-l'Arche (10 décembre), une ambassade bretonne à la tête de laquelle était Lescun venu sous couleur de conclure ou une trêve ou un traité : en réalité, François II voulait gagner le temps de permettre à Maximilien de le secourir. Graville et les Beaujeu ne se laissèrent pas tromper par cette feinte et Lescun fut éconduit. La cour s'était à bon droit méfiée de cette mission ; en passant à Ancenis, le comte de Comminges s'était abouché avec le maréchal de Rieux et l'avait gagné à la cause du duc.

Le roi rentra à Paris le 29 décembre ; Graville ne l'accompa-

1. A. N. JJ 217, n° 174.
2. Pélicier, *op. cit., Itinéraire.*
3. A. N. X¹ᵃ 8609, f. 102.
4. A. N. JJ 217, n°ˢ 145, 165, 186.
5. A. N. JJ 217, n° 199.
6. Godefroy, *op. cit.*, p. 55. B. N., mss. fr. 15538. *Ordon.* XX, p. 26 et 28. A. N. K 73, n°ˢ 53, 54 et 54 *bis.* Archives départementales de la Seine-Inférieure, A. 7.
7. A. N. K. 73, n°ˢ 54 et 54 *bis.*
8. Pélicier, *op. cit.*, p. 140.

gnait pas. Il fut retenu en Normandie après le départ de
Charles VIII (7 décembre) sans doute par le soin de ses intérêts
privés et par les devoirs de sa charge d'amiral qu'il avait dû
négliger au milieu de ses préoccupations politiques. Il avait déjà
profité de son séjour à Rouen pour vaquer à ces dernières fonctions ; le 27, il s'était rendu à Honfleur, et y avait constitué
Richard le Paulmier, grenetier dudit lieu, comme son procureur
« et conterolleur à Honnefleu et à la coste d'environ sur le fait
« de nostredit office pendant un an [1] ». C'est également pendant
son séjour à Rouen que Graville contresigna (18 novembre) [2]
les lettres patentes du roi restituant à Marie et à Françoise de
Luxembourg les biens qui avaient appartenu à leur père, le
connétable de Saint-Pol. Il s'agit ici, en ce qui concerne l'amiral, de « ces confiscations faites sur le comte de Saint-Pol »,
que nous lui avons vu attribuer le 7 janvier 1476, et sur lesquelles nous n'avons pu trouver aucun renseignement. Graville
les rendit de bonne grâce, comme il avait déjà fait pour les
biens du duc de Nemours : aussi l'arrêt du parlement de Paris
(10 février 1483), rapporté tout au long par Godefroy [3] et
prononcé contre les récalcitrants aux lettres royales du
18 novembre, n'a-t-il trait qu'à Guy Pot et à Charles d'Amboise.

Les actes purement privés de Graville n'offrent qu'un minime
intérêt cette année : le 10 mai 1487 il avait donné quittance
de 7.000 l. t. à Denis de Bidaut « commis à recevoir le tribut
de l'entrée des draps de soye ou royaume ». Le roi lui ayant
donné le produit de ces entrées « pour les causes contenues
oudit don », nous ne saurions dire en quoi consistaient ces
causes, n'ayant pu retrouver les lettres d'octroi [4]. L'amiral

---

1. Bréard, *Les Archives de la ville de Honfleur*, Paris, 1885, p. 45.
2. Godefroy, *op. cit.*, p. 558 et 559.
3. *Ibid.*, p. 559.
4. B. N. Cabinet des titres. Pièces originales, Malet, 255. Ce don paraît avoir

faisait du reste un noble usage de sa fortune et se plaisait à
secourir ceux de ses amis qui avaient recours à sa bourse.
Ainsi, à Rouen, le 29 novembre, il avançait 1000 l. t. à Jean
Toustain, seigneur de Bléville, pour l'aider à se marier [1].

Graville paraît n'avoir rejoint que dans les premiers jours
de janvier le roi à Paris : il y était le 14 [2] et semble y être resté
jusqu'au 20 février [3] : il devait s'y occuper des préparatifs de
la campagne que le gouvernement français allait ouvrir contre
la Bretagne et dont nous verrons que l'amiral avait, en réalité,
la direction. Le 25 février, la cour se mettait en route pour
Tours : le 27, Graville recevait à Marcoussis le roi qui continuait sa marche par Etampes et Amboise [4].

En 1487, Graville avait été le principal et le plus écouté des
conseillers du roi ; en 1488, il devint son « ministre de la
guerre », suivant l'expression de M. de la Trémoille [5], et par
une heureuse rencontre les documents qui nous instruisent
sur son activité se multiplient. Le livre de M. de la Trémoille,
que nous venons de citer, contient 49 lettres missives de l'amiral [6], et on peut lui en attribuer 121 autres que le roi a signées,

été d'un assez bon rendement : en effet, pour le même motif, Graville recevait, le
21 mars 1488, 3177 écus 1/4 à la couronne et 177 écus au soleil 12 sous 4 deniers t.
le 19 août, 1200 l. t. ; le 26 septembre 1489, 1125 l. t. (B. N., *ibid.*, nᵒˢ 56, 57, 58).

1. Archives départementales de la Seine-Inférieure, A. 7. (Comptes de la seigneurie de Graville).

2. A. N. X¹ᵃ 8609, f. 101.

3. B. N., mss. fr. 25714, nᵒ 73. *Ordon.* XX, p. 56. A. N. K 73, nᵒ 56.

4. Pélicier, *op. cit., Itinéraire.*

5. *Correspondance de Charles VIII et de ses conseillers avec Louis II de la
Trémoille pendant la guerre de Bretagne*, publiée d'après les originaux par Louis
de la Trémoille. Paris, 1875, in-8ᵒ XII-284 (p. ix). M. de la Borderie a donné
une description détaillée de cet ouvrage dans : *Louis de la Trémoille et la guerre
de Bretagne*. Paris, H. Champion, 1877, in-4ᵒ (p. 6, note 1).

6. Il semble même que Graville avait adressé à la Trémoille un plus grand
nombre de lettres : il lui écrivait, en effet, le 12 août, au Verger (nᵒ 188). « Vous
dictes que vous m'avez escript depuis huit jours plus de six foyz : je vous advise
qu'il y a plus de huit jours que je n'en eu lectre de vous, excepté une que je euz
hier à quoy je vous ay respondu assez au long. Et si vous ay escript une demye
dozaine de lectres à quoy je n'ay point eu de responce ; et comme je vous ay fait
savoir par la derreniere lectre que je vous ay escripte, il y a des preneurs entre
vous et moy et entre moy et vous. »

qui étaient rédigées par ses secrétaires, mais sinon dictées, du
moins inspirées par Graville [1]. D'autre part, il ressort de ces
lettres que l'amiral avait la haute main dans les affaires de
guerre, qu'il dirigeait en quelque sorte la campagne : c'est lui
qui tient la Trémoille au courant des mouvements des troupes,
qui lui annonce l'arrivée des renforts et qui lui donne des
conseils sur les opérations militaires [2]. Le rôle prépondérant
de Graville a été parfaitement défini par M. de la Trémoille :
« Graville, dit-il, était le véritable ministre de la guerre : ses
instructions attestent sa constante préoccupation pour l'armée.
Il ne néglige rien de ce qui peut faire réussir l'entreprise et
donner de la gloire à son jeune chef, le tenant au courant de
tout ce qui se passe dans le conseil royal, examinant les plans
de campagne, conseillant avec un soin tout paternel le parti
qu'il croit le meilleur [3]. » On ne saurait mieux dire et plus
juste. Pour M. de la Borderie, au contraire, Graville [4] « est un

---

1. Plusieurs passages des lettres de Graville trahissent cette collaboration :
ainsi le 20 mars, au Plessis-du-Parc, il écrit à la Trémoille (n° 11) : « J'ay receu
vostre lectre à ce matin qui contient plusieurs articles lesquelles j'ay monstrées
au Roy, et croy qu'il vous fait responce sur chascun point, au moyns m'a promis
le secretaire qu'il ne l'a pas oublié. » Ailleurs (Plessis-du-Parc, 23 mars, n° 15)
l'amiral renvoie la Trémoille aux lettres du roi pour des ordres plus précis ou des
nouvelles plus complètes. « En tant que touche les Souysses le Roy escript qu'il en
soit paié jusques à six vings... Le Roy vous escript des nouvelles de Liege. » A
Chinon, le 1er mai (n° 67), Graville déclare nettement que toute la correspondance
de la Trémoille lui passe sous les yeux et que Charles VIII ne décidait rien sans
en avoir référé à son conseil. « J'avoys fait venir Merlin jusques icy pour vous
porter la responce de ce que vous feriez savoir au Roy par le cappitaine Raoul de
Launoy, lequel cappitaine arriva arsoir bien tart, et tant incontinent qu'il fut
arrivé le Roy l'oyt de tout ce qu'il voulut dire et puis ordonna que à ce matin
mons^r du Fou, mons^r de Bouchage et moy debatrions la matiere avecques lui en
la presence de Merlin, ce qui a esté fait toute matynée et puis après disner ledit
seigneur present, mons^r de Bourbon et autres telz que ledit Merlin vous dira qu'ilz
sont tous gens seurs et qui jamais ne diront mot de ceste matiere, et tousjours en
la presence dudit Merlin, etc. »
2. Nous pourrions fournir de nombreux exemples de ces sages et désintéressés
avertissements : nous nous bornerons à la lettre du 14 août (n° 189).
3. *Op. cit.*, préface, p. IX.
4. *Op. cit.*, p. 99.

habile homme, alerte et fin courtisan. La faveur dont l'hono-
rait Mme de Beaujeu, ajoute-t-il, plus que son mérite personnel
avait fait de lui un vrai ministre de la guerre (titre qui n'existait pas encore). Graville craignit de se voir supplanter par la
Trémoille. Il avait entretenu avec lui, pendant la campagne,
une correspondance où souvent perce la note ironique, mais
dont le ton dominant est amical. Après les deux grands succès
de la Trémoille, — Saint-Aubin et Saint-Malo, — le ton de
Graville change et tourne à l'aigre. Les deux dernières lettres
du 17 et du 28 août 1488 sont celles d'un homme obligé de
garder des mesures, mais brouillé à fond. » Ce jugement est,
selon nous, d'une sévérité outrée et entaché d'injustice. Nous
montrerons plus loin que les deux lettres incriminées par
M. de la Borderie sont tout à l'honneur de Graville. La suite
de ce récit montrera aussi qu'il n'a jamais considéré la Trémoille comme un rival probable ou même possible ; que, loin de
chercher à lui nuire ou à le mettre dans l'embarras, il s'est,
au contraire, efforcé d'atténuer les fautes que le jeune général
commettait, et de lui fournir tout ce qu'il demandait : et
cependant les exigences de la Trémoille, qui ne voulait pas
tenir compte des difficultés avec lesquelles était aux prises
Graville, — le véritable organisateur de la guerre, — étaient
exorbitantes parfois : il s'impatientait et adressait à la cour des
lettres qui n'étaient pas de nature à augmenter la confiance
déjà très faible qu'inspirait ce capitaine de vingt-huit ans ; dans
ce cas, l'amiral le défendait, lui recommandait sur tous les tons
la patience, la modération ; mais la Trémoille, imprudent en
paroles et en actions, et dont la présomption était accrue par
la bonne fortune, se refusait souvent à entendre raison.

Essayons, en étudiant les lettres de Graville elles-mêmes et
en les rapprochant des évènements contemporains, de prouver
que le plus souvent il lui donna de bons conseils et que la Trémoille eut tort de ne pas les suivre.

Dans le courant de l'année 1487, les Français, comme nous l'avons vu, avaient occupé Ancenis, Châteaubriant, Vitré, Saint-Aubin-du-Cormier et Dol, l'avant-poste de Saint-Malo. Ils tenaient presque en leurs mains la Bretagne *Gallot* et menaçaient ses deux grandes villes, Nantes et Rennes. Leurs positions étaient non moins bonnes dans la Basse-Bretagne. Ils avaient occupé Vannes, Tréguier, Auray, Ploërmel et Lannion. Enfin, par les châteaux de Josselin, de Rohan et de la Chaize, appartenant au vicomte de Rohan, leur allié, ils coupaient les communications entre Nantes et Rennes, d'une part, et la Bretagne bretonnante de l'autre.

Mais, au début de 1488, la situation changea : le maréchal de Rieux prétexta la violation du traité de Châteaubriant, pour se réconcilier avec le duc François II ; son exemple entraîna la plupart des barons bretons ; de toutes les places que nous avons énumérées, il ne restait aux Français, au commencement de 1488, sur les limites de la Bretagne *Gallot*, que La Guerche, Vitré, Saint-Aubin-du-Cormier, Dol et le château de Clisson : Vannes résistait encore ; le vicomte de Rohan était demeuré fidèle au parti français et se maintenait dans ses trois forteresses. Vannes ne tardait pas à succomber malgré les efforts de Champeroux (3 mars) ; les places de Rohan étant noyées en plein pays breton, il importait donc de les secourir au plus tôt si on ne voulait pas leur voir partager le sort de Vannes. Cependant la Trémoille rassemblait ses troupes à Pouancé ; dès le 5 mars, il avait reçu son artillerie, comme nous l'apprend une lettre de l'amiral au seigneur de Malicorne (Guy de Sourches) [1], et Graville espérait qu'il était sous les murs de Châteaubriant le jour où il rédigeait sa lettre. Il n'en était

---

1. **P. J.**, n° 9. « Et maintenant il luy (au roi) est venu des lettres que l'artillerie est à Pouencé dès hier, et croy qui seront allez aujourd'huy ou demain devant Chateaubriant. » Blois, 6 mars.

rien. La Trémoille [1], qui n'estimait pas ses effectifs suffisants, restait stationnaire à Pouancé, malgré les instances de la cour et de Graville. Ce dernier tout particulièrement l'exhortait à agir en lui montrant la nécessité de secourir au plus tôt le vicomte de Rohan. « Monsr de Rohan, lui écrivait-il du Plessis-« du-Parc, le 13 mars [2], est dedans Josselin, deliberé de tenir, et « Chanchon (Sancho) de Navarre et Archambault sont dedans la « Chairre (la Chaize) et dit l'enpareillement qu'ils sont deliberez « de tenir : et pour conclusion il est besoing de regarder par « quel moyen on leur pourra faire lacher prinse, selon qu'il vous « a esté dit au departir ». Le même jour, Mme de Beaujeu et son mari [3] joignaient leurs recommandations à celle des l'amiral et insistaient auprès de la Trémoille pour le faire ravitailler Josselin. Suivant Anne de Beaujeu, une démonstration de 200 hommes d'armes qui se seraient emparés du gué de Messac eût suffi pour disperser les 800 Allemands du bâtard Baudouin (le grand bâtard de Bourgogne). Mais la Trémoille persistait dans son inaction et ne s'inquiétait même pas de Dol, que le roi, qui craignait pour cette place le sort de Vannes, voulait fortifier avec de l'artillerie venue d'Avranches [4] ; il se bornait à envoyer le capitaine Turquet inspecter les fortifications de la Guerche, comme nous l'apprend une lettre du roi en date du 15 mars (Plessis-du-Parc) [5], tandis que Jacques de Silly et Robert de Balsac passaient en revue à Château-Gontier les nobles dont on avait convoqué le ban et l'arrière-ban. La Trémoille songeait même à évacuer la Guerche qui ne lui semblait pas tenable, et Graville lui faisait pressentir le

---

1. Il est à noter que les lettres de provision de la Trémoille comme lieutenant général du roi en Bretagne ne sont que du 11 mars (*Correspondance de Charles VIII*, n° 201).

2. *Ibid.*, n° 2.

3. *Ibid.*, n°s 3 et 4.

4. *Ibid.*, n° 1.

5. *Ibid.*, n° 5.

mauvais effet que produirait cette décision[1] : « et si fault
« entendre que si vous abatez une place des païs du Roy devant
« eulx vous leur ferez croistre le « cueur, qu'ilz n'ont pas grant. »
Il lui indiquait même par une allusion discrète, mais très claire,
qu'à la cour on rapprocherait la prise de Vannes de l'abandon
de la Guerche. « Je vouldroye qu'il m'eust cousté grant chose
« et que vous oyssiez parler ceulx qui viennent de Vannes, car
« ilz font beaucoup de bons comptes (Plessis-du-Parc, 19 mars). »
Graville ne parlait pas à la Trémoille de la situation malheu-
reuse de Maximilien à Bruges tandis que le roi (n° 5) lui
adresse sur elle d'assez longs détails : c'est que, sans doute,
ces nouvelles paraissent déjà vieilles à l'amiral qui, le 13,
avait écrit à Du Plessis-Bourré[2] : « Des nouvelles de pardeçà,
« ceulx de Gand ont envoyé devers le Roy lui prier qu'il lui plaise
« leur envoyer mandement patant pour publier la paix dedans
« leur pays, ce que le roi a fait. Le duc d'Autriche est encore à
« Bruges qui ne peut trouver fascon de saillir de là où il est. »
On sait que les Flamands, encouragés par le mauvais succès
des armes de Maximilien, l'arrêtèrent à Bruges et l'enfermèrent
au Cranenburg ; les Gantois reconnurent Charles VIII pour
suzerain et lui demandèrent de renouveler le traité d'Arras.
Graville passe sous silence tous ces évènements qui n'avaient
pas un rapport direct avec la Trémoille ; mais, le 20 mars[3], il
revient à la charge pour le point qui lui tenait au cœur, et
l'invite à se hâter de secourir M. de Rohan. Il a peur que le
petit nombre de ses soldats ne rende le général hésitant ; aussi
lui annonce-t-il l'arrivée prochaine de renforts, et les mesures
qu'on prend pour lever de nouvelles troupes. « L'en fait haster
« les gens d'armes de partout, et a l'en escript à tous les baillifz
« qu'ilz facent deslougier tous les gensd'armes qui seront en

1. *Correspondance de Charles VIII*, n° 6.
2. B. N. mss. fr. 20487, f. 26,
3. *Correspondance de Charles VIII*, n° 11.

« leurs bailliaiges pour aller en leur garnison, sous peine de
« perdre le service du Roy, et pour conclusion il est impossible
« de faire plus grant diligence que l'en y fait... Le Roy vous
« envoyra ceste sepmaine noz gensdarmes de Vannes lesquelz
« sont presque tous montez et armez. » Il paraît se défier un peu
de ce général improvisé et l'engage à avoir de fréquents
conseils de guerre. « Je suis bien aise de quoy les cappitaines
« vous font tous les plaisirs qu'ilz peust, ainsi que vous m'es-
« cripvez ; mais je vous conseille aussi que vous ne facez riens
« sans eulx et leur monstrez tousjours voz lectres et les faictes
« singner avecques vous, car ilz sont tous gens de bien... N'en-
« treprenez rien sans le faire bien debatre, car en debatant
« bien les choses l'en treuve voulentiers la maniere de bien
« l'executer. » C'était en même temps un sage avis pour la
Trémoille et propre à dégager sa responsabilité s'il le
suivait.

Cependant, par suite des temporisations de la Trémoille, les
prévisions et les craintes de Graville et de la cour allaient se
réaliser. Le vicomte de Rohan avait entamé des négociations
avec le duc de Bretagne, espérant gagner du temps et permettre
aux Français de le dégager : ce n'était pas une chimère. Josselin n'est distant de Pouancé que de 70 kilomètres ; en trois jours
de marche, quatre au plus, l'armée française aurait pu prendre à
revers le camp des assiégeants où les gens des communes
bretonnes enrôlés à la hâte n'étaient pas redoutables. La
Trémoille, et on ne peut s'expliquer pourquoi, résiste aux ordres
du roi : du 20 au 23, il demeure immobile. Le 23, le roi
lui écrit une lettre très dure où il va jusqu'à parler de la honte
que la prise de Josselin fera rejaillir sur lui, l'armée française
et son général. « Faictes-en ainsi que vous adviserez ; mais
« nous doubtons encores une foiz d'en recevoir une très grant
« honte dont vous aurez votre part et le dommaige ne nous sera

« pas petit[1]. » Le même jour, Graville est peut-être moins
sévère : mais il n'est pas moins énergique : les autres arguments
ayant échoué devant l'obstination de la Trémoille, il essaye de
piquer sa vanité au jeu : il est surpris que « son cousin » soit
arrêté par une opération que tous, même les vaincus de
Vannes, apprécient comme très facile[2]. « Et au regard du prin-
« cipal point, qui est faire serrer les gens darmes, il est besoing
« que vous en faciez diligence, car par ma foy si mesavient des
« gens qui sont en Basse-Bretaigne je vous asseure que beau-
« coup de gens en parleront merveilleusement : car tous ceulx
« qui viennent de Vannes tiennent le secours le plus aisé à faire
« du monde et sans danger, et mons^r de Champroux l'a mandé
« encore par deux de ses gens qui sont venuz depuis hier...
« Je ne vous escrips plus sinon que, si vous ne faictes quelque
« chose entre cy et trois jours, je ne foiz nulle doubte que
« mons^r de Rohan ne soit perdu pour le Roy et le seurplus de
« ses gens de par delà en grant dangier. »

Afin de l'arracher à son inaction, le même jour, à minuit, il
lui annonce l'arrivée de 1.800 Suisses pour le lendemain[3] : « Je
« seroys bien marri que je ne vous fisse savoir les premieres
« novelles de Greffin, qui sera mardy ycy accompaigné de
« XVIII cens Souyssez ; et sont montés à Rouenne et sont gens
« d'elitte, et toulz des cantons et les plus beaux hommes que
« l'on saroit voir. L'an leur fera yssy avoir bateaulx frés et
« maryniers pour vous les faire aller plus tost. » Enfin, le
24 mars, l'amiral, impatienté des délais de la Trémoille, au
cours d'une lettre où il lui fait part de l'investissement définitif de Josselin, se laisse aller à lui dire[4] : « Au regard de vostre
« creue dont vous parlez, mais que vous ayez ung peu de

1. *Correspondance de Charles VIII*, n° 13.
2. *Ibid.*, n° 15.
3. *Ibid.*, n° 16.
4. *Ibid.*, n° 20.

« paciance toutes voz choses vous vendront bien ; mais sy
« vous ne vous chastiez de ce que quant vous avez affection à
« une chose vous voulez qu'elle se face sy pris sy mys, sans
« avoir regard à la maniere commant, il fauldra que je tance
« avecques vous. »

Graville avait raison de presser ainsi le général, car, le 26,
Rohan traitait avec le duc de Bretagne ; quant à la Trémoille,
il avait tourné le dos à Josselin et était allé prendre, près de la
Guerche, le château de Marcillé, ce que l'amiral apprit le
2 avril, au Plessis-du-Parc [1]. « J'ay receu a ce soir les lectres
« que vous m'avez escriptes touchant la prise de Marcillé, et a
« esté très bien fait et venu bien à point. » Sans s'arrêter à
ce léger succès, il lui trace le plan de la campagne à venir.
Rohan ayant capitulé, il n'est plus besoin de s'aventurer dans la
lande de Lanvau, ni de passer la Vilaine ; mieux vaut occuper
une série de fortes positions sur les marches de Bretagne et
avoir ainsi une base solide d'opérations. Possédant déjà Vitré,
il fallait à l'armée française, Fougères au nord et Châteaubriant au sud. C'est par l'attaque de cette seconde place que
va commencer la Trémoille ; c'est pourquoi il recule jusqu'à
Pouancé. Il y était le 6 avril, comme l'indique une lettre de
Graville [2] : « J'ai receu la lectre que vous m'avez escripte tou-
« chant vostre retour à Pouencé : et me semble que vous avez
« bien fait et saigement. » L'indécision de la Trémoille, au
mois précédent, avait été une leçon pour Graville ; il avait
compris que le jeune général ne commencerait le siège, que
certain du succès, après avoir reçu de puissants renforts.
Aussi, dès le 9 avril [3], l'informe-t-il de l'arrivée des gens
darmes qui avaient capitulé dans Vannes et dans Josselin ; ils

1. *Correspondance de Charles VIII*, n° 30.
2. *Ibid.*, n° 33.
3. *Ibid.*, n° 36.

seront suivis par 120 Bourguignons, le sénéchal de Carcassonne, « homme de bien et saige, » et par 1.400 Suisses, en deux troupes. De peur que la Trémoille n'objecte que le capitaine Odet d'Aydie, défenseur de Châteaubriant, a reçu de Rennes des vivres et des pionniers, il écrit : « I'en meynne l'artillerie, « et vous fait l'en haster des vivres ce qu'il est possible. »

Les troupes se concentrent du 9 au 11 avril; à cette date, l'amiral met la Trémoille au courant des évènements de la cour [1] : « Madame partit hyer pour aller en Bourbonnoys [2]; elle « n'arrestera que xij jours ainsi qu'elle dit. Et sy devez savoir « que mess^{rs} de Gant, puis six jours en ça, ont fait encores « coupper les testes à quatre des gros du pays qui ont servi le « duc d'Autriche; et autant de testes qu'ilz font coupper ilz « les lui presentent vifz à vifz de ses fenestres au marché de « Bruges. » Graville stimule la Trémoille : « Il me semble que « vostre fait ne gist que en dilligence; vous en estes assez « advisé, par quoy je me passe de vous en faire plus longue « escripture. » Ces injonctions railleuses eurent pour heureux résultat de décider la Trémoille qui entama le siège le 15 [3]. Le 16 [4], Graville lui adressait ses recommandations et des nouvelles, et l'engageait à se gouverner « sagement » : sagement signifie ici avec résolution et promptitude. En effet, la Trémoille pouvait craindre une diversion des seigneurs bretons, qui, d'après les renseignements parvenus à la cour, avaient juré à Nantes de venir secourir Odet d'Aydie cinq jours après qu'il serait cerné dans Châteaubriant. Pour prévenir ce danger et mener rondement les travaux, l'amiral l'instruisait du départ de six hommes d'armes et de six archers, et pour montrer qu'il ne pouvait faire plus, il ajoutait : « J'ay retenu le seurplus des

---

1. *Correspondance de Charles VIII*, n° 40.
2. Pour y recueillir l'héritage de Jean II de Bourbon.
3. La Borderie, *op. cit.*, p. 19.
4. *Correspondance de Charles VIII*, n° 46.

archiers pour me tenir compaignie, qui n'est pas grant. » Le
19 avril, le roi l'avertissait de la mise en route de quelques
compagnies [1] ; et Graville, le même jour [2], lui faisait le compte
de ces troupes : elles étaient divisées en quatre bandes comprenant 98 hommes d'armes : d'autre part, les hommes d'armes
de M. de Rohan, au nombre de 60, partis depuis deux jours,
sous la conduite de Sancho de Navarre et du roi d'Yvetot,
devaient avoir rejoint l'armée française. On attendait avant huit
jours 120 lances de Bourgogne. Une autre lettre de l'amiral
(24 avril) [3] lui donne des renseignements sur les gens qui lui
sont dépêchés et sur leur caractère. La Trémoille agit vigou-
reusement : du reste, il ne fut pas inquiété par l'armée bretonne
qui se concentrait avec une grande lenteur : abandonné des
siens, Odet d'Aydie capitulait le 23 avril. Cette nouvelle était
connue à la cour le 25 : mais la Trémoille n'informait pas de son
succès Graville qui paraît un peu blessé de cette négligence. Il
lui écrivait le 29 [4] : « J'ay receu une lectre que vous m'avez
« escripte depuis la prinse de Chasteaubryent qui est la pre-
miere. » L'amiral n'en remerciait pas moins vivement la Trémoille
qui lui avait offert sa part de butin dans la prise de la ville, part
fort petite, puisqu'à l'en croire, elle ne se composait que d'une
demi-douzaine de chiens courants. La fin de la lettre était de
nature à effacer le reproche du début. « Escripvez moy tous-
« jours tout ce qu'il vous fauldra et dont vous pancer avoir
« necessité, car je foiz veu à Dieu que je travailleray autant
« pour le vous faire avoir que sy ma personne ou mes biens y
« estoient obbliger. »

La Trémoille, avant de poursuivre les opérations, voulait
établir un camp retranché contre Châteaubriant, dont le roi

1. *Correspondance de Charles VIII*, n° 48.
2. *Ibid.*, n° 49.
3. *Ibid.*, n° 56.
4. *Ibid.*, n° 61.

avait fait raser les murailles. Ce projet était loin d'avoir l'approbation de la cour [1] : le roi le raillait même, et Graville, qui constatait avec peine l'aveuglement obstiné de la Trémoille, lui écrivait en confidence le 29 avril [2] : « Je vous pri que vous « n'escrivez plus de ce camp que vous faictes faire, car ceulx « qui veulent mal parler an disent dez plus mauvaises parollez « du monde, et sement que c'est bien au contraire de chercher « les annemys que de se fortiffier de dix lieuez loing et que « c'est le plus grant ceur que l'on puisse donner à ceulx de « Rennes : et ung disoit yer que le camp que vous avyez « commancé estoit plus fort que n'estoit Chasteaubriant, et « que c'estoit de l'invancyon Pierre Loys, qui avoit plus de « mynymes à la teste que n'ut jamays Allexandre. » Le même jour, Charles VIII quittait Tours en compagnie de Graville et descendait la Loire, de façon à suivre de plus près les péripéties de la guerre. Il semble que la Trémoille ait vu avec peine cette marche en avant du roi : peut-être craignait-il qu'il vînt le supplanter et lui enlever, au dernier moment, les lauriers qu'il avait préparés. Graville paraît répondre à des susceptibilités de ce genre, le 1er mai, de Chinon [3] : « Et pour vous « respondre ad ce que vous avez fait dire par ledit cappitaine « (Raoul de Launay) que vous entendez que le Roy commande « les choses et que vous mectrez paine d'acomplir son com- « mandement ; s'est tres bien dit maiz ce n'est pas parlé rai- « sonnablement, car ce seroit une maniere de faire qu'il ne « seroit pas de boucquan, pour ce que je n'en vys jamais

---

1. M. de La Borderie (*op. cit.*, p. 24 et 25) loue fort la Trémoille de cette idée : cependant, d'une part, ses derrières étaient assurés par les troupes royales, et d'autre part, les Bretons n'avaient aucun avantage à reprendre Châteaubriand démantelé ; on ne comprend pas l'utilité pour la Trémoille de faire un camp au moment où il allait mettre le siège devant Fougères : c'était même immobiliser ses forces.

2. *Ibid. Correspondance de Charles VIII*, n° 63. Ce passage a été ajouté à la lettre, de la main même de l'amiral.

3. *Ibid.*, n° 63.

« user. » Il lui expliquait ensuite que le roi n'a pas l'intention
de se mettre à la tête de l'armée. « J'ay tousjours veu que là
« où le Roy n'est en presence, ceulx qu'ilz conduisent sa
« guerre, pour ce qu'ilz voyent les choses à l'œul, et ceulx
« qu'ilz vont et viennent dehors leur rapportent ce qu'ilz
« trouvent et qu'ilz cognoissent qui pevent servir à leur
« affaire, ilz fondent leur entreprise là dessus et puis en font
« ung adviz de ce qu'il leur semble faisable et l'envoyent
« devers ledit seigneur pour sçavoir ce qu'il lui en semble ; et
« sy leur advis luy semble bon, et à ceulx qu'ilz sont avecques
« lui pareillement, il le leur fait savoir et leur ordonne l'exe-
« cution. Et par ainsi l'en n'en peult donner charge à personne
« particuliere, car quant chascun a dit son oppinion ce qui en
« advient après, soit bien ou mal, chascun en porte sa part ;
« mais renvoiez au Roy les choses creuement pour les ordon-
« nances sans en avoir voz advis, je ne sçauroys entendre que
« ce feust chose raisonnable. » Graville rachetait cette sévérité en traçant à son correspondant un plaisant tableau de la
cour : « Madame sera samedi icy, là où nous aurons beaucoup
« de grossiers et gros personnages, c'est assavoir : mons^r de
« Bresse, mons^r de Vandosme, le gouverneur de Bourgongne,
« mons^r le mareschal de Gyé, mons^r de Foix, mons^r du Fou,
« le grand escuier, le bailli de Saint Pierre le Moustier, le gou-
« verneur de Lymosin, mons^r le grant bastard de Bourgongne,
« mons^r de Rohan, le grant bastard de Bourbon, sans l'ordi-
« naire de seans. Dictes moy, s'il vous plest, sy le Roy n'est
« n'est pas bien accompagné. »

Pour isoler complètement Rennes, menacé dès lors par
Vitré et Châteaubriant, il eût fallu être maître de Fougères,
On décida cependant de s'emparer auparavant d'Ancenis, place
mal défendue et mal fortifiée qui interceptait les communications de Nantes avec les pays riverains de la Loire.

Graville presse la Trémoille de démolir les fortifications de
Châteaubriant et de se mettre en marche (Chinon, 6 mai)[1] :
« Au regard de la desmolucion de votre place, elle est mer-
« veilleusement longue. Faictes la abreger, car la longue
« demeure là ne vous est point seante, pour des raisons que je
« ne vous puis pas rescripre mais vous les saurez bien tost. »
Graville prévoyant le peu de résistance d'Ancenis qui, en effet,
ne tint bon que six jours (13-19 mai), ramène le général à
Fougères non sans taxer d'exagérées ses réclamations et non
sans blâmer son âpreté à les soutenir (Chinon, 9 mai)[2]. « Vous
« m'avez envoyé le mémoire que le maistre de l'artillerie vous
« a baillé pour envoyer au Roy, où il y a beaucoup de choses.
« Jusques icy vous n'avez eu faulte de riens ; mais aussi vous
« devez entendre que là où il se demande quelque chose oultre
« raison en presence du lieutenant du Roy, comme vous estes,
« il les doit debatre en telle maniere que quant il fait sa
« demande l'en puisse dire qu'il n'y a rien hors de raison et
« qu'il cognoist les choses qu'ilz sont faisables[3]. » Il lui
apprend ensuite que M. du Fou, qui a été deux fois sur le
point de prendre Fougères et qui conduisait l'artillerie, a été
consulté par Charles VIII, à propos des demandes de la Trémoille, que son avis a été mis par écrit et qu'on va le lui
adresser. « Ce que je vous escrips ainsi au long, ajoute-t-il, ce
« n'est que pour ce que je vouldroye bien que toutes les choses
« que vous conduisez vensissent bien à vostre honneur et
« prouffit, car je congnois assez de gens de quoy je me passe-
« roye bien de leur eu riens escripre. » Il discute enfin les
futures opérations des Bretons : « Et sy vous voulez savoir
« ce qu'il me semble que voz voisins ont esperance de faire
« je vous respons, et sy ne m'en demandez pas, qu'ilz feront

1. *Correspondance de Charles VIII*, nᵒ 72.
2. *Ibid.*, nᵒ 76.
3. *Ibid.*, nᵒ 76.

« de trois choses l'une. C'est assavoir vostre siege de Fougieres
« posé et assis, ilz iront avecques toute leur puissance eulx
« gecter devant Dol avec grant force de pyonniers, esperant
« en briefs jours en faire ainsi comme ilz ont fait de la place
« de Vannes. Ou ilz se vendront parquer, avec tout ce qu'ilz
« pourront assembler, à une lieue ou à deux près de vostre
« siege, pour de là en hors vous faire tout l'empeschement
« qu'ilz pourront. La troisieme me semble qu'ilz assembleront
« Briquet et Marquet et se vendront gecter devant Clisson,
« pour ce qu'il leur semble place foible et que par ce moyen
« ilz vous feront lascher prise et feront de grosses courses en
« ce pays d'Anjou et de Poictou de leurs gens de cheval. »
Deux des hypothèses de Graville se réalisèrent ; Fougères fut
assiégé et pris (19 juillet) ; l'armée bretonne vint offrir à la
Trémoille la bataille à Saint-Aubin-du-Cormier (28 juillet),
tandis qu'il se rapprochait de Dol, en marchant sur Dinan et
Saint-Malo ; la marche des Nantais sur Clisson n'eut pas lieu,
il est vrai, mais elle était probable le 9 mai, parce que les Bretons devaient tenter de ce côté une diversion pour dégager
Ancenis.

Dans sa lettre suivante datée de Chinon, 13 mai [1], Graville
apprend à la Trémoille que la garnison de Dol vient d'être
renforcée ; le vicomte d'Aunay, Eustache de Montberon, assure
« qu'il deffendra la ville contre tout le monde, mais qu'il
« ayt mille hommes et deux cens lances ». Il revient ensuite
sur le siège de Fougères ; le grand écuyer [2] « me dist qu'il gai-
« geroit à moy mille escuz que vous ne serez point devant six
« jours sans la prandre ; et je lui demandé s'il avoit entreprins
« de le faire, comment il s'y gouverneroit. Il me respondit
« qu'il y a deux choses par quoy elle ne peut durer, l'unne sy

1. *Correspondance de Charles VIII*, n° 79.
2. Pierre d'Urfé.

« est pour la fureur de l'artillerye, qui est si merveilleuse qui
« n'est homme qui ne soyt estonné en une petite place comme
« ceste la ; l'autre sy est qu'il feroit ung gect de terre des
« tranchées dedans les fossez, et force de boys parmy, telle-
« ment que en peu de temps il auroit mys le fossé en estat
« que bien aisement l'en vendroit à la breche de la baterie ».
Le 15 mai [1], il le félicite d'avoir bien conduit sa marche sur
Ancenis et lui dit qu'Alain d'Albret s'est replié sur Saint-
Sébastien.

Du 19 mai au 12 juillet, les opérations militaires sont sus-
pendues et des pourparlers s'engagent entre la France et la
Bretagne ; le 20 mai, l'amiral écrit [2] :

« Au demourant le Roy envoye en Bretaigne Monsr de
« Bordeaux et le cappitaine Raoul de Launay, lesquelz passe-
« ront par vous. Et affin que vous entendez que les Bretons
« demandent, c'est en effect une treve de quinze jours ou troys
« sepmaines ; et pour ce que bonnement l'en ne leur peut
« reffuzer une abstinance de guerre, il semble à de voz amys
« que veu le bon exploit qui a esté fait du cousté là où vous
» estes, qui est d'avoir gecté la frontiere si loing des pays du
« Roy, que qui pourroit, entre cy et la prinse de ceste treve,
« leur emporter une meschante place là où je croy qu'ilz
« n'atendront pas, qui est de l'autre cousté de la rivière qui
« s'appelle le Loroux Botereau [3], ce seroit ung merveilleuse-
« ment grant bien pour le pays de Poitou. Et si di l'en que
« ladicte place ne sauroit tenir troys heures avecques quatre
« canons, et si di l'en qu'il n'y a que trois ou quatre lieux de
« là où vous estes ; et si vous dy qu'elle a fait dommaige de
« cent mille escus en Poitou. » Graville ajoute de sa main :

1. *Correspondance de Charles VIII*, n° 82.
2. *Ibid.*, n° 87.
3. Lorroux-Boutereau (Seine-Inférieure, arrondissement de Nantes). .

« L'en vous escript pour le gouvernement de la Rochelle. An
« vous prommet mieulx : je leur comploroye. » Il lui écrivait
le 21 mai [1] : « Il y eut hier ung homme, qui est homme de
« bien, qui dit que sans point de faulte la plus part du bon
« meuble de mons[r] le mareschal de Rieux est cachié dedans
« Ancenys. Je m'en rapporte à mess[rs] voz commis de le trou-
« ver. » Graville, avec le roi, a quitté Chinon pour Saumur [2].
Charles VIII était « accompagné de tout plain de ses cousins »,
de ces seigneurs que Graville a précédemment traités de
« grossiers et gros personnages » : aussi remarque-t-il avec
ironie : « Regardez sy ledit seigneur peult faillir d'estre bien
« accompagné et bien conseillé (Saumur 23 mai [3]. » Graville,
par le même courrier, faisait part à son correspondant des
nouvelles que la cour avait reçues d'Angleterre : il est, en ce
qui le concerne, persuadé des bonnes intentions d'Henri VII
qui veut se porter médiateur entre la France et la Bretagne [4] :
mais il ne croit pas que le peuple anglais ait les mêmes sympathies que son souverain [5]. « Le roy d'Angleterre a fait cryer
« sur tous ses portz, sur peyne de la hart, que homme ne soyt
« sy hardy de partir de son pays sans son congié, et a porté
« depuis xii jours bonnes parolles à ung homme que vous
« congnoissez bien, que le Roy y avoit envoyé, et luy a escript
« sy bonnes lectres qu'elles ne sauraiont estre meilleures. Dieu
« veulle que l'effect soit de mesmes. » Les défiances de
Graville étaient fondées; lord Scalles avait réuni secrètement
dans l'île de Wight 70 ou 80 archers volontaires qu'il avait

1. *Correspondance de Charles VIII*, n° 90.
2. *Ibid.*, n° 93.
3 *Ibid.*
4. Henri VII conclut même le 14 juillet 1488 une suspension d'armes avec la
France, qui devait durer jusqu'au 17 janvier 1489 ; et les garants en étaient, du côté
de l'Angleterre, le duc de Bedford, et du côté de la France, le duc de Bourbon et
Louis de Graville (V. Gairdner. *Letters and papers illustrative of the reign of
Richard III and Henri VIII*, vol. II, Londres, 1863, p. 234).
5. *Correspondance de Charles VIII*, n° 93.

débarqués à Saint-Malo : « Je croy bien que mons[r] de Scalles
« soit passé, mais il n'a pas amené grant nombre de gens quant
« et luy [1] (Angers, 29 mai). » Cette descente fut peu heureuse
et, le 31 mai, l'amiral écrivait d'Angers [2] : « Le viconte d'Au-
« nay a escript unes lectres au Roy par lesquelles il lui fait
« savoir que jeudi derrenier il fut adverty que mons[r] de
« Squalles et les Anglois, qui estoient descenduz à St Mallo
« estoient arrivez à Dignan ; et partit tout incontinant et
« mena environ vj[xx] hommes d'armes, et y estoit Meritain, et
« misdrent deux ou troys embuches devant jour et envoyerent
« trante chevaulx courre devant la ville, et tous mes Angloys
« saillirent à vauderoute sur lesditz trante chevaulx et les
« chasserent bien demye lieue jusques dedans leur ambuches
« où ilz estoient le nombre dessusdit. Pour conclusion ilz les
« ont deffaiz et en ont emmené de prisonniers cent et xiiij, et
« sur la place en est demouré de mors xij[xx] et plus. » Le roi
apprit cette escarmouche à ses ambassadeurs en Bretagne [3].
Graville pense qu'on accordera aux Bretons l'armistice qu'ils
sollicitent [4] ; en effet, il fut conclu le lendemain ; cette trève
devait durer jusqu'au 15 juin, mais elle fut prolongée d'abord
jusqu'au 26 juin, puis jusqu'au 6 juillet [5].

L'amiral ne croyait pas que cette suspension d'armes serait la
préface d'un accommodement sérieux : « Ce n'est que ung amu-
« sement de ceste tresve, écrivait-il [6], c'est la vraye verité et ne
« fault point que vous faciez de doubte du contraire. »
Dans ses deux lettres des 5 et 8 juin [7], Graville invite
la Trémoille à se rendre auprès du roi, dès que les ambassa-

1. *Correspondance de Charles VIII*, n° 104.
2. *Ibid.*, n° 106.
3. *Ibid.*, *ibid.*
4. *Ibid.*, *ibid.*
5. V. Dupuy, *op. cit.*, t. II, p. 133. La Borderie, *op. cit.*, p. 30.
6. *Correspondance de Charles VIII*, n° 100.
7. *Ibid.*, n°ˢ 111 et 115.

deurs bretons, le prince d'Orange, Dunois, Lescun, etc.,
auront traversé son camp. Le 14 juin [1], l'amiral annonce à la
Trémoille le départ des envoyés bretons de la cour et
leur retour auprès du duc; il lui explique l'objet de leur
mission. « Et pour vous parler de leur depesche, après
« toutes choses debatues, ilz ont requis au Roy qu'il lui pleust
« estre contant que son armée ne tyrast point oultre Victré,
« en tyrant droit à Dol, et en ce quartier là qu'il ne soit faict
« exploict de guerre d'aujourd'hui en huit jours, et lui ont
« promis que entre cy et là ilz essayeront à faire telle chose
« envers le duc et le pays que ledit seigneur s'en devra contan-
« ter; laquelle chose le Roy leur a accordée ». Dans cette
guerre de sièges, l'artillerie jouait un rôle important; aussi
l'amiral s'en inquiétait-il beaucoup : « Je vous prie, écrivait-il
« le 14 juin [2], que faictes bailler au maistre de l'artillerie voz vi
« grosses collevrines qui sont à Craon aussi la grosse qui est à
« Rochefort. » Le 23 juin [3], il faisait part à la Trémoille de la
décision du conseil royal de faire assiéger Fougères à l'expi-
ration de la trêve et lui indiquait les préparatifs ordonnés à
cette intention : « Le siège que vous savez est conclud et en
« sont tous les appareilz prestz, tant gens que artillerie. » Le
roi devait y assister en personne.

Graville tenait la Trémoille au courant des évènements de
Flandre pour l'assurer que Maximilien était toujours aussi
empêché et ne pouvait faire diversion [4]. « Eulx (les ambassadeurs
« bretons) estans icy, mons^r des Querdes a escript des nou-
« velles de par delà qui sont très mal à leur advantaige : car
« mons^r de Piennes est entré dedans Yppre, qui est la meilleure
« ville de Flandres, avecques deux cens lances; et si est

1. *Correspondance de Charles VIII*, n° 119.
2. *Ibid.*, n° 120.
3. *Ibid.*, n° 132.
4. *Ibid.*, n° 141.

« avecques lui le bastart de Cardonne et deux ou trois autres
« cappitaines de par delà. Monsr des Pierres est dedans Gand
« avecques deux cens lances, et dit l'en qu'il y a aujourduy huit
« jours que le marquis de Brandebourg fut tué d'un arbalestrier
« devant ladicte ville de Gand, où ilz estoient venuz faire une
« course. Et si sont les Allemans en telle necessité dedans le
« païs de Flandres que ung pain d'un denier leur coste trois solz ;
« et si mect mons^r des Querdes en ung article de sa lectre qu'il
« n'y a Allemant venu avecques l'empereur, ny en tout le païs
« de Flandres, qui ne voulsist estre delà la rivière du Rin. Et
« au regard du bastart Baudouyn, le duc d'Autrische est le plus
« mal content de lui du monde, tellement qu'il s'est allé mectre
« dedans le chasteau de Lisle et y a esté jusques à présent en
« très grant doubte de sa personne ; et lui a ledict duc d'Au-
« trische repreuché qui lui a tenu très mauvais compte des
« Allemans qu'il avoit amenez par deçà. Sa venue et celle des-
« ditz Allemans en Bretaigne ont esté cause de sa destruction
« totalle ; et pour conclusion s'en est allé ledit bastart à Envers,
« très mal content et en très grant doubte et très mal prest
« d'amener des Allemans par deçà. » (Angers, 1er juillet.)

Le 3 juillet, il prévient la Trémoille que Fougères sera chau-
dement défendu et la trêve bientôt dénoncée [1] ; l'armée va être
grossie par 2.000 Suisses qui sont partis de Lyon : le général
doit recevoir 875 « halcrez » qui sont arrivés à Angers. Le 5 juillet, Graville [2] fait à son jeune cousin ses compliments d'avoir
poussé une reconnaissance sur la route de Fougères à Rennes ;
« Et au regard de la cource que vous avez faicte devant Fougeres,
« une foiz ce failloit il faire ; l'affaire que vous aurez d'icy en
« avant ne s'en pourra que mieulx porter ». Il vaut mieux
désemparer Dol, et en retirer la garnison que l'exposer à un

---

1. *Correspondance de Charles VIII*, n° 145.
2. *Ibid.*, n° 151.

danger, écrit-il, le 8 juillet [1]; les Bretons ne pourraient plus
se servir de cette place démantelée pour barrer la route de
Saint-Malo. Le 12 juillet [2], l'amiral ignorait encore l'investissement de Fougères; il apprenait à la Trémoille une tentative de
la garnison de Nantes qui avait essayé de s'emparer d'Angers
par surprise; mais le seigneur de Montoison avait détourné le
coup et mis en déroute la troupe bretonne près de Candé.

A ce moment, les discussions reprenaient [3] entre l'amiral et
la Trémoille; ce dernier se prétendait dépourvu d'argent. Les
plaintes du général paraissent avoir été fondées : Graville avait
bien donné l'ordre d'expédier aux assiégeants les fonds dont
ils avaient besoin; mais l'éloignement où on était de Fougères
et la lenteur des communications retardaient tout. Pour donner
satisfaction à son cousin, Graville s'enquérait lui-même auprès
du clerc à qui ce service était confié et écrivait à la Trémoille (15 juillet) : « Au regard de l'argent de voz pionniers que
« vous m'escripvez qu'il n'est pas venu à l'eure que vous m'avez
« escript les lectres, j'ay mandé, par le commandement du
« Roy, le clerc qui les paye ; mais il m'a dit que l'argent y
« est dès dimanche au matin, et que les lectres que l'en escript
« de par de là ne font tousjours sinon charger sur eulx et sans
« raison. Et pour ce, je vous prye, rescripvez m'en au vray
« comment il en va, affin que s'il est vray je puisse gaingner
« ma question ; car il m'en a tant agassé que, ce n'eust esté
« pour ce qu'il m'a semblé meschant, je lui eusse donné le plus
« grand souffet que reçeut jamais paillart, car tout le monde
« estoit desmenty et de deçà et de delà ». La cour se dégarnis-
sait ; on se portait en foule à Fougères où l'on espérait se couvrir
de gloire à peu de frais : Baudricourt, le bâtard de Bourbon,
M. de Champeroux allaient rejoindre l'armée, et Graville

1. *Correspondance de Charles VIII*, n° 154.
2. *Ibid.*, n° 157.
3. *Ibid.*, n° 160.

avertissait la Trémoille des rivalités de certains personnages,
qu'il fallait éviter de faire rencontrer, « mais regardez du logis
« que vous ferez du grant escuier et dudit de Champroux, car
« vous savez bien qu'ilz n'ont pas grant amour ensemble, et
« si sont deux hommes qu'ilz peuvent bien servir. » L'amiral
s'était entremis pour les réconcilier : « de les appointer j'en
« ay fait le possible, mais je n'y treuve poinct de fons. » Fougères capitula le 19 juillet : Graville en félicitait la Trémoille
le lendemain [1], et lui conseillait de ne pas assumer la responsabilité de la garde de la place.

Cependant le duc de Bretagne avait enfin réuni ses troupes
qu'il venait de masser autour de Dinan. François II ne commandait pas personnellement son armée, dont les chefs étaient
le duc d'Orléans et le maréchal de Rieux. La Trémoille, qui
pour n'être pas breton n'en était pas moins obstiné, à cette
nouvelle, s'empressa d'exécuter un projet cher à son cœur,
l'évacuation de Dol, à laquelle Graville avait fini par consentir [2], et il marcha au devant des Bretons. La rencontre eut lieu
à Saint-Aubin-du-Cormier, le 28 juillet. Nous ne raconterons
pas cette bataille, dont M. de la Borderie a publié un récit long
et circonstancié, éclairé par un plan [3]. Graville n'y assista pas,
quoi qu'en dise le P. Anselme. M. Marchegay a démontré
péremptoirement son erreur [4] : étant le 30 juillet [5] au Verger,
Graville n'aurait pu, en deux jours, parcourir les 110 ou 120
kilomètres qui séparent ce château de Saint-Aubin-du-Cormier [6].

1. *Correspondance de Charles VIII*, n° 168.

2. *Ibid.*, n° 54. L'évacuation de Dol en tombant aux mains des Bretons leur laissait libre la route de Saint-Malo.

3. La Borderie (*op. cit.*), p. 49-66 et *Notices et documents publiés par la Société
de l'Histoire de France*, Paris, 1884, p. 268.

4. *Lettres missives originales du chartrier de Thouars* (série du xv° siècle). Les
Roches Baritaud, 1874, in-8°, p. 94-95.

5. *Correspondance de Charles VIII*, n° 179.

6. Il est vrai que la nouvelle de la victoire, apportée par un courrier, arriva le
29, à huit heures du matin, à la cour (v. *ibid.*, n° 175). Mais cette rapidité d'un
messager ne prouverait rien pour Graville.

De plus, aucun des chroniqueurs contemporains, Jaligny,
Saint-Gelais, etc., qui ont dressé des listes des personnages
présents à l'affaire, ne mentionnent l'amiral.

La victoire de Saint-Aubin-du-Cormier ouvrit à Rohan les
portes de Dinan, le 7 août [1], et le 11, celles de Saint-Malo [2].
Cette dernière place était défendue par une garnison de 1.200
hommes : on craignait à la cour qu'il ne fût impossible de la
prendre par la force. Graville écrivait à la Trémoille le
12 août [3] : « J'ay tout maintenant receu une lectre de vous tou-
« chant Saint Malo, que vous dictes qui est une forte place :
« c'est chose bien veritable que c'est vrayment une des belles
« places du monde. Et au regard de la prandre par force, s'il
« y a des gens dedans pour la deffendre, seroit une chose trés
« mal aiesée à faire, mais si n'y avoit que ceulx de la ville on
« les pourroit bien prandre de peur, non pas par autre maniere. »
Graville connaissait bien les Malouins : ils ne voulurent pas
s'exposer aux horreurs d'un siège et entamèrent des pourparlers directement avec la Trémoille, tandis que les ambassadeurs du duc de Bretagne demandaient au roi une trêve de
quatre jours [4]. Ici, suivant nous, le rôle de la Trémoille se
gâte ; il conclut le 14 avec les Malouins, sans consulter la cour,
une capitulation bien plus avantageuse pour lui que pour le
roi : sa précipitation fut sans doute causée par la peur qu'il
avait de voir le roi intervenir et gêner des arrangements particuliers. Les privilèges et franchises des habitants leur étaient
confirmés [5] : les biens des Malouins et des habitants de Dinan
étaient conservés à leurs propriétaires, mais tous les autres
étaient saisis et remis à la volonté du roi et de M. de la

1. *Notices et documents publiés par la Société de l'Histoire de France*, p. 273.
2. *Ibid.*, p. 273. *Correspondance de Charles VIII*, n° 110.
3. *Ibid.*, n° 188.
4. *Ibid.*, n° 189.
5. *Ibid.*, n° 220.

Trémoille ; enfin le gouverneur, Jacques Lemoine, sortait de
la place avec ses troupes « en pourpoint, ung baston blanc au
poing, nue teste en signe de humilité [1] ».

Jaligny nous apprend que les Bretons croyant Saint-Malo
imprenable « y avaient retiré dedans comme à refuge la pluspart de leurs biens ce qui fut cause qu'il y eust un fort grand
gain pour les gens du Roy » [2]. La Trémoille dans le butin paraît
s'être fait la part du lion, avoir été d'une grande rapacité et
s'être approprié le dixième des marchandises et des navires
capturés dans le port de Saint-Malo, dixième qui revenait de
droit à l'amiral et faisait, en quelque sorte, partie des émolu-
ments de sa charge. L'avidité de la Trémoille n'était pas sans
faire parler à la cour ; et le jeune général s'imaginait que
Graville contribuait à le décrier ; il le lui avait reproché par
deux fois, ce qui lui attira la réplique suivante (17 août, le
Verger) que nous citons tout entière [3] : « J'ay receu depuis
« quatre jours deux paires de lectres de vous, dont les unes prin-
« cipallement ne m'ont semblé guerres bonnes ; et si je vous en
« escripvoye tout ce que j'en pense je mectroye trop longue-
« ment à faire mes lectres, toutesfoiz si ne me passeroige point
« que je ne vous respondisse par escript a ung mot qui y est.
« C'est en effect que vous mectez en vostredite lectre, et me
« priez, que je vous monstre par effect que je vous veulx
« bien faire plaisir ; et sembleroit que vous n'eussiez congneu
« jusques icy en moy que parolle sans effect, qui seroit la
« vraye condicion d'un trompeur.

« Je ne scay comment vous entendez cela, mais je veil bien
« que vous saichez que je vous ay beaucoup plus monstré
« d'effect que de parolles. Et sy vous me pensiez ung tel mar-

---

1. *Correspondance de Charles VIII*, n° 220.
2. **Godefroy**, *op. cit.*, p. 55.
3. *Correspondance de Charles VIII*, n° 190.

« chant je vous prie faictes le moy savoir de bonne heure, car
« je vous asseure qu'il n'y a homme en France qui mains
« aymast ung amy souppessonneux sans raison que je feroye ;
« et pour abreger je m'en suis passé jusques icy et ay espe-
« rance de m'en passer tant que je vive, car l'acointance n'en
« peut estre que mauvaise au long aller.

« Vous mectez en ung autre endroit que l'en vous a dict
« que je vous ayme mieulx pauvre que riche. Par ma foy je ne
« sais qu'il le vous a dit, mais je ne le pensé oncques, car je
« ne pourroye entendre que vostre pauvreté me peust en rien
« ayder ne que vostre richesse me peust faire dommaige.
« Monsr de la Trimoille, je vous diray quelque jour le surplus ;
« mais je foiz veu à Dieu que je ne fu, passé a ung an, si
« despit de chose qu'il me advensist. »

Graville se plaignait à juste titre, car dans » la composicion
faicte de la ville de Saint-Malo [1] la Trémoille avait omis le
nom de l'amiral, en parlant « des biens qui sont en ladicte ville
« et ès navires à present devant icelle » et des biens, navires,
« armes, monstures et aultres choses quelxconques du feu
« seigneur de Scalles estans de presens en ladicte ville et oe
« port et rade d'icelle ». La Trémoille exprima son étonnement à l'amiral de ce que ses gens avaient mis l'embargo sur
ces prises ; mais, après avoir prouvé son droit, Graville lui
abandonna généreusement ce qu'il aurait pu réclamer, par la
lettre suivante [2] :

« Monsr de la Trémoille, je me recommande à vous tant
« comme je puis. J'ay receu la lettre que vous m'avez escripte,
« qui contient que par la composicion de Saint-Malo les
« biens qui estoient aux navires demeurent à la voulenté du
« Roy, ceulx qui estoient aux estrangiers ; et que non obstant

1. *Correspondance de Charles VIII*, n° 220.
2. *Ibid.*, n° 194.

« cela de mes gens ont arresté lesditz biens, disans qu'ilz
« m'apartiennent, ce que vous trouvez bien estrange, veu que,
« à l'eure de la composicion, lesditz biens n'estoient encore
« soubz l'admiraulté. A quoy je vous respons que, quelque
« forfaiture ne quelque bris qui se face en la mer, de l'eure qu'il
« est acquis au Roy il est mien et n'y a lieutenant du Roy qui
« jamais y peust rien demander. Et par toutes les composicions
« qui furent faictes en Normendie, là où l'admiral n'estoit pas
« lieutenant ne en personne avec, excepté à Cherbourg là où
« il mourut [1], jamais homme n'y print riens que luy ; ou quant
« je l'eusse voulu demander au Roy, il ne le m'eust pas
« reffuzé.

« Mais affin que vous entendez de ma voulenté, je n'en
« vueil riens et le vous donne, et aux cappitaines de bon
« cueur, et y eust il XX mil escus ; et l'ay escript à mes gens
« de l'eure qu'ilz le m'ont fait savoir, car je n'ay point acous-
« tumé de prendre mon prouffit de si près, mais je vous prye
« que mon cousin [2] ne ses biens ne soient point ainsi pillez
« ne destruitz, si la raison ne le peut porter.

« Monsr de la Trimoille, je ne vous escrips plus, sinon que
« je prye à Dieu qu'il vous doint tout ce que plus desirez.

« Escript à la Roche Tallebot, le XXVIIIe jour d'aoust. »

Cette lettre, écrite sans aigreur et avec un grand sentiment de
dignité, part d'un homme plus chagrin que piqué, quoi qu'en dise
M. de la Borderie ; Graville abandonne à la Trémoille l'argent
qui a causé leur différend, et conserve ainsi à l'égard du jeune
général le ton de supériorité qui est le caractère de toute cette
correspondance. Il ne s'était pas trop avancé en écrivant que le
roi n'avait rien à lui refuser ; le 31 août [3], Charles VIII mande

---

1. Prégent du Coctivy, amiral de Bretagne.
2. L'évêque de Saint-Malo, archevêque de Rennes, Pierre de Laval.
3. *Correspondance de Charles VIII*, n° 195.

à la Trémoille qu'il ne veut plus de « rançonnemens ni des
« très mauvais et rudes termes » dont on use avec les Malouins ;
le général aurait dû « escripre aux commissaires et aux capi-
« taines estans audit Saint-Malo qu'ilz cessent le tout jusques
« à ce que autrement en soit ordonné, et ne serions pas
« content qu'il y eust faulte ». Le mécontentement du roi
grandit tellement qu'il ordonna que tout le butin fait depuis la
bataille de Saint-Aubin-du-Cormier jusqu'à la reddition de
« Saint-Malo « sera mis et arresté en nos mains, quelque part
« qu'il y en ait, ensemble les deniers qui jà en sont venus et
« peuvent venir[1] ». C'est peut-être alors que, pour accentuer
son déplaisir, il nomma Graville capitaine de Saint-Malo ; il
l'était du moins le 10 juin 1489, comme le prouve une montre
de la garnison à cette date[2].

Dunois et Lescun, après la chute de Fougères, étaient venus
reprendre à Angers les négociations entamées le 8 juin avec
Anne de Beaujeu[3] ; ils avaient presque réussi à conclure un
arrangement quand la nouvelle de la victoire de Saint-Aubin-
du-Cormier détruisit leur ouvrage et releva les exigences de la
cour qui paraît avoir pensé un instant renverser le duc ; mais
le chancelier de France, Guillaume de Rochefort, fit comprendre
à Madame de Beaujeu qu'avant d'aller plus loin, il fallait
vérifier si en bonne justice les droits du roi sur la Bretagne
étaient légitimes[4] ; aussi, lorsque Dunois et Lescun revinrent
pour la troisième fois, leurs ouvertures furent-elles mieux
accueillies. Nous ne possédons pas de renseignement sur le
rôle de l'amiral en ces circonstances ; il est probable que,
fidèle à la règle de toute sa vie, il pratiqua ici cette modération et cette conciliation qui sont parmi les traits les plus

1. *Correspondance de Charles VIII*, n° 196.
2. B. N. mss. fr. 25781, n° 46.
3. *Correspondance de la Trémoille*. n°ˢ 110-111-112. etc.
4. Pélicier, *op. cit.*, p. 146.

remarquables de son caractère, et qu'il se rangea du parti du
chancelier. Quoi qu'il en soit, la paix fut signée à Sablé le
20 août. François II payait les frais de la guerre ; il s'engageait
à renvoyer de Bretagne tous les gens de guerre étrangers, à
ne marier ses filles qu'avec le consentement du roi ; celui-ci
gardait en gage Saint-Malo, Dinan, Fougères et Vitré. Obligé
de ratifier le traité le 31 août[1], le duc mourut de douleur à
Caneron, le 9 septembre.

La vie privée de Graville présente peu de faits saillants en
1489. Notons que, le 10 juillet, il était capitaine de Dieppe,
comme nous l'apprend la montre des trente-huit hommes de
morte-paye chargés de la garde du château de Dieppe, passée à
cette date par Antoine de Latre, dit Cauwart, seigneur du
Grassart, vicomte de Conches, et Breteuil, vice-amiral de
France[2]. La plus ancienne montre reçue en son nom comme
capitaine de Honfleur est du 13 décembre 1488[3]. Les comptes
de l'argenterie[4] d'octobre à décembre 1488 et même jusqu'en
juillet 1488 mentionnent des housses, des selles, des brides
pour les « grands chevaux venus de Monsieur l'amiral » ; les trois
bêtes dont il avait fait sans doute présent au roi avaient noms :
le Turc, le Sucre et le Grand Fauveau. D'après ces comptes,
il auroit encore donné au roi, un hobin grison, une haquenée
un hobin blanc, une mule et un cheval bayard[5].

La duchesse Anne ne s'était résignée qu'en apparence aux
conditions du traité de Sablé : en réalité, elle cherchait un
mari et des alliés hors du royaume : le gouvernement de
Charles VIII eut vent de ces menées : aussi la cour s'attarda-

1. Pélicier, *op. cit.*, p. 147.
2. B. N.. mss. fr. 25871, n° 13.
3. *Ibid.*, n° 39.
4. A. N. KK. 73, f°° 122, 25, 30, 39, 136, 144.
5. D'après M. Malte-Brun (*op. cit.*, p. 92), en décembre 1488, Charles VIII
aurait créé un marché à Marcoussis ; nous n'avons pas retrouvé les lettres
patentes de création.

t-elle sur les frontières de Bretagne pendant près de deux mois après la signature du traité de Sablé [1] ; nous voyons Graville passer avec elle au Mans (9 septembre) [2], à la Flèche (fin septembre, 6 octobre) [3] ; à Baugé (fin octobre) [4], et ne rentrer à Paris que le 5 février [5]. Pendant ces allées et venues, le vicomte de Rohan favorisé par Charles VIII, réclamait, les armes à la main, l'héritage de François II au nom de sa femme, fille de François Ier ; mais il échoua devant Guingamp et dut se réfugier dans le camp français à Dinan. Au printemps, il fut plus heureux, s'empara de Guingamp, de Concarneau, de Brest et du Conquet. De son côté, Charles VIII avait renforcé l'armée de la Trémoille [6]. Dès le 29 février, il s'établissait à Chinon pour surveiller de plus près les opérations. Graville l'y rejoignait en mars [7], et tantôt au Plessis-du-Parc, tantôt à Amboise [8], ne le quittait pas avant les premiers jours de juin Sa présence s'explique par ce fait que, pendant ce trimestre, les Beaujeu étaient absents, retirés à Riom dans les terres dont ils venaient d'hériter par suite de la mort du connétable : il ne fallait pas moins que le personnage le plus considérable de leur parti pour défendre leurs intérêts, leur politique, combattre les velléités d'indépendance dont ils avaient pu reconnaître déjà plusieurs fois des symptômes chez le jeune prince, et contrebalancer l'influence des amis du duc d'Orléans qui ne renonçaient pas à le faire rentrer en grâce : les Beaujeu ne redoutaient rien plus, convaincus par l'expérience que le duc, qui en

---

1. Pélicier, *op. cit.*, *Itinéraire*.
2. Germain, *Hist. du commerce de Montpellier*, Montpellier, 1861, II, p. 407.
3. A. N. JJ. 219, n°° 219, 202. JJ. 220, n° 57. X¹ᵃ 8609, f. 10 8ᵇ.
4. A. N. JJ. 219, n°° 220-27, 254. JJ. 225, n° 759.
5. A. N. X⁰¹ 8609, f. 116.
6. Pélicier, *op. cit.*, p. 158, note 2.
7. A. N. X¹ᵃ 8609, fol. 109. *Ordonnances*, XX, p. 118. A. N. JJ. 220, n°° 2. 10, 47.
8. Huillard-Bréholles. *Titres de la maison de Bourbon*, II, p. 427 (n° 7064). *Ordonnances* XX, p. 163. A. N. JJ. 220, n° 147.

1484 leur avait ou peu s'en faut enlevé le roi, prendrait rapidement un grand ascendant sur Charles VIII, et les reléguerait au néant. En effet, pendant leur absence, Graville para un des coups de leurs adversaires : le comte d'Angoulème [1] fit demander au roi de remettre en liberté son cousin ; mais Graville inspira au conseil de ne rien décider sans l'avis préalable de Madame de Beaujeu, qui, consultée, se contenta de belles paroles non suivies d'effet.

Cependant Henri VII n'avait pas renouvelé la trève [2] conclue le 14 juillet 1488, et avait embarqué des troupes pour la Bretagne ; elles débarquèrent à Pontrieux, reprirent Guingamp et Lamballe, et, après leur jonction avec le corps du maréchal de Rieux, marchèrent sur Brest et Concarneau au commencement de mai. Tandis que les Anglais cernaient Brest par terre, des navires bretons sous le vice-amiral Bizien de Kérousy pénétraient dans la rade. Guillaume Carreau et Henri de Monestay, capitaines du château de Brest, avertirent, le 14 juin, Charles VIII que l'investissement allait être complet [3] : on n'avait pas attendu jusque-là pour dépêcher en Normandie, avec le titre de lieutenant général [4], Graville qui s'occupa tout de suite à armer une flotte assez forte pour protéger la côte normande et secourir Brest. D'après Jaligny, il ne se serait pas éloigné du roi sans regret [5]. Quoi qu'il en soit, il était

1. Godefroy, *op. cit.*, p. 92.

2. Nous ne racontons pas les négociations engagées par Anne de Bretagne avec les Anglais, Maximilien et la Castille : elles sont hors de notre sujet et l'on en trouvera un résumé très clair dans le livre déjà cité de M. Pélicier (p. 158-167).

3. D. Morice, *op. cit.*, Preuves, t. III, col. 644.

4. B. N. Clairambault, t 959, f. 87.

5. « Ledit seigneur de Graville estoit lors le principal ayant auctorité en cour après Monseigneur et Madame de Bourbon : et depuis qu'il estoit entré en cette auctorité, il n'avait point encore abandonné la personne du Roy : de sorte qu'à cause qu'on luy bailla cette commission, le commun bruit estoit que la cour commençoit à se tanner de luy et qu'on luy bailloit le bout. Il en partit donc et alla en sa commission et fit diligence d'apprester le vaisseau et s'avança ensuite à Brest. » (Godefroy, p. 89.)

arrivé en Normandie dans la première quinzaine de juin,
puisqu'il adressait au roi, le 13 de ce mois, de Magny (Calva-
dos), une lettre très curieuse, d'où nous détachons les passages
les plus importants [1]. Après avoir expliqué que les gens
d'armes du roi peuvent être d'une plus grande assistance en
Bretagne qu'en Normandie, il affirme que ce n'est pas lui qui
a mandé la compagnie de Jean de Beslay, et exprimé ses
craintes que les préparatifs maritimes ordonnés à La Rochelle
pour ravitailler Brest soient faits en pure perte, il ajoute tout
ce qu'il sait des mouvements des Anglais.

« Sire, un navire de Dieppe qui estoit allé en guerre, a pris
« une nef de Bretagne, où il y avoit 52 Anglois dedans, qui
« venoient tout droit de Lamballe et disent qu'ils s'en retour-
« noient tous sans congé, excepté un gentilhomme malade
« d'auprès Wxestre, qui n'estoit point de la bande des autres,
« et porte son congé par escrit de son capitaine à cause de sa
« maladie; et sont tous les autres Anglois du pays de Galles.
« Ils disent qu'il y a eu debat entre les Capitaines desdits
« Anglois, et qu'à cette heure, Monsieur Chesnay s'est tiré à
« part à tout sa bande d'environ huit cens hommes, et s'est
« logé en un village à quatre lieuës de Dinan. Ils disent outre
« qu'ils n'ont point de charge, ni ne sont deliberez de mettre
« siège, ni de combattre les murailles. Je croy, Sire, que vous
« estes mieux averty de cela que je ne suis.

« Sire, Ceux de la Ville de Dieppe m'ont aujourd'huy
« envoyé un homme qui vient tout droit d'Angleterre, qui dit
« pour vray que le Roy a esté en personne jusques-là où le
« Comte de Nortomberlant a esté tué, et qu'il a fait couper
« environ cinquante testes des plus coupables, et dit que ledit
« Roy s'en revient droit à Londres rassembler des gens, car

---

1. Cette lettre, publiée in extenso par Godefroy (p. 597), est conservée à la
B. N. mss. fr. 15538, f. 187.

« nonobstant l'exploit qu'il a fait, si n'est pas demeuré le
« pays en grande seureté pour luy. »

Les embarras d'Henri VII en Angleterre n'immobilisaient
pas toutes ses forces, et il put envoyer croiser sur les côtes
normandes, et particulièrement à l'embouchure de la Seine,
un nombre de navires suffisant pour jeter la terreur parmi les
populations de la région et retarder par cette démonstration
le ravitaillement de Brest : on crut, en effet, un moment que
les Anglais voulaient débarquer à Honfleur ou à Villerville. Le
vice-amiral Cauwart, le 1er juin, demandait à Louis Regnart,
seigneur de Sorenc, capitaine de Honfleur et de Montivilliers,
ses deux gros canons pour battre la mer entre le banc de
Ratier et la nef amirale, *la Louise,* que l'escadre anglaise, composée, autant qu'on pouvait en juger, de seize ou dix-sept
navires, menaçait d'enlever [1]. Le 12 juin, le débarquement des
Anglais était imminent [2] : trente ou quarante navires croisaient
à l'entrée de la Seine; le vice-amiral craignait que l'ennemi
ne prît terre à la marée du soir, et il n'avait que trois faucon-
neaux et pas un hommes d'armes avec lui, quand il lui eût fallu,
pour opposer une sérieuse résistance, au moins deux couleu-
vrines et un serpentin « lançant boulets de fer ». Les appréhensions du vice-amiral paraissent avoir été exagérées : car
Jean Blosset, grand sénéchal de Normandie, qui avait convoqué le ban et l'arrière-ban des bailliages de Caen, d'Alençon
et du pays d'Auge, et réuni en peu de temps plus de 6.000
hommes « au long de la coste », écrivait au roi, le 11 juin [3],
de Saint-Sauveur-sur-Dives, qu'il n'y avait plus que quatre
navires anglais à l'embouchure de la Seine, deux devant Leure

---

1. Cette lettre de Cauwart, conservée aux Archives de Honfleur, nous a été
obligeamment communiquée par M. de Beaurepaire.

2. B. N. Mss. fr. 15541, n° 56. Lettre de Cauwart à M. de Villiers, trésorier et
receveur général en Normandie (Honfleur, 12 juin).

3. B. N. Mss. fr. 15541, f. 81.

(le Havre) et deux devant Harfleur : du reste de l'escadre
anglaise, dix ou douze navires étaient encore en vue des côtes
du pays de Caux et vingt cinq ou trente autres faisaient voile
vers le Pas-de-Calais. Blosset s'était rassuré trop tôt. Houaste
de Montespedon, bailli de Rouen, vers le même temps, annonçait aux gens de Harfleur [1] « que pour vray y ly a grant frise
« (foise?) de navires d'Angles et de Bretons sur la mer et pour
« ce soies tousjours sur vos gardes ». Aussi le capitaine de
Harfleur invitait-il les « les esleuz et gens de l'hostel de ville
« de Harfleur » de faire charger l'*Ermine* et de la faire partir
pour Honfleur en toute diligence [2]. Le 18 juin, tout danger
était définitivement écarté du côté des pays de Caux et d'Auge,
et les Anglais s'étaient portés vers le cap de la Hogue, où ils
menaçaient Barfleur [3].

Pendant que ses subordonnés traversaient ces alternatives de
crainte et de confiance, Graville poussait activement les armements qui lui devaient permettre de secourir Brest à temps. La
preuve de cette activité et de ses préoccupations nous est fournie
par un manuscrit de la Bibliothèque Nationale qui, au folio 63,
sous le titre de « Extrait de diverses lettres ecrites au roy »,
contient les analyses de quelques lettres missives de l'amiral
à Charles VIII, qui a fait noter en marge ses observations et
d'un mot, la réponse à faire. Cet intéressant document mérite
d'être reproduit in extenso [4].

« Monsr l'admiral escript au Roy les lettres qu'il a pleu
« audit s^r lui escripre, affin d'avoir son advis comme on pour-
« roit secourir ceulx de Brest. Dit que son advis est que equip-
« pera et conduira les hourques diligemment et secretement

Le roy avoit escript, mais il a eu responce que on ne povoit avoir lesdites hourques parce qu'elles

1. Archives de Harfleur (communication de M. de Beaurepaire).
2. Archives communales de Honfleur (communication de M. de Beaurepaire).
3. B. N. Mss. fr. 15541, f. 90. Lettre de Le Breton, général des finances en
Normandie (Rouen, 18 juin).
4. B. N. Mss. fr. 15541, fol. 63^b.

sont bien avant dans la mer.

« ainsi qu'il a esté advisé et y mectre gens de bien, qu'on
« pourra assez aisecment les secourir, et aussi le navire qu'on
« dit estre assiégé devant ledit Brest, et faulte qu'on com-
« mecte ung bon cappitaine aiant puissance sur toute la
« flotte, et que les Anglois ne querrent que avoir ladite place
« comme ilz ont eu Conques [1] : qui sera fort prejudiciable au
« Roy parce qu'elle tient le destroit et passaige du navire de
« Normandie en Guienne, et de Guienne en Normandie, et
« que, en levant les gens qu'on vouldra mectre esdites hourques
« en Seine que on les veult envoier pour garder le pais de
« Guienne affin que les dits Bretons et Anglois ne renfforcent
« leur siege par mer et par terre.

*Le Roy en-
tendra voulen
tiers la re-
queste et inte-
rest d'icelx de
Normandie
pour les y
pourveoir.*

« Dit que touchant les saul conduits des Hollandois il n'en
« a baillé ung seul, mais que l'un de ses lieuxtenans à Diepe
« avant la deffense en a baillé huit seullement, et puisqu'il
« plait audit s[r] il n'en sera plus baillé, que sera grant dom-
« maige en Normandie parceque les Hollandais auront assez
« harens sans les subgetz du Roy et non pas les subgectz du
« Roy sans eulx, pour ce que les Anglois et les Austrelins
« garderont bien les gens de Normandie de pescher.

*Remercye-
ment.*

« Dit qu'il a fait et fait faire toute la plus grant diligence de
« adouber et equipper sa grant nef, comme le maistre d'ostel
« Georges Gaston lequel est tous les jours à en faire les dili-
« gences le peut savoir.

*Que on voye
les lettres pour
y pourveoir.*

« Dit que les gens de Philipe, mons[r] de Cleves, qui sont à
« l'Escluse demandent des saul-conduitz, comme appert par
« lettres qu'ils ont escriptes que mon dit s[r] l'admiral envoye
« au Roy, ce qu'il ne leur a pas voulu octroier, sans en savoir
« le bon plaisir dudit S[r].

1. Le Conquet.

« Dit qu'il a fait savoir à la pluspart des villes et gros olfi-
« ciers de Normandie qu'ilz se rendent incontinent à Blain-
« ville devers Monsr de Torcy, que mondit s^r l'admiral, le
« grant escuier et le seneschal d'Agenetz, s'y rendront afin
« que en la presence dudit Sr de Torcy soient debatuz les
« affaires dudit pais, et que le Roy tantost après sera adverty
« de ce qui y sera conclud.

« Prie au Roy que il luy plaise, quant son bon plaisir sera
« luy escripre mectre esdites lettres qu'il entend que ledit S^r
« l'admiral communique sesdites affaires audit Sr de Torcy et
« se guide par son bon advis et aussi en escripre à icellui S^r de
« Torcy,

« Dit que ung marchant de Rouen nommé Jehan de la
« Roche l'a adverty qu'il y a certain nombre d'Anglois qui
« sont voulu descendre aux isles de Jarzé qui disoient qu'ils
« estoient cuidé mourir de faim en Bretagne, qu'on ne leur y
« tenoit une seulle promesse d'or, d'argent ne de vivres, et que
« se ceulx qui y estoient demourez pouvoient trover navires,
« ilz n'y feroient pas long sejour. Ordonné et commandé par
« le Roy à Amboise le XXIIIJ jour de juing M CCCC IIIJ^xx et
« neuf ».

Privé des hourques dont il est question au premier paragraphe,
qui étaient déjà en haute mer, l'amiral réquisitionna des navires
de charge sur les côtes de Normandie [1] ; c'étaient :

La Marie de Cherbourg, capitaine Guyon de la Haye, seigneur de Vauville.

La Madeleine de Cherbourg, même capitaine.

La barque la Germaine, capitaine Pierre de Tersan.

La Madeleine,   capitaine Jean Yvain.

La Madeleine de Dieppe.

----

1. A. N. J. 1039 (n° 27,8 pièces).

La Caterine de Dieppe.

La Julienne   —

La Rose   —

Le Courtault   —

La nef d'Adrien de Lospital, lieutenant de la Cie de M. de Torcy.

Sur ces dix vaisseaux on chargea : « arbalestes, traict, fil de « botte, cire gommée, artillerie, pouldres, plomb pour faire « les plombées, musles (moules) pour lesdites plombées, plomb « en platine, cuir de beuf pour les pertuis, lances à feu, fallotz « et gresses, troys cens livres de plomb. » Pour escorter ce convoi on arma des navires de guerre et entre autres la « grant « nef de mondit S[r] l'admiral », la Louise [1]. L'équipement de cette escadre ne fut achevé qu'au « mois d'aoust »... Le 15 août, elle n'avait pas encore mis à la voile, comme le prouve une quittance de Pierre de Tersan [2], mais, le 10 septembre, le ravitaillement de Brest était terminé, comme le prouve une quittance [3] de Guyon de la Haye, un des autres capitaines qui escortent l'amiral dans son expédition.

---

1. Perdue en 1524. Voir : *Documents relatifs à la fondation du Havre*, par Steph. de Merval, Rouen, 1875, n° 256.

2. Je, Pierre de Tersan, congnois et confesse avoir aujourduy eu et receu de Anthoine de Lattre dit Cauvart vis admiral la somme de sept vings livres tournoys pour emploier en l'adoub et reparacion de la barque du petit Ponon nommée La Germayne, laquelle est ordonnée aller faire le voiage pour l'advitaillement de Brest. Tesmoing mon seing manuel cy mis le XV[e] jour d'aoust l'an mil IIII[c] IIII[xx] et neuf. — Pierre du Tiersan. — (A. N. J. 1039, n° 27.)

3. Je Guyon de la Haye, seigneur de Vauville, confesse avoir eu et receu de hault et puissant s[r], mons[r] de Graville admiral de France par les mains de Jehan de Baugé, la somme de troys cens dix sept livres tournoys pour me rembourser de pareille somme que je avoye fournie pour l'equippaige et advitaillement de la Marie de Cherbourg, laquelle je avoye advitaillée et esquipée pour aller accompaigner la grant nef de mondit s[r] l'admiral quant elle alla pour secourir Brest par l'ordonnance du Roy quant le siege estoit devant, de laquelle somme de III[c] XVII l. t. je me tiens pour comptent et en quicte mondit s[r] l'admiral, ledit Baugé et tous autres. En tesmoing de ce j'ay signé ces presentes de ma main, le X[e] jour de septembre l'an mil quatre cens quatre vingts et neuf. — Guyon de la Haye. — (*Ibid., ibid.*)

A l'approche des vingt-cinq vaisseaux de l'amiral [1], la flotte
bretonne, forte de soixante voiles, se dispersa : les troupes de
terre commandées par le maréchal de Rieux prirent la fuite et
une partie de l'artillerie resta aux mains des Français.

Jaligny a grand'raison de dire que Graville craignait pour
son crédit, car, aussitôt Brest ravitaillé, il était accouru auprès
du roi qu'il avait rejoint aux Montils les Tours, le 25 septembre [2]. C'est donc en son absence qu'avait été signé le traité
de Francfort (22 juillet 1489). Du reste, il ne dut faire qu'une
très courte apparition à la cour : il l'avait quittée le 1er octobre;
il ne figure pas parmi les personnes présentes à la ratification
de ce traité par Charles VIII [3]; on ne peut admettre, en effet,
qu'un personnage de son importance soit passé inaperçu.
Un autre document publié par Godefroy [3] prouve qu'il était
éloigné de Charles VIII le 14 octobre : dans cette pièce qui est
intitulée : « Résultat du conseil avec les apostils « et responses
« au sujet de plusieurs affaires qui se traitoient lors, » et qui
n'est, en réalité, qu'un procès-verbal d'une séance du conseil
du roi, on lit : « Monsieur l'Admiral escrit au Roy en faveur du
« sieur de Nestier touchant une capitainerie vacante comme
« il dit en la comté de Comminges, à laquelle n'a encores esté
« pourveu, afin de par iceluy Seigneur la donner audit de Nestier
« qui l'a bien servy et est un très bon Gendarme ». En marge,
on a noté : « Il s'en faut enquerir et s'il n'y a point esté
« pourveu. » Cet éloignement de la cour paraît s'être prolongé
jusqu'au mois de mars 1490. Graville dut passer ces six mois
dans son gouvernement de Normandie. Est-ce là un exil déguisé?
A cette époque, la faveur de l'amiral pouvait être battue en
brèche, ébranlée si l'on veut; mais le roi, quelque impatient qu'il
fût de la tutelle des Beaujeu et de leurs conseillers, ne leur

1. Dom Lobineau. *Op. cit.*, I, p. 805.
2. B. N., mss. fr. 25716, n°s 83 et 84. A. N. K 74, n° 17.
3. Godefroy, *op. cit.*, p. 558.

avait pas encore rompu en visière : ses tentatives d'émancipa-
tion avaient été bien timides jusque-là ; d'ailleurs, jamais, sous
son règne, Graville ne tomba dans une disgrâce complète, son
crédit ne subit que des éclipses ; il se peut que la période comprise entre octobre 1489 et mars 1490 ait été remplie par une
de ces alternatives : cependant nous ne le pensons pas ; selon
nous, il est plus plausible de croire que ce furent les soins à
donner à sa province et les préparatifs de l'expédition maritime qui fut dirigée en septembre 1490 contre les Anglais qui
le tinrent à l'écart pendant ces six mois. Il rejoignit le roi à
Niort le 26 mars 1490 [1] pour ne plus le quitter jusqu'en septembre. Nous le retrouvons en avril au Plessis du Parc [2]; à
Tours, le 8 mai [3]; le 20 du même mois, à Fontainebleau [4]; à
Amboise, à la fin du mois et au commencement de juin [5], à
Montils les Tours, du 13 juin au 15 août [6]; enfin, à Angers, en
septembre [7].

L'amiral n'était donc pas de la croisière qu'il avait armée et qui
en septembre avec sa « grant nef nommée la Loyse et plusieurs
autres navires » montés de « mariniers et mathelots et autres
« gens de guerre » fut faite « le long de la couste d'Angle-
« terre pour essaier à revancher l'oultraige fait par les Engloys
« à bruller la Hogue et autres villaiges au duchié de Norman-
« die [8] ». En octobre, il quitta la cour pour Rouen : son départ est postérieur au 3 octobre [9], mais antérieur au 11, car ce

1. Godefroy, *op. cit.*, p. 595.
2. B. N. mss. fr. 20432.
3. A. N. JJ. 220, n° 16.
4. *Ordonnances*, XX, p. 233.
5. B. N. mss. fr. 25716, n° 90.
6. A. N. JJ. 221, n°° 44 et 56.
7. A. N. X¹ᵃ 8609, f. 144ᵇ. Isambert, I. XI, p. 184. *Ordonnances*, XX, p. 241.
A. N. JJ. 221, n° 90. Archives communales de Honfleur.
8. A. N. JJ 221, n°° 136, 137, 190, 200. *Ordonnances*, XX, p. 250.
9. B. N. Cabinet des titres. Pièces originales, Malet, n° 61.

jour le roi, à Vierzon, faisait donner soixante-dix sous tournois
à « ung paige qu'il envoioit devers mons^r l'amiral [1] ». Le but du
voyage de Graville était de remontrer « à la convention et
« assemblée des gens des troys estats tenue en nostre ville
« de Rouen és moys d'octobre et novembre [2] », la necessité de
lui laisser « prendre, choisir et eslire oudit pays de Normandie
« le nombre de deux mil hommes de pié, bons combatans
« pour resister aux dampnables entreprinses des Angloys ».
Les députés les avaient « liberalement consenty et accordé »,
mais plutôt que d'acquitter au trésor 80 sous par homme et
par mois, ils préférèrent se libérer au moyen d'une somme
une fois payée qui fut d'un commun accord fixée à 20.000 l. t.
et fournie par une aide à percevoir sur tous les contribuables
taxés à 100 sous de taille par an dans le duché de Normandie,
l'élection d'Alençon, le comté du Perche, la prévôté de Chaumont et l'accroissement de Magny.

Il est à supposer que l'amiral profita de ce qu'il se trouvait
sur les côtes pour accompagner, en novembre, *sur sa grant nef*
la Louise avec plusieurs autres navires du pays de Normandie,
jusqu'à Brest « les commissaires et paiement des gens de
« guerre..... qui sont audict Brest pour le quartier d'octobre,
« novembre et decembre ». Quoi qu'il en soit, l'amiral avait
fait avec le roi un forfait pour ces deux voyages et leurs préparatifs. Charles VIII mandait le 22 février 1491 aux généraux
des provinces de payer, à cet effet, 5.506 l. 11 s. 7 d. t. à
Graville [3] qui en donnait quittance le 10 mai [4].

Il était de retour à la cour au Plessis-du-Parc, le 22 février
1491 [5]. Il avait dû être rappelé [6] par les graves événements

---

1. A. N. K. 74, n° 12. B. N. mss. fr. 25716, n° 98.
2. A. N. KK. 76, fol. 17 v°.
3. P. J., n° 11.
4. B. N. Cabinet des titres. Pièces originales. Malet, n° 59.
5. *Ibid.*, n° 62.
6. B. N. mss. fr. 25716, n° 103. Il est à Amboise le 4 mars. (*Ordonnances*, XX,
p. 284.)

qui venaient de se passer sur les frontières de Bretagne[1]. Alain d'Albret, regagné au parti du roi, avait introduit par trahison les Français dans le château de Nantes (19 mars). D'Esquerdes et la Trémoille vinrent occuper la ville, où Graville les rejoignit bientôt, puisque nous l'y trouvons du 31 mars au 6 avril[2]. Maximilien avait protesté inutilement du sein de la diète de Nuremberg[3] ; mais Henri VII parlait plus haut et était plus à craindre ; il pouvait en 1491 renouveler les expéditions et les tentatives dont nous avons parlé en 1488 et 1490. Aussi décida-t-on de le prévenir : dès le 31 mars, à un conseil où assiste l'amiral, Jean Dubois, valet de chambre ordinaire du roi, est nommé contrôleur et surveillant des navires équipés à Honfleur et des gens de pied qu'on y embarquera pour repousser les attaques des Anglais[4]. Il s'agit ici, sans doute, de 2.000 hommes de pied, dont les États provinciaux avaient précédemment voté la levée. Une quittance de Graville nous prouve avec quelle activité les mesures de résistance étaient poussées[5] : le 19, il recevait de Jean le Gendre, payeur extraordinaire des Suisses et gens de guerre[6], 22.500 l. t. ordonnée par le « roy... pour equipper et advitailler certain nombre « de navires tant de Normandie que de Saint Malo, dont la « grant nef en est l'une, aussi pour equipper, advitailler et « fournir de vituailles le brigantin et deux carevelles, et aussi « pour la despense que les gens de guerre, matelots et autres

---

1. L'année 1490 ne présente que quelques quittances sans importance pour la biographie de Graville : le 24 octobre, il recevait 6.000 l. t. pour la solde de 50 hommes d'armes et de 300 archers formant la garnison de Saint-Malo pendant le 3e trimestre de 1490 (B. N. Clairambault, 223, n° 309), et le 9 novembre, 510 l. t. pour la solde des 34 hommes de guerre qui gardèrent Honfleur pendant le même trimestre (*ibid.*, n° 311).

2. B. N. mss. fr. 25716, n° 105. A. N. X¹ᵃ 8609, f. 120.

3. Lejeay. *Négoc. entre la France et l'Autriche*, Collect. des documents inédits sur l'histoire de France, I, 1.

4. B. N. mss. fr. 25716, n° 105.

5. B. N. Cabinet des titres. Pièces originales, Malet, n° 60.

« que ledict seigneur envoye és dicts navires feront oudict
« voyaige ; lesquelz navires, brigantin et carvelles, icellui sei-
« gneur envoye presentement à Brest pour resister aux entre-
« prinses de ses anciens ennemys, les Angloys, et autres ses
« adversaires ». Les armements se continuaient encore en
juillet à Honfleur et à Saint-Malo, comme nous l'apprend un
mandement de Charles VIII ordonnant à Jean le Gendre, de
rembourser à Graville 3.256 l. 15 s. 5 d. t. pour le reste de
l'armement de la flotte (Montils les Tours, 2 juillet 1491 [1]).
Les équipages étaient complétés le 26 juillet, puisqu'à cette
date, Antoine Cauwart, vice-amiral, put arrêter un rôle des [2]
« affranchiz mariniers prins en la coste de Caux te election de
« Monstiervilliers pour aler au service du Roy, nostre sire, et
« de monseigneur l'admiral par la mer, choisis et esleuz à
« Honnefleu és presences des esleuz et receveur en ladite
« election de Monstiervilliers et les officiers de mondit sei-
« gneur l'admiral au siege de Harefleu, temoignez à estre
« marigniers souffisans par les collecteurs et gens des
« paroisses ». Ces *affranchis mariniers* paraissent avoir été
sur mer analogues aux francs archers sur terre ; ils venaient
de Saint-Jouin (Seine-Inférieure, canton de Criquetot-Lesneval), d'Epretot (arrondissement du Havre), Rogerville, Ingouville, Leure, Heugueville, Couffreville, Sautrichy, Étretat, La
Poterie ; Le Tilleul, Saint-Vigor, Bléville, Graville, Octeville,
Gonneville, La Pêcherie, Espouville. On sait que ces armements faits par précaution ne servirent pas contre les Anglais.

D'ailleurs, les craintes d'une guerre avec l'Angleterre n'occupaient pas exclusivement tous les esprits : depuis la prise de
Nantes, la cour était un foyer d'intrigues où les Beaujeu dispu-

---

1. B. N. Cabinet des titres. Pièces originales, Malet, n° 64. La quittance de
Graville est du 6 janvier 1492. (*Ibid.*, n° 65.)
2. B. N. mss. fr. 25781, n° 75.

taient les derniers lambeaux de leur faveur aux partisans du duc d'Orléans qui rentraient rapidement en grâce et qui, en flattant les désirs d'indépendance du jeune souverain, prenaient tous les jours plus d'empire sur lui. Graville, suivant Saint-Gelais, était toujours « le plus fort du Conseil [1] », mais sa position était délicate : il hésitait sans doute à abandonner les Beaujeu, les principaux auteurs de sa fortune, les promoteurs de la politique dont il avait été le plus actif serviteur. D'autre part, leur rester fidèle, c'était encourir une disgrâce certaine. De plus, il ne devait pas être assuré de l'accueil que lui réserveraient les Orléanais, dont il combattait depuis sept ans le chef sur les champs de bataille et dans les conseils. Ces incertitudes, ces hésitations étaient connues du public qui en riait, comme le prouve ce couplet d'une pièce de vers contemporaine, consacrée à Graville [2].

> Se gentil seigneur de Graville
> Elle l'a tres bien fait regner,
> Combien qu'il soit fort abille
> Si a il grant peur de verser
> Et qu'il luy faille desmanger
> La succession de Tancarville :
> Par trop serrer on perd l'anguille.

Ce furent sans doute ses préoccupations qui le retinrent à la cour, pendant que ses lieutenants faisaient tous les armements dont nous venons de parler [3] : il se décida, comme on sait, pour le parti, sinon le plus honorable, du moins le plus avantageux. Il eut garde de ne pas *trop serrer l'anguille*, ainsi que dit l'auteur anonyme de ce méchant couplet : il se rapprocha des conseillers favoris de Charles VIII, les sires de Miollans

---

1. Godefroy, *op. cit.*, p. 92.

2. *Mémoires de l'Académie des Inscriptions*, XVIII, p. 583.

3. En avril, il est à Langeais (A. N. JJ. 222, n° 24); le 28 juin et le 25 juillet à Montilz-lez-Tours (A. N. K 74, n°ˢ 326, 28, 29).

et de Piennes, et, comme eux, prêta l'oreille aux avances des partisans du duc d'Orléans. Le plus actif d'entre eux était Georges d'Amboise, évêque de Montauban, archevêque élu de Narbonne : un instant détenu en 1487, il s'était réfugié à Avignon, après la bataille de Saint-Aubin-du-Cormier, et n'avait pu, qu'après quinze mois d'exil exercer de nouveau ses fonctions d'aumônier du roi, « à condition que tous ses frères seroient garants de la « promesse qu'il faisoit de n'entrer en aucune intrigue qui pût « déplaire à la Princesse (Anne de Beaujeu [1]) ». Pour obtenir la délivrance du duc d'Orléans, il mit d'abord en avant le comte d'Angoulême qui, comme nous l'avons vu l'année précédente, échoua auprès de Graville et n'obtint des Beaujeu que de belles paroles. Georges d'Amboise pensa être plus heureux en s'adressant directement à l'amiral : « il commença « d'entretenir l'admiral de Graville, qui, pour l'heure y pouvoit « beaucoup, en proposant un traité de mariage de son neveu « monseigneur de Chaumont avec la fille dudit amiral ; ce « qu'il ne faisoit que pour l'occasion dessusdite [2]. » Pour l'amiral qui avait perdu ses deux fils, Louis et Joachim, cette union avec « l'héritier présomptif des principales terres de « cette puissante maison d'Amboise dut paraître très bril- « lante ». Le mariage de Jeanne de Graville fut donc bientôt conclu avec l'agrément de la duchesse de Bourbon ; l'amiral étant devenu le parent de George d'Amboise, devint par là même l'allié du duc d'Orléans ; la communauté d'intérêts particuliers amena l'échange de sympathies politiques, mais Louis n'en demeura pas moins dans sa tour de Bourges. Madame était inflexible et « ce fut Graville qui l'avertit (Georges) « que n'y ayant nulle apparence de fléchir jamais la Régente

---

1. Legendre, *Vie du card. d'Amboise*, Rouen, 17.4, p. 27.
2. Saint-Gelais, dans Godefroy, *op. cit.*, p. 93.

« toute son attention dans le dessein où il étoit de rendre ser-
« vice au duc d'Orléans, devoit être à gagner le roi [1] ».

Georges d'Amboise, cédant aux conseils de Graville, circon-
vint Charles VIII de toutes les manières et s'adressa à sa pitié,
à sa vanité, à son désir d'être aimé. Jeanne de France, en habits
de deuil, vint se jeter aux pieds du roi et implorer la liberté
de son mari [2] : « les jeunes courtisans qui étaient des plaisirs
« du Roi, lui faisaient honte assez souvent de sa trop grande
« soumission aux volontés de la duchesse [3]. » Enfin Georges
d'Amboise laissait entrevoir au roi que le duc d'Orléans
envoyé en Bretagne pourrait dissuader Anne de prendre pour
mari définitif Maximilien qu'elle avait épousé par procuration.

Charles VIII, ainsi sollicité, finit par croire qu'il voulait lui-
même la délivrance du duc d'Orléans. Un soir du mois de
mai 1491, il partit du Plessis, sous prétexte de chasse, s'en
vint loger à Montrichard, puis gagna le pont de Barangon, au
confluent de l'Yèvre et du Cher, d'où il envoya Beraud Stuart,
seigneur d'Aubigny, ouvrir au duc d'Orléans les portes de la
tour de Bourges [4]. Saint-Gelais ajoute : « Toutes ces choses
« furent celées à Monseigneur et à Madame de Bourbon, si
« furent elles pareillement à l'admiral ». C'est vrai pour les
Beaujeu, mais non pour Graville, puisqu'il contresigna l'ordonnance du 28 juin 1491 par laquelle le roi, en donnant au duc le
gouvernement de la Normandie, proclamait l'oubli du passé et
lui rendait tous ses biens [5]. La signature de l'amiral y précède
celle du sire de Miollans, chambellan, qui, avec le panetier,
René de Cossé, avait triomphé des dernières hésitations de
Charles VIII.

1. Saint-Gelais, dans Godefroy, p. 93.
2. Godefroy, *op. cit.*, p. 274-275.
3. Legendre, *op. cit.*, p. 36.
4. V. Saint-Gelais, dans les *Mém. de l'ac. des inscr.*, XIII, p. 667 ; dans Godefroy, p. 94. V. aussi : *Jeanne de France, duchesse d'Orléans*, par B. de Maulde,
p. 225 et ss.
5. A. N. K 74, n° 26.

Au mois d'août 1491, tandis que l'amiral résidait au Plessis-du-Parc [1], il reçut des lettres de Pierre Gyel, lieutenant du bailli de Rouen, l'informant que la ville voulait, pour fêter le roi, lui donner la représentation d'un mystère de la Passion ; il était en préparation depuis six ans, c'est-à-dire, depuis l'année 1485 ; sans doute on en avait conçu le projet lors de la dernière entrée de Charles VIII dans la capitale de la Normandie ; les Rouennais comptaient que, cette année, le roi les visiterait de nouveau pour présider à l'installation du duc d'Orléans qui succédait à Graville comme lieutenant général en Normandie [2].

Ni les documents, ni les chroniques ne nous renseignent sur la part que Graville a pu prendre aux grands évènements de la fin de l'année, c'est-à-dire à la marche du roi sur Rennes et au traité de Laval (15 novembre) ; étant au Plessis-du-Parc le 22 décembre [3], et à Montilz-les-Tours le 23 [4], il a pu asssister au mariage d'Anne de Bretagne avec Charles VIII, qui fut célébré au château de Langeais, le 13 décembre [5].

Graville s'entendait assez bien alors avec le parlement de Paris, puisque, le 29 novembre 1491, les conseillers le priaient, ainsi qu'Etienne de Vesc, d'aider Jacques Erlant, notaire et secrétaire du roi, receveur de leurs gages, à recouvrer les 31637 l. 10 s. t. qui leur sont dus [6].

1. A. N. JJ. 222, n° 105.
2. P. J., n° 10.
3. D. Morice, *op. cit.* Preuves, t. 3, col. 711.
4. D. Lobineau, *op. cit.*, t. 2, p. CCLIII.
5. Godefroy, p. 625.
6. « Très chier et honoré seigneur, nous nous recommandons à vous. Nous
« envoyons presentement devers le Roy maistre Jaques Erlant, notaire et secre-
« taire dudit s^r, receveur de noz gaiges, pour la poursuite de l'assignacion de nos
« dits gaiges de ceste presente année, et l'avons chargé soy tirer devers vous,
« esperans que nous y aiderez et ferez expedier. Si vous prions qu'il vous plaise
« nous faire apoincter et assigner de la somme de XXXI^m VI^c XXXVII l. X s. t,
« sur lez lieux, et ainsi que d'ancienneté avons acoustumé d'estre et faire les
« scedulles à ce necessaires. Vous scavez les petits gniges que nous avons et

Nous avons en cette année trois quittances de Graville comme capitaine de Saint-Malo [1]. Enfin, le 18 avril 1491, étant à Montsoreau, Charles VIII [2] mande aux généraux des finances de faire rembourser à Louis de Graville par Jean Legendre, trésorier extraordinaire de guerre, 725 l. t. qu'il lui avait empruntées pour donner à la dame de Sainte-Mesme et à un courrier venu d'Espagne. D'après la quittance de Graville en date du 6 juillet 1491 [3], il avait, en effet, prêté 725 l. t. ou 400 écus d'or soleil au roi qui les avait données à raison « de « trois cens escus d'or soleil à Madame de Saincte-Mesme « pour lui avoir une chesne d'or et cent escus d'or soleil à « ung Allemant puis nagueres venu du pays d'Espagne en « faveur d'aucunes novelles qu'il apporta ».

Graville dut terminer l'année au Plessis-du-Parc, puisqu'il y était le 26 décembre [4].

« congnoissés nostre constinuelle occupacion, et que sans iceulx gaiges ne nous « est possible entretenir au service du Roy ; et pour ce vous plaise nous y aider « ainsi que avons parfaiete fiance et que avez fait par cy devant, dont vous mer- « cions. Très cher et honoré seigneur, s'il est chose que pour vous faire puis- « sons, en la nous faisant savoir, de bon cueur l'acomplirons au plaisir de Deu « qui vous doint ce que desirez. Escript à Paris en Parlement soubz le signet « d'icellui le XXIXe jour de novembre.

« Les gens tenans le Parlement du Roy nostre sire à Paris, tous vostres.

« A nostre très chier et honoré seigneur mess[r] Estienne de Vese, chevalier, « seneschal de Carcassonne. A nostre très cher et honoré seigneur mess[r] Loys de « Graville, chevalier, admiral de France. » (A. N. X[1a], 9323, f. 101.)

Une autre lettre sans date et presque conçue dans les mêmes termes est adres- sée au bailli de Meaux, à Graville, à l'évêque de Périgueux. (A. N. X[1a] 9323, feuille détachée.)

1. 20 janvier, 13 août et 10 novembre 1491. Chaque quittance est de 6.000 l. t. (B. N. Clairambault, t. 223, n°s 320-321-323).

2. B. N. Pièces originales du Cabinet des titres. Malet, n° 61.

3. *Ibid.*, n° 63.

4. B. N. Clairambault, 782, f. 234[b].

CHAPITRE V.

Il semble que l'absence d'Anne de Beaujeu et l'arrivée
d'Anne de Bretagne à la cour aient dû être le signal de la
défaveur pour Graville. Cependant il n'en fut rien, au moins
dans les commencements : de même qu'il s'était rapproché
des Orléanais lorsqu'il avait vu le vent les favoriser, de même
l'amiral sut trouver un regain de crédit en s'abritant derrière
Etienne de Vesc et Briçonnet qui avaient l'oreille du souverain. Ces défections successives eurent pour conséquence de
réunir contre lui ses anciens amis et la nouvelle reine. En
effet, la duchesse de Bourbon devait sans regret délaisser un
serviteur qui, en 1491, n'avait pensé qu'à lui ; la reine, entêtée
et vindicative [1], ne pardonnait pas à l'amiral la part qu'il avait
eue à la conquête de la Bretagne ; enfin, le duc d'Orléans,
avide de pouvoir et croyant qu'il n'y atteindrait pas sans l'appui
d'Anne de Beaujeu et de la reine, oubliait que Graville avait
contribué avec Georges d'Amboise à le faire sortir de prison [2].

1. « E per la sua eta astutissima, di sorte che quello che si mette in animo, o
con risi o con pianti, omnino lo vuole ottenere. » Relation di Zacharias Contarini,
1492. V. Alberi, *Relazioni degli ambasciatori veneti al Senato*, série I, tome IV,
p. 16, Florence, 1860, et Baschet, *La diplomatie vénitienne*, Paris, 1862, p. 326.

2. Le duc d'Orléans était même en lutte ouverte avec l'amiral dès le mois de
mars, ainsi que nous l'apprend le passage suivant d'une dépêche écrite de Paris
le 11 mars 1492 par Erasmo Brasca, son envoyé au duc de Milan : « L'admiraglio

Tous ces sentiments divers, l'ingratitude du duc, le ressenti-
ment de la reine, l'indifférence de l'ancienne régente, mais
plus encore la jalousie contre l'homme habile qui savait se
dégager à temps de tous les partis compromis et rester maître
de la position, se liguèrent contre l'amiral qui vit se former
une véritable coalition contre lui seul.

Le 5 juillet 1492 [1], à Paris, la reine Anne, le duc d'Orléans,
le duc et la duchesse de Bourbon jurèrent « en la presence et
« entre les mains de l'archevesque de Narbonne (Georges
« d'Amboise) tenant le fust de la vraye croix et autres saintes
« et precieuses reliques... de bien et loyaument servir le roy
« et de nous aimer, entretenir, favoriser et supporter l'un
« l'autre comme soy-mesme. » C'était une nouvelle ligue du
bien public dirigée non plus contre un roi, mais contre un
courtisan ; les considérants exposent « les grandes affaires et
« damnables entreprises que les ennemis de Mgr le Roy font
« de jour à autre à l'encontre dudit seigneur et de son
« Royaume et le grand desordre qui aujourd'huy est en sa
« maison ». Les coalisés affirment hautement qu'ils désirent
« le bien, seureté et prospérité » du roi et de son royaume.
Ils se liguent donc contre tous ceux qui « pourroient par cy
« après porter paroles et faire entreprises et pratiques de nous
« mettre en defiance et soupçon, malveillance et malconten-
« tement les uns contre les autres, pour quelque maniere et
« couleur que ce soit, voulans faire nouvelle amitié ou autre
« pratique, qui pourroit porter prejudice aux fins pour
« lesquelles nous faisons ceste presente amitié, et entre
« autres le seigneur de Graville, admiral de France, par luy,

sta pur anchara in corte, ma con pocha reputazione et da bono locho sono certi-
ficato che monsignor d'Orliens pachi giorni avante partisse dà què per audare en
Normandia li minacise de farlo tagliare a poze et helleno molte parolle insema ».
Milano, Archivio di stato. Potenze Estere. Francia.

1. V. Godefroy, p. 626-627.

« ou autres ». Les conjurés promettaient de ne « faire avec
« ledit amiral, procurer, ou faire procurer aucune intelli-
« gence ». Enfin, le duc d'Orléans et la duchesse de Bourbon
déclaraient qu'ils devaient être appelés aux affaires du
royaume.

L'amiral devait soupçonner ces menées, il se défendait en
demeurant auprès du roi, sachant d'expérience qu'à la cour,
plus que partout ailleurs, les absents ont tort. Dès le 6 janvier,
il est avec le roi à Amboise [1], le 10 à Blois [2], le 15 à Orléans [3],
et à Paris du 22 février au 9 avril [4]. Ces préoccupations person-
nelles ne firent pas négliger à Graville les affaires maritimes
ou les intérêts des Normands : durant toute l'année, il profita
même de sa présence auprès de Charles VIII pour protéger
avec plus d'efficacité ses compatriotes. Dans les derniers jours
de 1491, il avait reçu les députés de la ville de Rouen, venus
féliciter le duc d'Orléans de sa nomination comme gouverneur
et lieutenant général du roi en Normandie. Les délégués muni-
cipaux, Jean Favé, archidiacre d'Evreux, Thomas Surreau,
seigneur de Gisors, et Robert Alorge, procureur, rendirent
compte devant le bailli de Rouen, le 7 janvier 1492, de leur
voyage [5] et de la réception que le roi, le duc d'Orléans et
l'amiral leur avaient faite ; ils lurent les lettres que ces trois
personnages leur avaient remises pour le corps de la ville. En
cette occurrence l'intervention de Graville est de pure courtoisie ; mais nous allons le voir rendre de réels services aux
Normands.

1. Huillard-Bréholles, *Titres de la maison de Bourbon*, t. 2 (n° 7148).
2. A. N. JJ. 212, n° 284.
3. B. N. mss. fr. 25717, n° 116.
4. A. N. K 74, n° 34. B. N. mss. fr. 25717, n°ˢ 122-123. Huillard-Bréholles,
op. cit. (n° 7153 et 7154). B. N. mss. fr. 21411, f. 63ᵇ. A. N. JJ 226ᵇ, n° 100. Pendant
ce séjour à Paris (29 mars), il assistait à la réception que le roi faisait aux ambassadeurs vénitiens. (Milan, Arch. di stato. Potenze Estere. Francia.)
5. Arch. municipales de Rouen, A. 9, f. 23.

En avril ou en mai 1492, Pierre le Roux, chanoine d'Evreux, qui disputait à Gilles le Forestier la prébende du Plessis Grohan [1], avait été, sur l'instigation de son concurrent, arrêté à la Saussaye et mené « embailloné » à la Conciergerie du Palais par l'ordre du Parlement de Paris. Aussitôt le corps de ville de Rouen avait envoyé à Paris maître Jean Favé et maître Jean Louvel, qui rendirent compte de leur voyage [2], le 17 mai 1492. Le roi avait ordonné au Parlement de relâcher le Roux ; le duc d'Orléans, gouverneur de la province, s'était élevé énergiquement contre ce « grant exceptz » ; l'amiral désapprouva de même cette violence et promit, dès qu'il serait « levé en la maladie où il est » d'en parler « au roy et à ceulx à « qui il en fault parler tellement qu'ilz l'entendent bien que ilz « n'ont point bien fait d'avoir detenu et prins ledit le Roux ». Cependant le parlement de Paris n'avait pas obéi à l'ordre de Charles VIII et retenait toujours le Roux prisonnier ; toute la Normandie s'émut alors de cette violation de ses privilèges, et les Etats de la province, en octobre 1492, élirent une députation pour porter au roi, dit M. de Beaurepaire [3], « les plaintes de la province et réclamer une éclatante réparation ». Les délégués furent très bien reçus pas le roi, par le duc d'Orléans et particulièrement par l'amiral, qui, dirent-ils dans leur rapport aux Etats du 3 décembre 1492 [4], « en leurs faiz et affaires les a secourus et est le père du païs. » La reconnaissance des Etats se manifesta dans une pièce de vers composée en l'honneur de Graville et que M. de Beaurepaire a publiée [5].

---

1. Société des bibliophiles normands. *Miscellanées*, 1887. *Vers en l'honneur de l'amiral de Graville*. Article de M. de Beaurepaire, p. i et ss.

2. Archives municipales de Rouen. A 9, f. 44ᵛ.

3. Société des bibliophiles normands. *Ibid.*, etc., p. 6.

4. *Ibid*.

5. *Ibid*. Nous en détachons ces trois couplets qui se rapportent directement à Graville, les autres n'étant que de l'amplification :

Alors scurvint le sieur de Graville
Qui ne souffre jamais que l'on aville

I,

I. ROBERT MALET
seigneur de Graville, épouse Alix, fille de Robert, comte d'Alençon et de Jeanne de la Guierche.

II. ROBERT II
sire de Graville, épouse Agnès de Tancarville.

JEAN MALET I
seigneur de Graville, Séez, Bernay, épouse Louise de Léon, fille d'Hervé, seigneur de Léon, et de Marguerite d'Avaugour.

ROBERT MALET
chevalier, fut mandé à Paris pour l'octave de la Chandeleur, 1318.

GUILLAUME MALET
seigneur de Montaigu, épouse Améline, dame du Bose Achard.

JEAN MALET II
seigneur de Graville, épouse Anne de Wavrin.

ROBERT MALET
seigneur de Plannes.

JEAN MALET
seigneur de Plannes, épouse Jeanne de Plannes.

GUILLAUME MALET
sert en Poitou et en Saintonge sous le sire de Mortemart, 1358.

ROBERT MALET
seigneur d'Ambouville, de la Haye et de Fontaines.

CATHERINE MALET
épouse Jean de Préaux, mort en 1350.

JEAN MALET III
de Graville, épouse Éléonore de Châtillon.

JEANNE MALET
épouse le maréchal de Blainville.

X. MALET
dame du Bose Achard, mariée à Guillaume de Courcy.

MARIE MALET
épouse Gauthier de Châtillon, seigneur de Doues.

ISABELLE MALET
épouse : 1° Guillaume de Trie ; 2° Louis, baron de Crenilly.

JEAN IV MALET
sire de Graville.

GUI MALET
sire de Graville.

JEAN MALET V
sire de Graville, grand fauconnier, panetier et maître des arbalétriers de France, ép. : 1° Jeanne de Bellengues ; 2° Jacqueline de Montaigu, fille de Jean de Montaigu et de Marcoussis, maître d'hôtel du roi, et de Jacqueline de la Grange.

CATHERINE MALET
mariée au seigneur de Wailières et à Olivier d'Escainville.

AGNÈS MALET
mariée à Louis de Launay.

1er Lit.
MARIE DE GRAVILLE
dame de Langey, mariée à Gérard de Harcourt, seigneur de Bonnétable.

2e Lit.
JEAN VI MALET
sire de Graville et de Marcoussis, épouse : 1° Marie de Montauban ; 2° Marie d. Montberon.

1° **CHARLES MALET**
curé de Montfort et de Beaujour.

2° **LOUISE MALET**
de Graville.

JEAN MALET
fils naturel, épouse Guillemette d'Estelan.

1er Lit.
JEAN MALET VII
sire de Graville.

1er Lit.
LOUIS MALET
de Graville, amiral de France, sire de Marcoussis, épouse Marie de Balzac.

2e Lit.
LOUISE MALET
mariée à Guillaume Gayeal, seigneur de Rouville, grand veneur de France.

MARIE MALET
mariée à Louis de Clermont de Galerande, à Antoine de Beaumont de Bury.

RENÉE MALET
mariée à Jean Martel, seigneur de Bacqueville.

LOUIS MALET

JOACHIM MALET
de Graville.

LOUISE MALET
épouse Jacques de Vendôme, vidame de Chartres.

JEANNE MALET
dame de Marcoussis, épouse Charles II d'Amboise, puis René d'Illiers.

ANNE MALET
épouse Pierre de Balzac, seigneur d'Entragues.

Cependant Graville ne s'éloignait pas de la cour : il était avec le roi à Montsoreau [1], et revenait en sa compagnie, le 17 mai, à Paris, où il demeurait jusqu'en août [2]. Il put, durant ce séjour, être informé de ce que tramaient contre lui la reine, la duchese Anne et le duc d'Orléans. Ce fut, sans doute, à Paris que le comte Charles Barbiano, envoyé de Ludovic le More en France, remit à l'amiral une lettre du duc de Bari où celui-ci le remerciait de ses bons offices tant pour le duc Milan Galéas que pour lui-même. Il connaissait déjà, dit-il, par le comte de Cajazzo, les bonnes dispositions que l'amiral avait pour le duc de Milan, son parent, et il était heureux de voir que ses senti-ments favorables s'étendaient jusqu'à lui [3]. Il paraît que Gra-

> Les dignités et libertés normandes
> Car il garde maint havre, bourg et ville
> D'oppression criminelle ou civille
> Et preserve d'exactions moult grandes.
> Il est prudent pour disperser telz bendes,
> Car il ne crainct fer, fust, papier ou encre.
> Un bon patron scait bien poser l'ancre.
>
> Lors s'adreça au roy tres crestien
> De justice consierge et gardien,
> En proferant mainte noble parolle
> Luy suppliant, que pour le commun bien
> Fut observé le bon droit ancien
> Sans innover aucune monopolle.
> Vous eussiez dit que c'étoit Publicolle
> Qui procuroit pour tout le bien de Romme,
> Il n'est tresor que d'un vertueux homme.
>
> Pere aux Normans, noble et hault admiral,
> Leur protecteur, leur escu marcial
> Benoist soit il qui prira Dieu pour nous !
> O Scipion vous gardés Hannibal
> Qui ne marchesse à pié ne à cheval
> Sur les Normans pour ruer ses coups.
> Vos ancesseurs les ont amés trés tous
> Qu'on n'eust osé leur faire vitupere ;
> Le bon enfant tient des meurs de son pere

1. A. N. JJ 221, n° 306.
2. Archives municipales de Rouen. Délibérations A 9 f. 144ᵇ. B. N. Mss. fr. 21411 f. 81. *Ordonnances* XX, p. 332, 340. A. N. JJ 226ᵇ, nᵒˢ 579-588-609-681-775.
3. P. J, n° 12.

ville s'était servi, en parlant du duc de Bari, de termes qui lui avaient été au cœur, car, dans ses instructions à Charles Barbiano, Ludovic lui recommandait de voir l'amiral seul à seul et de lui exprimer tout le plaisir et toute la reconnaissance qu'il éprouvait [1]. La haute idée qu'on se faisait à l'étranger de son crédit devait encourager l'amiral à ne rien épargner pour le conserver : aussi est-il de toutes les pérégrinations royales ; à la fin d'août, il arrive à Montils-lez-Tours par Corbeil [2] ; en septembre, il passe à Orléans [3] et rentre le 21 octobre à Montils-lez-Tours pour y demeurer jusqu'à la fin de décembre [4], où il se remet en route pour Paris ; pendant le voyage à Melun, le 24 décembre [5], il reçut les délégués de Rouen qui venaient réclamer au roi une diminution sur l'aide de 15.000 l. imposée à leur ville : il leur exposa qu'ils « avoient poy d'amis en « court, et quant il parloit pour les soustenir, il estoit contralié « de tous les autres de la maison du Roy : en oultre que les « generaux venus, la matiere seroit deliberée et qu'il y feroit « tout son possible ». Quand les généraux des finances furent arrivés le lundi suivant, Graville obtint du conseil du roi que les Rouennais débattraient leur litige directement avec eux ; mais ces derniers maintinrent leurs prétentions, et le roi les approuva. Les délégués s'obstinèrent et suivirent la cour à Paris. Sur ces entrefaites, un des leurs, Robert Alorge, procu-

1. « A monsignore l'armiraglio havemo doppia obligatione ; l'una del amore « dimonstrato dovi e bisognato verso le cose nostre, l'altra che spontaneamente « e per studio di vera bontà habii usato questi termini verso noi, quale el conte « ce ha declarato. Deli quali essendo debitori de ringraciarco ve dasemo carico de « farlo separatamente dali altri, come sapeti ricercare el costume de quella Corte, « et usarli parole de qualità che' l cognosca essere ben collocata l'opera sua et « che da noi ne habii ricevere bona memoria e gratitudine dove la opportunita se « offerisca » (Milan, Archivio di stato. Potenze Estere. Francia.)

2. A. N. JJ 226ᵇ, n° 684. JJ 222, n° 130.

3. A. N. JJ 226ᵇ, n° 315.

4. B. N. Mss. fr. 25717, nᵒˢ 135. *Ordonnances*, XX, p. 350. A. N. X¹ᵃ 8609, f. 205. A. N. JJ 225, n° 34. JJ 223, n° 55. JJ 226ᵇ, n° 296.

5. Beaurepaire, *op. cit.*, p. 6. Archives municipales de Rouen A 9, f. 73ᵇ.

reur syndic des Etats de Normandie, fut arrêté par ordre du parlement de Paris [1] ; Charles VIII le fit délivrer et le maréchal de Gyé « le fist mettre à veoir les esbatures des jeux de la bazoche avecques les dames et damoiselles de la reyne ». Le roi s'en tint à ses bons procédés et, malgré l'active intervention de Graville [2], la demande de dégrèvement apportée par les députés de Rouen fut rejetée.

Ces fréquents recours du conseil de ville de Rouen à l'amiral prouvent qu'en Normandie on avait conservé bon souvenir de son administration ; d'ailleurs, il était un des plus grands seigneurs terriens du pays ; il pouvait donc prêter à ses compatriotes ses bons offices à trois titres : comme amiral, comme ancien gouverneur et comme riche propriétaire foncier dans la province. C'est ce qu'il semble avoir fait continuellement ; les vers rappelés tout à l'heure témoignent de la gratitude que lui en avaient ses compatriotes, et cette gratitude se manifesta plus hautement encore quand, le 3 décembre 1492, le conseil de ville le proclamait « le pere du païs » ; et quand, le 18 décembre 1493, il renouvelait l'expression de sa reconnaissance en déclarant l'amiral « affecté au bien du pays [3] ». Ce double éloge, le plus beau, selon nous, qu'on puisse faire de Graville, a une valeur exceptionnelle : il a été prononcé dans une assemblée qui n'avait plus à le ménager puisqu'il n'était plus gouverneur de la province, qui, du reste, était élective et dont l'indépendance allait parfois jusqu'à critiquer l'administration royale : ce n'est donc pas là une formule creuse, mais la manifestation d'un de cessentiments profonds et vrais, analogue à celui qui a attaché à Louis XII le surnom de Père du peuple.

1. Beaurepaire, *op. cit.*, p ɪɪ, et Archives municipales de Rouen, A 9, f. 74ᵇ.
2. Il resta à Paris en janvier et en février. A. N. JJ 226, nᵒˢ 334-339-241-419-451. *Ordonnances*, XX, p. 373.
3. Beaurepaire, *op. cit.*. p. 6.

Henri VIII était venu assiéger Boulogne, sous couleur de
défendre l'équilibre européen, mais, en réalité, afin d'obtenir
de l'argent du parlement anglais pour agir, et de Charles VIII
pour ne rien faire. Le jeune monarque renouvela à Etaples [1]
(5 novembre 1492) la trève marchande de Pecquigny. Parmi les
garants de la paix, figure l'amiral qui devait la faire observer
sur les côtes et dans les ports de France, sauf en Guyenne où
le prince d'Orange remplira cet office. Au même temps, Maximilien, toujours peu empressé d'entrer en campagne parce
qu'il avait toujours peu d'argent, préféra entamer des pourparlers avec Charles VIII et lui demanda un sauf-conduit pour
lui adresser une ambassade ; c'est ce dont Graville informe
Duplessis-Bourré, de Milly en Gâtinais, le 22 novembre [2]. « Il
« n'y a rien de nouveau par deçà, sinon que le roy des
« Romains a envoyé par deçà demander un sauf-conduit pour
« envoyer de ses ambassadeurs par devers le Roy. »

Graville semble avoir eu la haine et le dédain tenaces à l'endroit des Allemands ; en 1486, il leur refusait le droit de se
mêler des affaires de France ; en 1492, il estimait suffisant de
renvoyer Marguerite d'Autriche à son père, sans céder la
Franche-Comté et l'Artois, deux provinces que les gens
d'outre-Rhin n'avaient pu conquérir. « Les François à grant
« difficulté vouldrent entendre à la reddition et delivrance de
« madite dame (Marguerite) et des pays et villes de son dot,
« nonobstant que par ledit traité de IIII[xx] II ils y fussent tenus,
« et aucunes fois en communiquant avecq les gens du Roy des
« Romains userent de grosses et hauteines parolles, tellement
« que une fois entre les aultres, le sire de Graville, lors admi-
« ral de France, dit assez aigrement à aulcun des gens du roy
« des Romains : Entre bons Bourguignons vous ne cessés

1. *Ordonnances*, XX, 358 et 363.
2. P. J., n° 13.

« jamais de nous estaler et menasser, une fois des Anglois,
« aultrefois des Suisses et aultres nations. Si le roy mon
« maistre vouloit croire mon conseil, il ne vous rendroit jamais
« fille ne fillette, ville ne villette [1]. »

Graville dut assister à la paix de Senlis (5 mai 1493 [2]), et,
dans l'article 41 de ce traité, il fut désigné de la part du roi
de France comme son conservateur pour la mer ; il y était
cependant contraire. Carlo Barbiano écrivait, le 4 avril, de
Senlis, au duc de Milan [3] : «... L'amiral de Graville n'épargne
« aucun effort pour faire obstacle à la paix. Il lui semble, en
« effet, que tant que l'on sera en guerre, il restera en grand
« crédit, car c'est un homme d'une valeur et d'un génie réels,
« et dès qu'il y a quelque chose à faire, il faut bien que l'on ait
« recours à lui. Si, au contraire, la paix se concluait, le prince
« d'Orange, qui en a été le principal négociateur, est l'un des
« grands ennemis de l'amiral, celui-ci souffrirait de voir le prince
« acquérir par là une très grande gloire, tandis que lui-même
« en resterait privé... Il n'y a que le cardinal de Bordeaux,
« Louis Monsieur et le maréchal de Gié qui suivent le parti de
« l'amiral. Tout cela jette le roi dans une grande perplexité. »
Les motifs de l'opposition de l'amiral énumérés par l'orateur
milanais peuvent et doivent être véritables ; mais ce ne sont certainement pas les seuls : Graville devait voir avec peine le roi
abandonner à Maximilien, sans aucune compensation, l'Artois
et la Franche-Comté, ces deux riches provinces qui étaient déjà
presque françaises de cœur. Mais, à cette époque, le roi renon-
çait de plus en plus à la politique de son père et de sa sœur :

1. Chron. mss. de Flandre, Bibl. de Bourgogne, en note dans Pélicier, *op. cit.*,
185-186.

2. Godefroy, p. 650. Il était, en effet, à Senlis le 4 mai (B. N. Mss. fr. 25717,
n° 146), après avoir passé les mois de janvier et de février (A. N. J. J. 226 n°s 334-
339-241-419-451. *Ordonnances*, p. 273) ; et il y était encore le 23 (Godefroy, p. 649).

3. Delaborde. *L'expédition de Charles VIII en Italie*, p. 265.

tout occupé, comme dit Commines, *des fumées et gloires d'Italie*, il ne songeait qu'à la conquête de Naples et était prêt aux plus grands sacrifices pour obtenir du roi des Romains l'engagement de ne pas entraver ses desseins sur l'Italie [1]. Ce fut en vain que la reine et la duchesse de Bourbon et le maréchal d'Esquerdes joignirent leurs efforts à ceux de l'amiral pour l'arrêter. Celui-ci ne s'était peut-être pas déclaré au début catégoriquement contre les projets de Charles VIII, dont l'accomplissement devait lui paraître très reculé ; en effet, le 6 mars 1493, Ludovic le More, qui, en ce moment, ne redoutait rien plus que la venue du roi en Italie et qui lui soulevait toutes sortes d'obstacles, écrivait au comte Barbiano de s'aider de des Querdes, à défaut de l'amiral [2]. Quoi qu'il en soit, son parti était pris à la fin de juin [3], mais, s'il était hostile à l'expédition, il était déjà débordé à cette époque, et les partisans, sinon les promoteurs de *l'entreprise*, comme on disait alors, Etienne de Vesc et Briçonnet, dominaient au conseil. L'ambassadeur florentin, Francisco della Casa, annonçait, le 28 juin 1492, à Pierre de Médicis [4] que, pour les affaires d'Italie, le sénéchal de Beaucaire, Etienne de Vesc, était tout puissant, que lui seul pouvant servir aux

1. Delaborde, *op. cit.*, p. 266.

2. Comiti Carolo Barbiano : « Laudamo che se l'admiraglio non e al proposito vostro ve accieste de monsignor de Cordes, e in questo se remettiamo alla prudenta vostra, essendo voi sul facto et cognoscendo l'humore delle persone. » Vigevano, 6 mars 1493. (Milan, Arch. di stato. Potenze Estere. Francia.)

3. Mézerai (t. II, p. 255) fait prononcer à Graville devant Charles VIII un discours pour le dissuader d'entreprendre l'expédition de Naples. Dans cette harangue, — composée suivant toutes les règles de la rhétorique, fictive évidemment et imaginée de toutes pièces à la façon des harangues des historiens de l'antiquité, — l'auteur a cherché à développer tous les arguments qui militaient contre une chevauchée au delà des Alpes ; c'est dire qu'elle n'a aucun caractère personnel et qu'elle eût pu être mise aussi bien dans la bouche du duc de Bourbon ou de des Querdes que dans celle de l'amiral ; si Mézerai a choisi ce dernier, c'est, croyons-nous, parce que, jusqu'au xvii⁰ siècle, s'était perpétué le souvenir de sa résistance aux volontés de Charles VIII.

4. M. Delaborde, *op. cit.*, a donné de grands détails sur les hésitations de la politique florentine à cette époque.

Florentins, devait être gagné, et qu'il était inutile d'avoir recours à l'amiral, car personne ne disposait des moyens d'Etienne de Vese [1]. L'ambassadeur ajoute qu'il a présenté ses lettres de créance au roi, qui a chargé une commission, composée d'Etienne de Vese, de Briçonnet, de Des Querdes, de Baudricourt et de Commynes, d'écouter ce qu'il avait à exposer. Suivant della Casa [2], ces personnages étaient seuls avec Mme de Bourbon à comprendre les divisions auxquelles l'Italie était en proie et les difficultés que réservait aux Français leur immixtion dans ces discordes. L'opinion de l'envoyé florentin était un peu partiale : représentant un gouvernement notoirement opposé à la médiation de l'étranger dans les affaires de la péninsule, par suite du travers commun à bien des hommes qui consiste à voir sous le jour qu'ils désirent les évènements, il devait grossir l'ignorance des gens qui entouraient le roi et les obstacles possibles à ses desseins. Cependant Ludovic le More, après de longues tergiversations, avait pris, semble-t-il,

1. « Il siniscalco e più a cuore de Re e più familiare, e più s'intromette d'ogni pratica che signore che ci vegga, e, nelle materie di Italia, lui solo ne puo più disporre che tutto il resto de' signori. E come per altra v'bo detto lui e tutto del signor Ludovico, e favorisce e onora forse il principe di Salerno, e, nelle materie di Italia, gli presta fede assai. E del siniscalco solo nascono tutte le lettere e favori che vengono di costà. E, perchè io conosco che ancora a noi puo più giovare e nuocere che qualunque altro signore, io mi sono ingegnato, e ogni giorno più mi sforzo di guadagnarlo, e a questa ora credo non ci sia nimico; ma, per la stretta intelligenza che ha con Milano, non ci puo essere tale amico come già fù ; ma alla giornata vedro, sanza nostro costo, di racquistarlo. E ho esaminato che, nè a l'ammiraglio, nè a altri non ci possiamo voltare nè addirizzare, perchè nessuno altro ci puo tanto giovare, quanto costui solo ci puo e giovare e nuocere. » (Desjardins, *Négociations diplomatiques avec la Toscane*, t. I, p. 227, Paris, 1859, Collection des documents inédits sur l'histoire de France. V. Boislisle. *Notice biographique et historique sur Etienne de Vesc*, Paris, 1884, p. 61-62).

2. « Ma, fuori di quelli cinque signori che udirno la mia credenza, e Madama *de Bourbon*, credo che pochi altri signori abbino intelligenza di questa cosa ; e l'ammiraglio e più altri gran signori se ne fanno beffe ; nondimanco non usano contradire, venendo in onore della Corona ; ma, quando aranno a venire alli effettii conosceranno in viso le difficultà tali, che mai, credo, passino i monti per circa questa materia di Napoli. » Desjardins, *op. cit.*, t. I, p. 231.

des engagements avec Charles VIII [1], qui, sûr de son appui,
dépêchait aux différentes puissances italiennes Perron de
Baschi, avec mission de sonder leurs intentions et de leur
demander leur concours au cas où son maître tenterait la conquête de Naples [2]. Pierre de Médicis, très inquiet, ne répondit
pas à ce messager français, mais en envoya France Gentile
Becchi, évêque d'Arezzo, et Pierre Soderini. Leurs instructions
(20 juillet 1493) assez vagues leur enjoignaient de s'accréditer
auprès d'Etienne de Vesc et de ne pas négliger les ducs de
Bourbon et d'Orléans, ni l'amiral de Graville [3]. Les Florentins
firent un pas de clerc à leur arrivée : au lieu de se concerter
avec les adversaires de l'expédition, ils s'étaient ouverts à ses
partisans les plus chauds ; l'évêque d'Arezzo avouait, dans sa
dépêche du 28 septembre, cette école, que l'amiral et M. de
Miolans leur avaient fait sentir [4], en leur expliquant que, s'ils
n'étaient pas encore reçus du roi, la cause en était à cette bévue :
le lendemain, les envoyés s'en repentaient plus amèrement
encore ; le roi allait courre un cerf, au lieu de leur donner
audience, et l'amiral ne pouvait que s'affliger avec eux de
leur déconvenue [5]. Son opposition était des plus discrètes et

1. Boislisle, *op. cit.*, p. 64, et Delaborde, *op. cit.*, p. 273 et s.
2. Sur cette ambassade Delaborde, *op. cit.*, p. 276-277.
3. « Arete lettera di credenza ancora a *Pierre*, duca *de Bourbon*, al duca *d'Orléans ;*
al signor *de Graville*, ammiraglio di Francia, al siniscalco *de Beaucaire*. A luogo
e tempo visiterete ciascuno di loro ; mostrerete che è grandissima la fede nostra
nelle loro excellentissime signorie. » Desjardins, *op. cit.*, I, p. 324.
4. A questi *d'Orléans*, ammiraglio e *Miolans*, che si tengono insieme, che ci
dicono nel visitarci non ci maravigliamo se non siamo uditi, che siamo entrati
per le mani de' nimici nostri ; rispondiamo che non sapevamo di averci nimici
sanza offesa ; eravamo entrati per la via ordinaria del cancelliere ; mandandoci poi
il Re all'osteria *M. Briçonnet*. » *Ibid.*, I, p. 330.
5. La mattina di San Cosimo, che credevamo anche il dì di essere uditi, questo
Cristianissimo Re andò a caccia, e disse alla Reina : « Se il cervo va verso *Tours*,
« verranno. » Ando e subito tutta la corte segui. Noi rimanemmo pieni di dis-
petto, con animo di non ci muovere se non chiamati, per non ci mettere più d'ell'
onore pubblico. Segui il Casa e il Nori, a' quali ordinammo si condolessino con
Orléans e ammiraglio ». (*Ibid.*, p. 333.) L'évêque d'Arezzo à Pierre de Médicis,
Tours, 29 septembre.

ne l'empêchait pas d'entretenir de fort bons termes avec le sénéchal de Beaucaire. C'est ainsi que, dans le courant d'octobre, l'évêque d'Arezzo put voir, au Plessis [1], Etienne de Vesc se promener en compagnie de l'amiral : on eût dit deux compères [2]. C'est probablement ce passage qui a fait croire [3] à M. de Boislisle que Graville était dès lors rallié aux favoris : il n'en était rien cependant, l'amiral prolongea sa résistance jusque dans le cours de 1474 ; sa modération lui interdisait de rompre avec ses adversaires ; quand on ne voulait plus l'écouter, il n'insistait pas et restait à l'écart ou se retirait dans ses terres. Le 3 novembre, l'évêque d'Arezzo écrivait que l'amiral, qui avait quitté la cour [4] *per non dirigere bracchia contra torrentoni o dire di si contra conscientiam*, venait d'être rappelé. Il n'était pas encore revenu le 9 novembre, où della Casa informait Pierre de Médicis que le roi, avant de rien décider, avait mandé M. et Mme de Bourbon et l'amiral, et qu'il voulait constituer un conseil de vingt-trois ou vingt-quatre membres qui examinerait ses droits sur le royaume de Naples et ce qu'on pouvait faire [5]. Le 17 novembre, l'amiral était à Tours et se rendait le 18 à Amboise où devait se réunir cette commission de vingt-quatre membres [6].

1. L'amiral était au Plessis le 9 octobre (B. N. Ms. fr. 25717, n° 491). Au sortir de Senlis (23 mai Godefroy, p. 649), il était revenu à Paris jusqu'au 6 juillet, (Germain, *Histoire du commerce de Montpellier*, II, p. 418) : le 31, il avait reçu au Bois-Melesherbes le roi qui s'y attarda jusqu'au 7 août. (B. N. Mss. fr. 20648, f. 28. Isambert, *Anciennes lois françaises*, t. II, p. 252), puis par Orléans (A. N. K 75 n°s 2 et 2 bis. B. N. mss. fr. 25717, n° 145), il s'était rendu à Tours où il arriva le 17 septembre (B. N. mss. fr. 25717, n° 149).

2. « *Martedi andammo au Plessis. Visitammo M. d'Orléans ; l'ammiraglio e siniscalco vennono verso noi in una sala, e con tutti tanto graziosamente, ch' el Casa dice : costoro escono dal manico.* » Desjardins, *ibid.*, I, p. 339.

3. *Op. cit.*, p. 72.

4. Cette absence doit être placée entre le 9 octobre, où Graville était à Montils-lez-Tours (B. N. Mss. fr. 25717, n° 140), et le 9 novembre. Desjardins, *op. cit.*, p. 341.

5. Desjardins, *op. cit.*, p. 261.

6. « E. come per l'ultime vi dissi, essendo qui chiamati, e dipoi convenuti

Loin d'être rallié, l'amiral cherchait toujours de nouveaux arguments contre l'expédition, et en trouvait dans les embarras financiers. Ses objections n'étaient un secret pour personne[1]. Enfin, après un mois de discussions, lassés de leurs vains efforts, Graville et Des Querdes quittèrent définitivement la cour, le maréchal pour la Picardie, et Graville pour ses domaines (*casa sua*[2]). Le 24 décembre, il était rentré à Marcoussis[3], d'où il invitait Jean Bourré et le trésorier de Rennes à se transporter à Paris en toute diligence ; il s'étonnait des difficultés qu'ils avaient rencontrées pour contracter un emprunt au nom du roi : « Vous avez eu à besongner à plusieurs per-
« sonnes dont aucunes ainsi que l'en m'a dit ne voulloient
« prendre de raison en payement, et m'esbahis quelles doubtes
« ilz peuent faire en ce qu'il leur en peult appartenir, veu
« les personnages que vous estes entre vous, à qui le Roy
« en a donné la commission, et ne congnois homme en France
« de bon entendement qui feist nulle doubte de ses biens
« propres quand le Roy les auroit mys en telles mains. » Ce refus, ou mieux ce peu d'empressement à avancer de l'argent aux mandataires royaux nous prouve avec quels sentiments d'inquiétude étaient accueillis les aventureux desseins de Charles VIII; les impôts, dont le peuple était accablé, n'étaient

« *Bourbon*, l'amiraglio e più altri, è forza che, se hanno animo a questa cosa, che
« sanza indugiare la mettino in consultazione, e ne faccino deliberazione per
« provvedere alle cose necessarie. Il Rè, *Bourbon*, e tutti i signori andorno ieri
« a *Amboise*, dove per avventura, di corti di, ne faranno deliberazione, e vedremo
« dove le cose battino. » *Ibid., ibid.*, p. 265. Cf. p. 345.

1. « L'amiraglio ancora si vede che di buona voglia non lo approva. Dicono che
« il Rè è in debito delle entrate sue coi generali, e che con difficoltà si puo presto
« provvedere a uno milione d'oro, che domanda *des Cordes* di presente, e a uno
« altro quando saranno in Italia. » *Ibid.*, p. 265. Francesco della Casa à Pierre de
Médicis. Tours, 19 novembre.

2. «... Gli altri personaggi un poco raffredi; che la cosa non si è messa in con-
« siglio; che l'ammiraglio se ritorna a casa sua; che M. *des Cordes* o per fargli
« risolvere, o per fare da dovero, ragiona tornarsi *en Picardie*. » *Ibid.*, p. 354.
L'évêque d'Arezzo à Pierre de Médicis. Tours, 9 novembre.

3. B. N. Mss. fr. 20429, n° 28.

recouvrés qu'avec peine, et les recettes étaient toujours infé-
rieures aux dépenses et aux prévisions. Graville, que nous verrons plus tard appelé au maniement des finances, connaissait
à merveille les charges excessives dont on souffrait déjà ; de
plus, les députés du conseil de ville de Rouen, lorsqu'ils avaient
sollicité de lui une meilleure répartition des aides, avaient dû,
avec leurs doléances, lui communiquer leurs appréhensions :
elles étaient aussi générales que le blâme, et n'échappaient pas
aux étrangers. Francesco della Casa a noté ce mécontentement
qui s'étendait à toutes les classes de la société[1]. En ces circonstances, l'attitude réservée, mais ferme, de Graville n'était pas
pour déplaire à l'esprit équitable et honnête de Charles VIII :
aussi, loin de lui tenir rigueur, le nommait-il, en 1493, chevalier
de Saint-Michel[2].

Au début de l'année 1494, pendant que l'amiral se désolait
au Bois-Malesherbes[3], la situation se compliqua : Ferdinand
de Naples envoya à Charles VIII des ambassadeurs, et lui
offrit les plus grandes concessions, la reconnaissance de la
suzeraineté de la France et un tribut annuel[4]. Ces propositions
jetèrent dans une grande incertitude le roi de France qui
requit des conseils hors de son entourage ordinaire. Il pria
l'amiral de rentrer à la cour, mais della Casa pensait qu'il

---

1. « Della impresa qui se ne parla e giudica molto variamente. I primi signori
del Sangue e la più parte delli altri signori e uomini di Consiglio, i prelati e
signori di finanze, e tutto il popolo la dannono e biasimono come cosa impossibile
e pericolosa. E, possendo sanza incorrere nelle disgrazia del Re, volentieri la
interporrebono. Et alla più parte de' gentiluomini e genti d'arme, che sono dise-
gnati a passare in Italia, pare d'andare a manifesta perdita e destruzione. »
(Desjardins, *op. cit.*, p. 292.)

2. B. N. Mss. Clairambault, 1246, f. 4626ᵇ. Du moins, c'est en cette année que
Graville figure pour la première fois dans la liste des chevaliers de l'ordre.
Notons que, le 8 octobre, il donnait quittance de son traitement d'amiral qui,
pour l'année courante, s'élevait à 10.000 l. t. (B. N. Mss. fr. 26103, n° 948.)

3. Il y était en février (Archives municipales de Rouen, A. 9, f. 108), et y resta
au moins jusqu'au 5 avril (A. N. S. 1004).

4. Boislisle, *op. cit.*, p. 75.

n'obéirait qu'à regret [1]. Il s'excusa en effet, se disant malade [2] :
ce n'était peut-être pas une défaite ; sa santé était chancelante
depuis 1492 et ne devait jamais se rétablir complètement.
Cependant on n'estimait pas le cas fort grave : Barbiano
écrivait, le 28 mars, au duc de Milan que l'amiral et le duc
d'Orléans prendraient part à l'expédition et commanderaient la
flotte [3]. L'envoyé milanais était mal renseigné, ou le roi changea d'avis, ou bien encore la convalescence de Graville ne fut
pas assez complète pour lui permettre de vaquer à l'armement
de la flotte, sur laquelle monta le duc d'Orléans et qui fut vic-
torieuse à Rapallo : toujours est-il que, lorsqu'il fallut assembler des galères, galions et pontons « pour tirer l'artillerie »,
Charles VIII en donna commission [4] au grand écuyer Pierre
d'Urfé, au seigneur de Beaumont, son chambellan, et à Jean de
la Primaudaye, contrôleur général de Bretagne : ils réunirent
les navires à Gênes, tirèrent les provisions de Sardaigne et ne
correspondirent qu'avec le roi et le duc d'Orléans. Malgré ses
répugnances à se mêler aux pratiques relatives à l'Italie, l'amiral rejoignit la cour à Lyon dans les premiers jours de mai [5], et
Francesco della Casa avait envie de le solliciter de bien disposer Charles VIII en faveur des Florentins [6]. A ce moment, on

1. «... Il Rè ha scritto per l'amiraglio che venga qui, e, non ostante si scusi
« di malatia che ha, credo non ci venga volentieri, per non si trovare alle conclu-
« sione e pratiche di questa materia, la quale mai di buono animo non ha appro-
« vato. » (Amboise, 14 janvier 1494. Desjardins, *op. cit.*, p. 268.)

2. *Ibid.*, *ibid.*, p. 270.

3. « Per mare se e rasonato mandare monsignor de Orliens, monsignor de
« Fóis, monsignor lo amiraglio et poi molti gentilhomini de Normandia et Britan-
« nia pratiche del mare. » (Milan. Archivio di stato. Potenze Estere. Francia.)

4. Commynes (édit. Dupont), III, p. 370.

5. Il devait y être avant le 7 mai, puisque della Casa écrit à cette date à Pierre
de Médicis qu'il peut agir sur l'amiral : il y était certainement le 18 (B. N. Mss.
fr. 25717, n° 155). Mais, d'autre part, il était le 28 mai à Commerenches en Bresse,
où Charlot Bastard, sʳ de Salins, passait en montre les 55 hommes d'armes et 166
archers faisant partie des 60 lances que commandait l'amiral (B. N. Clairambault,
238, n° 393).

6. « Io ho qualche amico appresso al governatore *de Bourgogne*, e l'ammira-

put croire que Briçonnet, ébranlé par les représentations de l'amiral et les difficultés toujours croissantes de la situation financière, allait se détacher de ses anciens amis, et reculer devant les responsabilités de l'entreprise. C'est ce que Commynes donne à entendre : « Toutesfois, le cueur faillit audict « general, voyant que tout homme saige et raisonnable blas- « moit l'allée de par delà par plusieurs raisons, et estre là au « mois d'aoust sans argent, tentes et aultres choses necessaires, « et demoura la foy audict seneschal seul dont j'ay parlé et « feit le roy mauvais visaige audict general trois ou quatre « jours [1]. » Le revirement de l'évêque de Saint-Malo devait se passer aux environs du 21 mai ; à cette date, en effet, Galéaz de San Severino, arrivé depuis le 17 avril à la cour [2], écrivait au duc de Bari qu'il avait engagé le roi à se servir de l'amiral et des autres seigneurs contraires à l'expédition, convaincu que, si on les employait, leur résistance tomberait [3]. Le roi dut suivre ce conseil, et alors s'opéra, entre Briçonnet et l'amiral, le rapprochement dont parle Commynes. La portée de ce changement de front semble avoir échappé à della Casa. Il signale (21 mai) [4]

---

glio, che volentieri s'interporrebbe e opererebbe, per loro mezzo, che secretamente il Re cominciassi ad usare con voi qualche dolce termine, o di scrivervi di sua mano, o di mandarvi un suo secreto per avere da voi qualche buona promessione ; ma, non sappiendo se sia a proposito, non tiro questa pratica ad effetto. » (Desjardins, p. 297. Lyon, 7 mai 1494.)

1. II, 330.

2. Boislisle, *op. cit.*, p. 31.

3. « Non li tacendo (al Re) che se bene sua Maesta haveva deputato lo Amira- « glio et quelli altri signori, quali per altre mie ho dato notitia ala excellentia « vostra, ad intervenire ale expeditione, epsi, non essendo de dispositione sua « inclinati a questa materia, anchora siano inimici che monsignore de San Malolo « lassano pero fare como li pare. » (Milan. Archivio di stato. Potenze Estere. Francia.)

4. « E mi pare vedere che per ora sieno resoluti, per consiglio e parere dell' ammiraglio, del marescalco *de Bourgo,gne* e del marescalco *de Gié*, di non ci molestar più, nè oppressarci nè in parole nè in fatti, come hanno fatto fino a qui ; ma lasciarci scorrere qualche tempo in questa ambigua neutralità, e non ci dare cagione che del tutto ci dichiariamo contro di loro .... L'ammiraglio e el marescalco de Gie sono nuovamente entrati ne' consigli e pratiche e deliberazione di

à Pierre de Médicis l'entrée de Graville et de Gyé dans les
conseils de l'expédition d'Italie, mais il croit qu'ils le font
uniquement pour y mettre plus d'obstacles. Il est évident que
la perspicacité de l'envoyé florentin a été trompée par son
antipathie pour Ludovic, mais la volte-face de l'amiral était
accomplie le 31 mai. Ce jour-là, Galéaz de San Severino trans-
mettait au duc de Bari les protestations de dévouement de
Graville [1] et, le lendemain, della Casa reconnaissait lui-même
que, si quelques personnages se défiaient aussi de Ludovic le
More, tous étaient d'accord pour s'incliner devant les désirs
du roi, c'est-à-dire à poursuivre l'exécution de sa campagne [2].
Cette conversion de Graville a lieu de surprendre. En la faisant,
obéissait-il à un vulgaire désir du pouvoir, ou bien cédait-il à
une plus noble et plus haute ambition, et espérait-il, en repre-
nant la direction des affaires, exercer sur elles une influence
salutaire? Ces deux sentiments devaient dicter sa conduite ;
mais le moins honorable des deux devait être le sentiment

queste cose et essendo personnagi savi experimentati e di autorita si crede faranno
uno dei due effetti : che, trovando punto di buon fondamento e ragione in questa
impresa, ne aiuteranno e serviranno il Re con grandissima efficacia e consiglio ;
o, quando trovino le cose tanto mal disposte che non se ne speri onore, cerche-
ranno modo a rimostrarlo al Re, e ritirarlo con manco vergogna che sia possibile. Che senza dubio la ostinazione del Re è tale, che non ci è si savio principe che
non tema dissuaderlo perchè subita incorre nella indignazione di Sua Maestà. »
(Desjardins, *op. cit.*, p. 300 et 303.)

1. « L'armiraglio se da qui indreto se è demonstrato pocho disposto in la
« impresa, adesso demonstra de volere andare benissimo, et ha promisso volere
« fare per la excellentia vostra per modo ch'ella conoscerà che li è perfecto amico,
« et mi per questo li facemo careze, cum tal modo pero che li altri non habiano
« causa de sdegnarse et lui resta satisfacto. » (Milan. Archivio di stato. Potenze
Estere. Francia.)

2. « Essendo suti ammessi di nuovo nelle pratiche l'ammiraglio e il marescalco
« *de Gié*, *Saint-Malo* viene a non essere si vano e solo governatore come era
« prima. Et credo che fra il signor Lodovico e costoro sieno molti sospetti e insa-
« tisfazioni reciproche, le quali non operono molto, perchè una volta tutti e due
« le parti si accordono al capo principale di seguitare la impresa, la quale conti-
« nuamente si seguita con quella efficacia che a costoro sia possibile ; e, se aves-
« sino più danaro e più espedienti, crediate che a nulla perdonerebbono. »
(Desjardins. *Op. cit.*, p. 308.)

dominant. Comment, dans le cas contraire, expliquer, à moins d'une versatilité indigne d'un homme de son âge, cet empressement à approuver, du moment que le soin principal lui en est confié, une expédition qu'il condamnait quand ses adversaires ne l'admettaient pas dans leurs conciliabules? Remarquons que ce qui facilita le plus le retour de Graville au gouvernement, ce furent les préoccupations d'argent : on connaissait la capacité de l'amiral en ces matières, et il était tout naturel qu'on eût recours à lui, en présence de l'insuffisance de Briçonnet. Les inquiétudes du roi étaient partagées par ses alliés, entre autres par Ludovic le More; son ambassadeur Galéaz de san Severino avait fait part de ses craintes sur ce point à Charles VIII, à l'amiral et à d'autres conseillers, qui s'étaient efforcés de le rassurer [1]. Cependant l'amiral avait fort à lutter et, dans ses moments de découragement, il avouait à della Casa être mécontent de la marche des choses [2].

Le 20 août, Graville était à Vienne, où il fut nommé gouverneur de Normandie, pour suppléer le duc d'Orléans qui prenait part à l'expédition, et de Picardie, pour remplacer Des Querdes qui venait de mourir [3]. L'amiral put se croire aux premiers temps de la régence d'Anne de Beaujeu : le duc de Bourbon

1. « La precipua cura habia hauta da puoi sono di quà appresso ad intendere « al fondo l'animo del Christianissimo Re in la impresa napolitana è stata de « intendere se la Maselà sua haveva denari, remonstrandoli che quando questo « manchasse ogni cosa ruinaria : et avendo molte volte parlato de questo a « Monsignore de San Malo et ali altri che manegiano le cose dele intrate, conti- « nuamente me hano resposto che non me pigliasse affanno, che non mancha- « riano denari, como hano anchora facto alo Admiraglio et a molti signori di « questa Corte, quali li interrogavano de questo medesimo. » (Milan. Archivio de stato. Potenze Estere. Francia.)

2. « Ma da altra banda io ho parlato e giustificatovi lungamente con M. e « Madama *de Bourbon*, con lo ammiraglio, con il mariscalco *de Gié*, con il gover- « natore de *Bourgogne*, con M. *de Rouen*, e con molti altri principali della corte; « e in effetto a tutti dispiace i modi di costoro che governono, e ne sono malissimo « contenti. » (Desjardins, *op. cit.*, p. 315. Lyon, 22 mai 1494.)

3. Gonon, *Séjour de Charles VIII à Lyon*, Lyon, 1841, p. 14.

devenait le régent du royaume ; Baudricourt, autre serviteur de
Louis XI, retournait en Bourgogne ; la Champagne était donnée
à d'Orval ; la Bretagne, au vicomte de Rohan et au sire d'Avaugour [1]. Ainsi les nouveaux favoris de Charles VIII, qui avaient
conseillé l'expédition d'Italie, étaient du voyage, mais les
anciens ministres d'Anne de Beaujeu, qui s'y étaient opposés,
restaient pour garder le royaume et continuer, autant que possible, la politique qui avait si bien réussi de 1484 à 1491.

L'amiral ne suivit pas le roi et Anne de Bretagne jusqu'à
Grenoble « où ils feirent triomphante entrée », mais il leur fit
ses adieux à Lyon [2]. Ainsi, contrairement à ce qu'a avancé le
P. Anselme [3], il n'entra pas en Italie : il s'empressa, au contraire, de remonter vers la Picardie, menacée par la neutralité
ambiguë de Maximilien [4].

L'amiral n'avait pas attendu sa nouvelle nomination de gouverneur en Normandie pour s'occuper des Rouennais : les
délégués du conseil de ville l'avaient visité en février 1494 au
Bois-Malesherbes et lui avaient exposé les doléances de leurs
compatriotes, à propos de la mauvaise répartition de la taille :
l'amiral les avait bien reçus et leur avait, semble-t-il, fait
rendre justice. Il avait refusé le cadeau que les Normands
reconnaissants voulaient lui offrir, tandis que M. des Roches
« a pris demye douzaine de tasses [5] ».

En cette même année 1494, Graville fit la plus intelligente

1. B. N. Ms. fr. 13760.
2. « Quant je partiz derrenierement d'avecques le Roy de Lyon, » écrivait-il le
15 février au parlement de Paris (Arch. nat., X1ᵃ 9321, fol. 104).
3. VII, p. 866.
4. C'est probablement vers cette époque qu'il faut placer les montres analysées
au catalogue des archives de M. le baron Joursanvault (Paris 1838, in-8°), p. 272,
n° 1471, sous ce titre « Montres reçues à Peronne : la première est celle des
« hommes d'armes qui sont sous la charge et conduite de M. Loys de Graville,
« amiral de France, personne y comprise ». Année 1494.
5. Archives municipales de Rouen. Délibérations A 9, f. 108 (délibération du
26 février) 1493/4.

des aumônes [1] ; il aida le docteur brabançon Jean Standonck à restaurer les études du collège de Montaigu, qui devint bientôt le rival de Sainte-Barbe [2]. Il proposa au chapitre de N. D. de bâtir à la place d'une masure, propriété du collège [3], une chapelle à l'étage supérieur de laquelle seraient logés deux chapelains et douze pauvres écoliers. Cette communauté d'enfants pauvres était soumise à une observance copiée sur les règles monastiques les plus sévères, mais ils participaient aux cours professés pour les boursiers et les portionnistes, qui, par opposition à eux, étaient appelés les *riches* : ces douze écoliers furent les premières *capettes*, plus tard si célèbres dans les luttes universitaires et théologiques. Le chapitre de N. D. approuva la fondation le 16 avril 1494 [4] ; le 7 juillet 1495, l'évêque de Paris permettait que la chapelle eût cloche et clocher et qu'on y célébrât l'office divin [5] ; le 30 janvier 1502, le chapitre de N. D. approuvait la modification des statuts faite au nom de l'amiral, mais en réalité conçue par Standonck [6]. Le docteur, en effet, pour assurer le progrès des études, avait emprunté au collège Sainte-Barbe presque tout son règlement ; en sacrifiant sa fortune, en puisant dans la bourse de Graville,

1. C'est aussi en 1494 qu'il fonda à Malesherbes le couvent de Notre-Dame de Pitié desservi par les Cordeliers. Nous reviendrons sur cette fondation au chapitre consacré aux seigneuries de Graville.

Notons que, le 22 mai, il recevait de Jean Legendre 180 l. t pour ses gages de capitaine de 60 lances fournies pendant le 1er semestre de cette année (B. N. mss. fr. 26104). Il était toujours capitaine de Honfleur, comme nous le prouve une montre passée le 19 juin 1494 (B. N. Mss. fr. 25782, n° 131).

Le 22 décembre, il lui était assigné à compter sur ses gages d'amiral 813 l. 13 s. 8 d. t. sur le grènetier d'Evreux (B. N. Pièces originales du Cabinet des titres, Malet, n° 68) ; et 433 l. 5 s. sur le grenier à sel de Honfleur (*ibid.*, *ibid.*, n° 67), et 333 sur celui de Pont-de-Larche (*ibid.*, *ibid.*, n° 66).

2. Cf. Quicherat, *Hist. de Sainte-Barbe*, Paris, 1860, I. 140 à 142.

3. Félibien, *Hist. de Paris*, I, 528-529.

4. Jourdain, *Index chronologicus chartarum pertensistium ad historiam. Univer-sitatis parisiensis*, Paris, 1862, p. 309. d'après Félibien, *op. cit.* V. p. 712.

5. Félibien, *op. cit.*, p. 715.

6. Jourdain, p. 307.

il assura l'entretien de quatre-vingt-douze élèves : avec les
ressources de la charité publique, il put bientôt en nourrir
deux cents. Aussi, dès 1500, le collège de Montaigu était-il le
plus renommé de Paris et les étrangers étaient-ils attirés par
les conférences de ses professeurs.

L'amiral, comme nous l'avons vu, avait gagné en droite
ligne son gouvernement de Picardie. Dès le 15 février [1],
d'Amiens, il rappelait au président et aux conseillers du parlement de Paris que le roi en le quittant l'avait chargé de
soigner les intérêts de ses chambellans qui l'accompagnaient
en Italie : « pour ce que Monsr de la Trimouille qui est ainsi
« prochain du Roy comme vous savez et l'a bien servy comme
« chascun sçait, a ung procès qui a longuement deuré et où il
« a mis largement du bien, devant vous, mess^{rs}, lequel est
« prest à juger ainsi comme il m'a fait savoir. » Graville presse
les conseillers d'appointer la cause au plus tôt. Ainsi donc,
l'amiral était en bons termes avec la Trémoille, et le conflit
occasionné en 1488, par le butin fait à Saint-Malo, n'avait pas
dégénéré en rupture définitive, comme le semble dire M. de
la Borderie ; en effet, Graville termine sa lettre par ces mots :
« pour ce que en toutes choses, je lui vouldroye faire plaisir
« et courtoisie en tout ce qu'il me seroit possible comme son
« parent et amy. »

Sans doute, le parlement expédia au plus vite le procès de
la Trémoille et, en échange de ce service rendu, le premier
président adressa des réclamations, au gouverneur de Picardie,
sur les mauvais traitements infligés au conseiller Tristan
Desfontaines et à son clerc Noël de Thiville, lorsqu'ils se rendirent à Formerie, dans le bailliage d'Amiens, et à Wargnies
près Breteuil, pour faire exécuter un arrêt au profit d'Antoi-
nette d'Estouteville, contre Charles de Sainte-Maure, comte de

---

1. Arch. nat., X^{1a} 9321, f. 104.

Nesle ; il en accusait les serviteurs du sire du Quesnoy [1]. Dans
une seconde lettre [2] rédigée au nom du parlement tout entier,
adressée non plus seulement à l'amiral, mais encore au bailli
d'Amiens, aux gouverneurs de Péronne, Roye et Montdidier,
les faits sont mieux précisés ; le conseiller Des Fontaines, entre
Breteuil et Saint-Just, près Wargnies, a été arrêté par trois
cavaliers sortant de l'hôtellerie de l'Ange à Breteuil-sur-Noye
(Oise) ; dépouillé de son argent et de ses bijoux, il fut, ainsi
que son serviteur, attaché à un arbre : « nous donnons mer-
« veilles que ne nous avez advertiz d'aucune diligence que en
« aviez faite. » Enfin, par une troisième missive, le parlement
invita le bailli d'Amiens à informer contre les gens du seigneur
du Quesnoy [3].

Bien que sa santé fût très précaire [4], Graville s'occupa très
activement à sauvegarder les provinces dont il avait la garde
contre les agissements de Maximilien et des Allemands, à
l'égard desquels son antipathie était aussi vive qu'en 1486. Il
observait sans relâche les mouvements de l'empereur dans les
Flandres, et même se faisait tenir au courant de ce qui se
passait en Allemagne et il communiquait ses nouvelles au roi :
dès le 28 février, il lui écrivait d'Amiens que le roi des
Romains faisait des « assemblées des gens de guerre », mais
qu'on ne savait « encore au vray de son intention ».
Charles VIII s'étonnait de cette réunion de soldats « vu les
bonnes parolles qu'il m'a fait porter par ses ambassadeurs qui
sont icy avec moy ». Toutefois, il remerciait Graville de ses
renseignements, lui témoignait la confiance que, lui à la fron-

1. A. N. X^{1a} 9323, fol. 131.
2. *Ibid., ibid.*
3. *Ibid., ibid.*
4. Le 3 avril, d'Ancenis, il écrivait à Boisy (B. N. mss. fr. 26468, f. 4) qu'il
espérait, grâce au médecin Jean Millet, « estre debout au commencement de cet
esté. »

tière, ses intérêts ne souffriraient pas, et l'autorisait à s'adresser pour les *choses nécessaires* au général des finances Gaillard [1].

Les craintes de l'amiral devaient durer jusqu'au retour du roi : il était en effet à redouter que Maximilien n'aidât Perkins Warbeck à débarquer en Angleterre, ou qu'après avoir adhéré à la sainte Ligue, il n'envahît la France par la Picardie. Le 3 avril, Graville faisait partager à Boisy ses anxiétés [2] : « Le « roy des Rommains a esté à Coullongne XV jours, et en « partist le XVIIe jour de mars, et est de cette heure icy à « Uelme ou il tient ses estatz, ainsi que l'en dit avecques ses « princes d'Allemaigne. Dieu veuille qu'il ne face pas ce que la « commune renommée de sa maison dit. Plantagenet fait son « armée pour passer en Angleterre. » Graville continuait sa lettre en informant son correspondant de la mission de du Bouchage auprès du roi des Romains, mission dont l'objet n'est pas connu et dont le sagace biographe de du Bouchage a dû dire qu'il fallait sur ce point s'en tenir à des hypothèses [3]. « Dieu veuille pareillement qu'ilz ne facent pas ce qu'ilz « dient. Monsr du Boschaige est passé et s'en va aprez le roy « des Romains en Allemaigne : je vous asseure qu'il me semble « que la commission lui est trés dangereuse. Il est de ceste « heure icy bien prés de Coullongne, car il y a huit jours qu'il « est parti... »

On sait que Maximilien ne se hâta pas de manifester son adhésion à la ligue ; mais elle n'était mise en doute par personne : Graville, en voyant ses prévisions se réaliser au delà

---

1. La Pilorgerie, *Campagnes et bulletins de la grande armée d'Italie*, Nantes-Paris, 1866, p. 234-235. Lettre de Charles VIII à l'amiral (Saint-Germain) San Germano (13 février 1495).

2. B. N. mss. fr. 26648, f. 4.

3. Mandrot, *op. cit.*, p. 19. Du Bouchage devait, croyons-nous, être chargé d'empêcher Maximilien d'adhérer à la sainte Ligue que Charles VIII devait soupçonner ; Commynes dès le mois de novembre s'en doutait (Delaborde, *op. cit.*, p. 528).

de ce qu'il craignait, et apprenant que le roi des Romains
faisait de grands rassemblements de troupes sur les frontières
de Bourgogne, avait fait publier que toutes les compagnies
d'ordonnance eussent à se transporter sur les frontières mena-
cées : à cette nouvelle, Maximilien, qui se trouvait à Worms,
avait hâté ses armements, et pouvait à la fin de juin, disait-il à
l'orateur vénitien, mettre en ligne contre lui de 25 à 30.000
hommes. L'amiral, au contraire, se trouvait dépourvu : les
hommes d'armes n'avaient pas répondu à son appel, et Jean
Bontemps, trésorier de Bourgogne, qui arrivait de sa province
à Worms, racontait à l'orateur vénitien qui l'interrogeait que
seulement 30 cavaliers et 50 francs archers s'étaient rendus à
une convocation faite par les capitaines français [1].

Cependant ce n'était pas au nord et à l'est que le danger
était le plus imminent ; il fallait marcher au secours du roi,
qui pouvait être enfermé en Italie, et envoyer le plus de renforts qu'on pourrait au duc d'Orléans qui, à Asti, restait à
grand'peine maître des communications entre l'Italie et la
France. Graville, quoique souffrant, était tout de suite
descendu vers le Dauphiné et les Alpes. Le 28 juin, il était à
Bourg en Bresse [2] et adressait à du Bouchage une longue et

1. Se trovava li presente D. Joan Bontemps thesorier de Borgogna del qual
scrivemo in le alligate, al qual secrete dicessemo : M^re thesaurarie vuy che
venite novamente de li havete pur dicto che quelle parte del re de Franza verso
Borgogna sono destitute de presidio e che la M^ta de questo re haveria facile
imprexa in questo paese : Risposce. Le vero che ali confini non e defension,
advisandomi che poco avanti el mio partir fo facta una proclama che le zente
d'arme se retrovavemo dovessene unirse ali confini e non furono trovati salvo
cavalli trenta e cinquanta franchi arcieri. Queste altre zente che ha intexo la
M. R. erano sotto el governo de mons. de Graville amira de Franza et altri signori
francesci.

Ex Vormatia die XXI junii 1495.

Lettre de S. Contarini et de B. Trevisano, ambassadeurs auprès du roi des
Romains, à la seigneurie.

Bibliothèque de Saint-Marc, mss. ital., cl. 7, DCCXCIX, f. 23.

2. P. JJ, n° 14.

affectueuse lettre où il revenait sur les dangers que ce dernier avait courus dans sa mission d'Allemagne : il espérait pouvoir assez rapidement rentrer en Picardie, et demandait à son correspondant de lui dépêcher alors son médecin Jean Millet dont il avait grand besoin. En effet, Graville était malade au point qu'il ne put dépasser Bourg, et dut rétrograder à Moulins. « Il fit tant par ses journées » qu'il y était le 3 juillet : en même temps qu'il y entrait on recevait « la poste du Roy qui « a apporté lettres dudit s^r à Monsr de Bourbon. Il m'a aussi « escript, et estoit pour lors qui fust le XXXIIIe jour de Juing « à Pize, où il faisoit trés bonne chiere, la mercy-Dieu et pre- « noit son chemin pour s'en venir en Ast, là ou j'ay esperance « qu'il sera bientost, et qu'il passera par tous les passages « quelque bruyt qu'il ait esté que de ce faire aucuns ses enne- « mys le vouloient empescher [1]. »

A Moulins, on était moins rassuré que Charles VIII : le duc d'Orléans qui avait pris Novare le 9 juin, y était maintenant bloqué ; et on attendait avec une profonde angoisse ce qui allait sortir du choc inévitable de l'armée des confédérés avec celle du roi à la descente des Apennins. La nouvelle de la victoire de Fornoue (6 juillet) parvint à Moulins le 13 juillet indirecte- ment, et Graville en informait aussitôt du Bouchage [2] ; mais

---

1. P. J, n° 15.

2. Leroux de Lincy, *op. cit*, p. 153. L'historien anonyme de Charles VIII (B. N. mss. fr. 13760) analyse ainsi cette lettre :

« On trouve les principaux détails de la bataille de Fornoue dans une lettre « écrite de Moulins par l'amiral de Graville au S. du Bouchage (B. N. Mss. fr. 2922). « Cette lettre est du 13 juillet, et la nouvelle de la victoire n'étoit pas encore « parvenue au duc de Bourbon, de la part du Roy ; on ne la sçavoit que par ce « qu'en avoit mandé le duc d'Orléans qui ne la tenoit lui mesme que d'une lettre « particulière. La différence de ce premier avis à sa confirmation ne consiste que « de la perte de part et d'autre. Celle des ennemis est de 300 h. d'armes et de « 1000 h. de pied. Celle des François de 50 ou 60 gentils hommes de la maison du « Roy ou archers de son corps, y compris le bastard de Bourbon prisonnier. « L'amiral, en écrivant cette lettre, était encore bien en peine de la personne du « roy et du duc d'Orléans renfermé dans Novare. »

toutes ses appréhensions n'étaient pas dissipées. « Au regard
« de ce que vous me pryez par vostre lettre que je vous face
« savoir des nouvelles du roi : je les vous escriproye voullen-
« tiers bonnes, s'il m'estoit possible ; toutesfoiz je suis tousjours
« en mes premieres doubtes et n'en seray jamais asseur que je
« ne le voye de retour en son royaulme. Dieu par sa grace le
« veulle bientost ramener [1]. »

Les inquiétudes de Graville gagnèrent Pierre de Beaujeu qui,
le 13 juillet [2], mandait aux généraux des finances de compter
80 l. t. à Charles Bastard, maître d'hôtel du roi, pour avoir
passé en revue les troupes de Louis de Graville, des sires de
Brézé, d'Albret, de la Forest, de Philippe de Moulin, de Louis
de Luxembourg, comte de Ligny, « que nous avons fait venir
« des pays de Picardie, Arthois où ilz tenoient garnison pour
« aller en Ast devers nostre frere, le duc d'Orleans avec autres
« pour le recueil et seureté de la personne de mon dit sei-
« gneur le roy, à son retour de sa conqueste de son royaume de
« Naples [3]. » En effet, le 20 août, « la compagnia di mons[r]
l'amiraio di Franza » était à Verceil [4]. Mais nous ne saurions
déterminer si son capitaine la commandait en personne.

Nous ne croyons pas que Graville, après le retour du roi, soit
demeuré longtemps à Lyon, — si même il y alla, — il dut regagner précipitamment le Nord où, de concert avec le duc de
Bourbon, il cherchait à entraver les projets de Maximilien, en
se rapprochant de Henri VII, que la vieille duchesse douairière de Bourgogne avait gravement offensé lorsqu'elle reconnut
Perkins Warbeck comme duc d'York et lui fournit des subsides
pour passer en Angleterre. C'est ce que les orateurs vénitiens

1. Mandrot, *op. cit.*, p. 198.
2. A. N. K. 76, n° 4.
3. V. la liste de ces renforts dans Marino Sanuto : *La spedizione de Carlo VIII
in Italia*, publiée par R. Fulin, Venise, 1883. p. 558.
4. *Ibid.*, p. 558.

mandaient de Worms à leur gouvernement les 5 septembre et
10 décembre. Le 26 septembre [1], Graville était dans son château de Marcoussis d'où il écrivait à la Chambre des comptes
de Paris [2] :

« Messrs. Je me recommande à vous tant que je puis. J'ay
« esté adverty qu'il y a ung gendarme qui a demandé au Roy
« le dommaine de Vandreul avecques le guect de la place qui
« y estoit avant qu'elle fust desmollie ; toutesfoys il y a cent ans
« que ledit guect est remis au Pont de Larche : à ceste cause,
« je vous prye que s'il vous venoit presenter ses lettres, pour
« evicter aux questions qui en pourroient advenir que vous y
« proceder ainsi que je scay bien que vous le scaurez bien
« faire. Je vous escrips ceste lettre affin de le vous ramentevoir
« seullement.

« Pareillement l'en m'a dit qu'il y en a ung autre qui a
« demandé la s[rie] de Lery, ou j'ay fait faire une garenne à con-
« gnilz et à liepvres et de mon argent et à mes deniers, dont

1. Rawdon-Brown, *Calendar of state papers Venetian* I, n°s 660 et 665.

« L'orator neapolitano ha lecto à la M. R. in nostra presentia uno capitulo de
lettere recepute da unaltro orator pure neapolitano se attrova apresso quella
M[ta] per laqual li significa come el duca de Yorch se attrova in Hirlanda cum
poche zente et che quel re havea facto grande preparamenti per mandarlo a
Novare per modo che speravano fra pochi giorni haverlo ne le manc : preterea
che erano gionti a la M[ta] de quel re piu messi del duca de Borbon et monsieur de
Graville amira de Franza per tenire ben edificata quella M[ta] cum el re de Franza,
cum significarli della rota havea havuto chesto re in Italia et della inimicitia che
lha cum questo re per haver mandato de dir a la duchessa de Savoia che non
favorisca le cosse del re de Franza non obstante che quella habi facto el contrario
et che della M[ta] de questo re non farmo alcuna existimatione : lequal cosse udi
la M[ta] sua senza far altra responsione... » Worms, 5 septembre.

« L'orator neapolitano ha havuto lettere da uno oratore del suo re residente
apresso la M[ta] de Angleterra che li significa dicta M[ta] haver havuto molesto che
ad uno medesimo tempo se habi tractato de meterla in liga contra el re de
Franza et practicato et concluso pace cum dicto re et che de quanto esta tractato
in esta materia confœderationis : mons. de Graville amira de Franza da Alemani
esta advisato del tuto laqual similiter li estata molestissima. » Worms,
10 décembre. (Bibliothèque de Saint-Marc, mss. italiens, cl. 7 (DCCXCIX), f. 3
et 13.)

2. B. N. mss. fr. 10238, f. 131.

« je n'amande jamais de deux blairs ny ne vouldroye. C'est
« aussi du dommaine du Roy, et pour ce, je le vous remectz
« pareillement en ramentenance, mais je croy bien que de tous
« ceulx qui vous poursuivront de telles matieres les fils en
« auront autant que les filles.

« Messrs, je ne vous escrips plus pour ceste heure synon que
« s'il estoit quelque chose en quoy je vous puisse faire plaisir,
« en me le faisant scavoir, soiez sceurs que je le feroy de bon
« cueur. Icy endroit je vous dy à Dieu a qui je prye qu'il vous
« doint tout ce que plus desirez. Escript à Marcoussis le
« XXVIme jour de septembre.

« Le tout vostre
« Loys de Graville.

(Apporté ledit XXVIe septembre mil CCCC IIII[xx] et quinze.)

(Au dos :) Messrs les gens des comptes du Roy à Paris.

En 1496, la situation de l'amiral était la même qu'en 1493 :
Briçonnet, promu cardinal lors de son passage à Rome et toujours tout puissant en l'esprit du roi, était partisan d'une nouvelle expédition au delà des monts : il ne s'agissait plus de conquérir le Milanais ou le royaume de Naples, mais de sauver les
garnisons françaises de Pise, Gaète, etc. Le duc de Bourbon ne
se montrait pas hostile à cette entreprise ; mais le roi, qui allait
de « Lyon à Moulins et de Moulins à Tours, partout faisoit des
« tournoys et des jouxtes, ne pensoit à aultre chose [1] ». Il préférait les conversations amoureuses des dames de la cour aux
insinuations du cardinal et du sénéchal qui voyaient « leur
« prouffit et auctorité en la continuant, et passoit tout par
« eulx ; d'autre costé estoit l'admiral, qui avoit eu toute l'auc-
« torité avec le jeune Roy avant ce voyage. Cestuy là vouloit
« que ces entreprinses demourassent de tous poinctz ; et y

1. Commynes, II, 567.

« veoit son prouffit, et se attourner à sa première auctorité, et
« les aultres la perdre ».

Ce n'est pas que l'amiral songeât à abandonner au fond de la
péninsule Montpensier, d'Aubigny, d'Entragues et leurs
braves compagnons d'armes, mais il espérait que, par une série
de traités avec les barons du vieux parti angevin à Naples, et
avec les Florentins, on pourrait rapatrier les troupes françaises
sans recourir à une intervention armée. C'est ce dont étaient
avertis les Dix de Liberté, par Capponi, Soverini et Guasconi,
ambassadeurs de la République de Florence auprès du roi [1].

Afin de battre en brèche l'influence de Briçonnet, que l'arrivée récente [2] d'Etienne de Vesc venait encore renforcer, il se
forma contre lui une cabale dont l'amiral était l'âme et dont le
duc et la duchesse de Bourbon et le maréchal de Gyé étaient
les principaux adhérents. A s'en rapporter aux agents milanais [3], pour renverser le cardinal, ses adversaires auraient été
jusqu'à faire cause commune avec Ludovic le More, bien déci-
dés, s'ils réussissaient, à laisser l'Italie en repos; tiraillé d'un
côté par les partisans de la paix, et de l'autre par les partisans
de la guerre à outrance, Charles VIII ne savait à quel parti

1. « Alla corte adesso si trova il cardinale Cenomanense e lo ammiraglio, e M. *de
la Trémouille*, e mariscalco *de Gié*; e era qualcuno che aveva opinione che i favori
si avessino a voltare, ma sino qui non se ne vede alcuno segno. Abbiamo visitati
detti signori, e li trovamo bene disposti verso Vostre Signorie, massime lo
ammiraglio, il quale è di grande reputazione, e il Re mostra di stimarlo assai ; e
a noi pare che sia uomo che lo meriti, e si è maravigliato e doluto delli inganni
vi sono suti fatti : e pargli stata la vostra una grande pazienza, e molto maggiore
la perseveranza nelle buone opere. Confortaci assai, e cosi *Saint-Malo*, fino a dire
che ancora fra Jeronimo (Savonarola) sarà reputato vero profeta; e, se questi
due signori seguiteranno allo intendere e governare le cose d'Italia e vostre, a
noi ci pare che Vostre Signorie possino sperarne bene, perchè, oltre a quella
cognizione che le Vostre Signorie hanno del cardinale, lo ammiraglio è uomo che
vale assai, e mostra avere cervello ordinato e saldo, e ha grandissimo seguito da
questi signori della corte. » (Amboise, 22 février 1496.)

Desjardins, *op. cit.*, I, p. 656. — V. aussi P. J., n°ˢ 16 et 17.

2. Boilisle, *op. cit.*, p. 157.

3. Voir des extraits de leurs dépêches (20 et 25 mars) aux P. J., n°ˢ 16 et 17.

s'arrêter, et, dans son incertitude, prenait des demi-mesures qui
ne servaient à rien, faisait mollement rassembler à Asti [1]
800 hommes d'armes et 6.000 hommes de pied, demandait à
Bourbon et à l'amiral de lui avancer de leurs deniers pour les
équiper [2] et faisait tenter à trois ou quatre reprises d'approvisionner Naples et Gaete ; mais ces quatre voyages faits sans
entrain et sans préparatifs sérieux « cousterent plus de trois
cent mil francs et furent voyaiges perduz » [3]. Au mois de juillet, le roi parut s'être résolu à secourir efficacement les capitaines français demeurés dans le Napolitain : le 9 juillet, il
informait, en effet, M. de Rothelin [4], gouverneur de Provence,
qu'il voulait envoyer à Naples un corps de quatre à cinq mille
hommes, et que l'amiral et le maréchal de Gyé avaient reçu des
instructions pour armer la Louise et six barques qui les mèneraient de Bretagne à Marseille. Ces ordres étaient complétés le
23 juillet, où le roi commandait à l'amiral et au maréchal de
Gyé de lever dans le diocèse de Saint-Malo 300 marins et de
les expédier à Brest où les barques devaient appareiller [5].
Mais il était trop tard ; le 20 juillet, Montpensier avait capitulé
dans Atella : à cette nouvelle [6], Briçonnet suspendit les
armements ; le duc d'Orléans refusa de se rendre à Asti « parce

1. Comm., II, 551.

2. « Il re ha richiesto Bourbon, lo ammiraglio et altri signori della corte di buone
somme, e tutti servoni volentieri, » Lyon, 30 mai. Desjardins, I, 672. L'amiral
était alors à Lyon, où il resta jusqu'en juin (*Ord.*, XX, p. 535, 546. A. N. J J 227,
n°˙ 37 et 104). Le 21 mars, ses gages d'amiral de deux ans, arriérés, soit 20.000 l.
t., lui avaient été payés. (B. N. Cabinet des titres. Pièces originales, Malet, n° 73.

3. Comm., II, 556.

4. *Ibid.*, III, 444 (Preuves) : « J'ay escript à messieurs l'admiral et mareschal de
« Gyé de recouvrer six barches en Bretagne des meilleures et mieux equipées
« qu'on y pourra trouver, pour aller querir la Loyse et l'accompagner jusqu'à
« Marseille et me servir en cest affaire. Je ne fays point de doubte qu'ilz ne le
« facent, car ilz entendent assez qu'il est besoing et que ce seroit grant perte de
« perdre ladicte Loyse. »

5. D. Morice, *Histoire de Bretagne*. Preuves, III, col. 784.

6. Elle dut parvenir au roi, à Paris, en août, où il était le 6. (B. N. Ms. fr.
23737.)

« qu'il veoit le roy assez mal disposé de sa santé, dont il
« debvoit estre propre heritier s'il advenoit à mourir [1] ». Enfin
l'amiral « fit sentir que l'occasion étoit perdue, que ceux qu'on
« devoit secourir étoient déjà morts ou captifs, que la saison
« d'entrer en campagne étoit passée, qu'il ne convenoit pas de
« laisser le roi, qui venoit de perdre le second de ses fils,
« s'éloigner autant de son royaume [2] ».

Les *fumées* d'Italie n'étaient pas pour toucher Graville; il
eût préféré qu'on s'opposàt aux unions matrimoniales entre les
familles d'Espagne et d'Autriche. A la fin de l'été de 1496 [3],
Jeanne la Folle se rendit en Flandre par mer, pour épouser
Philippe le Beau, et l'archiduchesse Marguerite, l'ancienne
fiancée de Charles VIII, s'embarqua sur la même escadre pour
aller se marier avec le prince des Asturies : « L'amiral de
« Graville, sçachant bien qu'elle ne pouvait passer par terre,
« insista dans le Conseil qu'on eust à luy boucher le passage de
« la mer avec une autre flote ou bien que l'on empeschat cette
« alliance par quelque autre moyen que ce fut, se faisant fort
« que moyennant vingt mille escus le Roy d'Angleterre pres-
« teroit trente voiles trois mois durant pour ce sujet [4] ».
L'amiral disait, en 1493, qu'il n'aurait rendu aux Allemands
« ville ne villette, fille ne fillette » : en 1496, il voulut reprendre
la fillette : il n'avait pas une conception bien nette de l'équilibre européen, mais par les conséquences du mariage de Marie
de Bourgogne avec Maximilien, il lui était facile de prévoir
l'avenir. Ce n'était plus les Pays-Bas, mais la péninsule espa-
gnole et le Nouveau-Monde qui risquaient d'être annexés à
l'empire germanique.

1. Comm., II, 562.
2. F. Belcarii. Comment. L. VII, p. 202, d'après Sismondi, *Histoire des Finances*,
t. XV. p. 248.
3. Prescott, *Ferdinand and Isabella*, London, Routledge, 1877, p. 339.
4. Mézeray, II, p. 268.

Toutes ces entreprises n'allaient pas sans grosses dépenses ; aussi, du 6 au 8 août 1496, l'amiral, assisté d'autres conseillers, conféra-t-il avec le parlement de Paris, le prévôt des marchands et le conseil de ville pour négocier un emprunt de 100.000 écus [1].

Graville dut terminer l'année auprès du roi ; il était en septembre [2] à Montils-lez-Tours. Le 8 novembre, du Bois-Malesherbes, il informait les habitants de Saint-Malo que le service du roi exigeant M. de Clermont, son lieutenant en cette place, il l'avait remplacé par M. de Marenc [3].

De janvier à avril 1497, Graville séjourna avec Charles VIII à Lyon [4] ; à ce moment, il n'était plus question de reconquérir Naples : le parti de la paix dominait et Graville ressaisissait son ancien ascendant. Il ne dut pas être étranger à la trêve que Charles VIII conclut avec Ferdinand le Catholique : limitée d'abord au 17 janvier, elle fut prorogée le 27 mars jusqu'à la fin d'octobre, puis prorogée encore, pendant qu'on discutait un projet de partage du royaume de Naples qui devait aboutir au traité de Grenade (1500).

Cependant l'amiral, à partir de juillet, ne quittait pas le

---

1. « Le samedi VI aoust 1496 estoient venus en la cour, le cardinal du Mans, le « S^r d'Albret, le Sr de Graville, admiral de France et le Sr de Clerieux, gouverneur « de Paris, lesquels estoient venus en ceste ville par ordonnance et commission « du Roy pour emprunter cent mil escuz des manans et habitans pour subvenir « aux affaires du Roy, et y avoit longtemps travaillé avec les prevost des mar- « chandz et conseillers de la ville, lesquelz avoient offert prester au Roy, comme « l'on disoit, cinq cens mil francs. Toutes fois le Roy entendoit avoir C^m escus, et « avoient presenté lettres à la cour par lesquelles le Roy mandoit qu'il entendoit « que pour ceste fois les officiers de ceste cour y contribuassent sans prejudice de « leurs droictz. Et s'estans lesditz commissaires retirés, toutes les chambres « assemblées et les maistres des requestes de l'hostel et du pallais, avoit esté « commancé à deliberer sur ce et la dicte deliberation n'avoit esté achevée que ce « jour ». B. N. Ms. fr. 23727.

2. A. N. JJ 227, n° 217.

3. D. Morice. Preuves, III, col. 788. D. Lobineau, III, col. 1558.

4. *Jean de Reilhac*, Paris, 1886, I, p. 348. A. N. JJ 227, n°s 348, 364, 379. *Ordonnances*, XX, p. 523.

roi [1] qui aurait peut-être préféré être débarrassé de sa présence, souvent importune [2]. D'autre part, on prétendait, en septembre, que le roi avait privé Briçonnet du maniement des finances et qu'il en avait chargé Graville [3].

Cependant Charles VIII, dit Commines, de 1496 à 1498 « alloit de Lyon à Moulins et de Moulins à Tours, et partout « faisoit des tournois et des jouxtes ». Durant ces ébats équestres et ces chevauchées, le roi put apprécier les chevaux, dont Graville lui avait fait présent ; ils vivaient encore, comme l'indique une mention des comptes de l'hôtel [4] : « pour une « autre housse aussi de cuir noir pour servir à la hacquenée « grise venue de Monsr l'admiral. » Peu pressé par les affaires politiques, Graville put se donner tout entier à ses chers Rouennais, lorsqu'en novembre, ils vinrent à Bourbon-Larchambault réclamer contre les habitants de Caen et supplier [5] « que la jurisdicion de la senechaussée fust entièrement tenue « en ceste ville (Rouen), sans faire excepcion de trois moys « que aucuns s'efforçoient distraire en la ville de Rouen pour « expedier les matieres de Caen et de Costentin ». Ils furent reçus « le jour des mors » : l'amiral reconnut « humainement » plusieurs des députés et il les assura « qu'il ne souffriroit « poinct que la ville de Rouen fust en rien diminuée en sa « droicture ».

1. Il est à Moulins le 3 et le 5 juillet (A. N. X[1a] 8609, fol. 218[b]. B. N. Ms. fr. 21411, fol. 63[b]), le 2 août, à Donjon en Bourbonnais (*Ordonnances*, XVI, p. 21) et le 2 septembre à Moulins (*ibid.*, p. 71). Le 15 juin, étant à Montlhéry, il avait autorisé sa femme, Louise de Balzac, à faire son testament par lequel elle léguait à l'église de Marcoussis, où elle voulait être inhumée, des terres situées aux environs d'Etampes. (A. N. L. 935.)

2. Avisi di Franza referti in Torino ali 14 de agosto 1497 (Milan. Archivio di stato. Potenze Estere. Francia).

3. *Diarii di Marino Sanuto*, Venise, 1879, t. I, col. 783.

4. A. N. KK 74, fol. 41[a].

5. Archives municipales de Rouen. A 9, f. 245.

CHAPITRE VI

DE L'AVÈNEMENT DE LOUIS XII A LA MORT DE GRAVILLE
(1498-1516).

Graville résida à Amboise durant les trois premiers mois de
l'année 1498 [1] : peut-être fut-il témoin de l'accident qui provo-
qua la mort de Charles VIII (7 avril). Il veilla probablement
son cadavre « tant en une grant chambre bien tendue que en
« l'eglise... Et ne bougerent d'auprès du corps tous ses cham-
« bellans et ses prochains et tous ses officiers [2] ». Mais il ne
dut pas assister aux obsèques : il n'est pas mentionné dans
« l'ordre de la pompe funebre du roy Charles VIII passant par
« Paris [3] ». Il devait se trouver auprès du nouveau roi : le
13 avril, il l'avait déjà rejoint à Blois et contresignait les lettres
patentes par lesquelles Louis XII confirmait le parlement de
Paris [4]. Graville n'avait pas à appréhender les sentiments de
Louis XII à son égard : c'était bien à propos de lui que le nouveau souverain pouvait dire « qu'il ne seroit decent ne à hon-
« neur au roi de France de venger les querelles d'un duc
« d'Orleans ». Graville du reste n'avait été l'ennemi que des
longues intrigues du prince; nous avons vu qu'il avait aidé

1. Il y est le 4 (Archives communales d'Honfleur), le 6 (*Ordonnances*, XXI, p. 9)
et le 11 janvier (B. N. Ms. fr. 23959); le 15 mars (*Ord.* XXI. p. 18).
2. Comm., II, p. 595.
3. Godefroy, p. 753.
4. *Ordonnances*. XVI. p. 21. A. N. X¹ᵃ 8610. fol. I.

Georges d'Amboise à le tirer de captivité ; d'ailleurs, sa fille, Jeanne, était la femme de Chaumont, le neveu du cardinal ; allié au conseiller favori du roi, il ne pouvait être mis en disgrâce ; enfin, depuis 1491, le duc et l'amiral s'étaient souvent rencontrés dans les conseils de Charles VIII et avaient plusieurs fois opiné pour le même avis, et le différend dont parle Carlo Barbiano, en 1491, devait être depuis longtemps oublié.

Dès le début du règne (vers 1500), ils s'associèrent tous deux pour une noble entreprise, en réparant l'ingratitude de Charles VII à l'égard de Jeanne d'Arc : ils firent rédiger, par un auteur demeuré inconnu, une histoire de Jeanne d'Arc à la suite de laquelle fut mis un abrégé des deux procès traduits en français [1]. Le manuscrit contenant ce triple travail passa de la famille de Balzac d'Entragues, dans celle des d'Urfé, puis échut à la Bibliothèque nationale [2].

Il nous a été impossible de déterminer la part qu'eut Graville — ou même s'il eut une part quelconque — dans le divorce de Louis XII et de Jeanne de France, le deuxième mariage d'Anne de Bretagne, et les traités qui furent conclus ou renouvelés, avec Ferdinand le Catholique, Henri VII, etc. Il est à présumer qu'il ne resta pas étranger à ces évènements : en effet, il semble avoir fréquenté assidûment la cour jusqu'en juillet [3]. — Sur sa vie privée, la pénurie de renseignements est presque égale [4]. Le 16 novembre, il donnait quittance d'un à compte de

---

1. Quicherat, *Procès de condamnation et de réhabilitation de Jeanne d'Arc*, etc. Paris, 1847-1849, IV, p. 254.

2. *Ibid.*, V, p. 447 (V. la discussion de M. Quicherat sur le contenu, l'origine et l'histoire de ce mss.)

3. Il est le 21 juin à Montils-lez-Tours (A. N. JJ 231, n° 142) et le 3 juillet à Paris (B. N. Ms. Clairambault 782, fol. 242ᵇ). Le 12 juillet, à Paris, il prêtait hommage au roi pour ses différentes terres de l'Ile-de-France (A. N. P. 1, n° 430. P. 7, n° 2336. P. 16, n° 5920).

4. L'obscurité qui entoure le règne de Louis XII et tout ce qui s'y rapporte provient sans doute de ce que la source la plus importante, pour les règnes précédents et suivants, manque pour celui-ci : nous voulons parler des registres

1.500 l. t. sur les 12.000 l. que lui devait le feu roi pour l'achat
« de deux navires nommés la *Pensée* et le *Lyon* avec l'appareil
« et provision estans dedans [1] ». Nous ne le retrouvons ensuite
que le 18 février 1599, à Chartres, où les échevins lui présen-
tèrent le vin de ville [2]. Il s'y était peut-être rendu auprès de
Jacques de Vendôme, vidame de Chartres, qui avait épousé sa
fille aînée, Louise. Le 24 [3], il reconnaissait avoir reçu 140 l. t.
comme capitaine de 50 lances pour le dernier quartier de 1498 ;
le 18 mai [4], il donnait quittance de 150 l. pour le même motif
et pour le premier quartier de 1496. Viennent ensuite une
série d'hommages analogues à ceux que nous avons rencontrés
sous les précédents règnes et qui furent prêtés à Paris, le
12 juillet [5], pour les seigneuries de Gometz-le-Châtel, Marcoussis, Grassay, Pontchartrain, Golainville, etc. Le 8 août [6],
nouvelle quittance de 140 l. t. pour ses gages de capitaine,
durant le deuxième quartier de 1499. Le 12 août [7], il recevait
du vicomte de Montivilliers 666 l. t. pour le droit de tiers et
danger sur la forêt de Hallates. Le 26 décembre [8], il donnait
décharge de 10.000 l. t. pour ses gages d'amiral. Le 2 août 1500,
il reconnaissait avoir reçu 6.000 l. t. sur les 12.000 l. qu'il
avait avancées à Charles VIII pour l'achat de deux navires, le
Lyon et la *Pensée*, dont nous avons déjà parlé [9]. Le même jour,
il était payé de ses gages d'amiral pour l'année courante [10]. Il

du Trésor des Chartes qui s'arrêtent pour Louis XII à l'année 1500. Il est à
remarquer aussi que la collection des Chartes royales conservée à la B. N. est
très pauvre sur cette période.

1. B. N. Cabinet des titres. Pièces originales. Malet, n° 70.
2. Arch. départ. d'Eure-et-Loir. Rég. des échevins de la ville de Chartres,
p. 14.
3. B. N. N. Ms. fr. 26277, n° 206.
4. B. N. Ms. Clairambault, t. 130, n° 1376.
5. B. N. P. 7, n° 430; P. 16, n° 5920; P. 7, n° 2336.
6. B. N. Ms. Clairambault, t. 130, n° 1377.
7. B. N. Cabinet des titres. Pièces originales. Malet, n° 71.
8. *Ibid.*, n° 74.
9. B. N. Ms. fr. 26277, n° 207.
10. B. N. Cabinet des titres. Pièces originales. Malet, n° 72. Nous croyons

semble qu'il ait pris une part assez active aux préparatifs de
guerre qui marquèrent le début de 1501 : en effet, le 2 février,
à Moutiers en l'Astisanne, c'est-à-dire dans le territoire d'Asti,
sa compagnie, composée de 50 lances fournies et de 90 archers,
était passée en revue par Louis de Combarel, s^r de Gibanel,
et Graville était à sa tête : il accompagna sans doute jusqu'à
Gênes les troupes qui devaient s'embarquer dans ce port pour
tenter la conquête du royaume de Naples[1]. Il était rentré en
France, et recevait ses gages d'amiral[2] le 1er mars.

En 1501, Graville était encore concierge et capitaine du Bois
de Vincennes : le 3 décembre de cette année, Louis XII, étant
à Blois, écrivait à la Chambre des Comptes de s'entendre avec
l'amiral qui « a la cappitainerie et conciergerie dudit lieu » sur
ce qu'il y avait à faire pour obvier aux ravages que faisaient
les lapins dans le parc : le roi pensait qu'on pourrait en prendre
et vendre un certain nombre et consacrer le produit de cette
vente aux réparations dont le château avait besoin[3].

Le 29 mars 1501, Graville attestait l'exactitude du rôle de
paiement de la garnison de Saint-Malo, dressé par Léon de
Saint-Martin pendant la période où il en fut gouverneur, soit
du mois d'octobre 1488 au mois de septembre 1491[4], et le
3 novembre, il recevait ses gages d'amiral, toujours de
10.000 l.[5]. En 1503, ils lui étaient payés, non plus à la fin, mais
au début de l'année (27 février)[6].

que c'est à cette époque que se rapportent deux pièces analysées dans le
catalogue des archives du baron de Joursanvault : « 1° n° 1849. Quittance
donnée par Louis, père de Graville, amiral de France et capitaine de Pont de
Larche »; 2°, n° 1908, paiement des frais d'un voyage entrepris par Georges de
Cléri en la compagnie de l'évêque de Castres, vers le roi à Blois, pour se plaindre
des entreprises de M. de Graville, amiral de France.

1. B. N. Clairambault, t. 240, n° 531.
2. B. N. Cabinet des titres. Pièces originales. Malet, n° 75.
3. B. N. Ms. fr. 10233, fol. 174.
4. B. N. Cabinet des titres. Pièces originales. Malet, n° 79.
5. *Ibid.*, n° 77.
6. *Ibid.*, n° 78.

Peu après (29 mars 1503), Graville perdait sa femme, Marie de Balzac[1] : pour un homme chez qui les sentiments de famille étaient aussi puissants, cette perte dut être particulièrement douloureuse ; quoique le caractère de Marie de Balzac nous soit inconnu, il est permis de supposer qu'elle avait sur son mari et sur ses enfants une influence salutaire et que c'est elle qui maintenait la bonne harmonie entre eux ; en effet, c'est après sa mort que s'ouvrirent les fâcheux démêlés de famille qui devaient attrister les dernières années de l'amiral.

Il semble que Graville ne resta pas étranger aux intrigues de cour qui, en 1504, déterminèrent la chute et le procès du maréchal de Gyé et la conclusion du premier traité de Blois (22 septembre 1504). Au commencement de 1504, Louis XII tomba très gravement malade à Lyon[2] ; la reine Anne, le croyant perdu, fut prise de peur et fit tous ses préparatifs pour se réfugier en Bretagne, avec sa fille Claude, au cas d'un dénouement fatal. Les appréhensions de la reine sur son sort personnel étaient d'autant plus vives que le cardinal d'Amboise était alors en Allemagne et que le maréchal de Gyé avait profité de cette absence pour se mettre à la tête des affaires[3]. Ce personnage était l'adversaire déclaré d'Anne de Bretagne et de sa politique : tandis que celle-ci voulait marier Claude de France avec Charles d'Autriche, le maréchal, plus français que sa souveraine, était le promoteur de l'union de Claude de France avec François d'Angoulême, héritier de la couronne. Il paraît — bien que le fait n'ait pas été parfaitement établi au long du procès — que Gyé, qui, comme gouverneur de Nantes et capitaine d'Amboise, commandait le cours de la Loire, avait pris toutes les

1. Malte-Brun, *op. cit*, p. 98.
2. *Procédures politiques du règne de Louis XII*, par R. de Maulde, Paris, 1884 (collection des documents inédits sur l'histoire de France), p. LXXXV.
3. *Ibid.*, p. LXXXIV.

mesures pour empêcher la retraite de la reine en Bretagne[1].
D'autre part, il cherchait à s'emparer de l'esprit de Louise de
Savoie, mère de François d'Angoulême, pour la décider à agir
énergiquement, quand le roi mourrait[2]; celle-ci très prudente,
véritable Italienne, ne se laissa pas éblouir par les perspectives
brillantes qu'on faisait miroiter devant ses yeux et ne prêta
qu'une oreille distraite à ces ouvertures. Toutes ces menées
n'avaient pas échappé à Anne de Bretagne; elle avait juré la
perte du maréchal, et après le rétablissement du roi, elle se
ligua contre lui avec le cardinal d'Amboise et Louise de
Savoie : il y eut une dénonciation faite contre le maréchal.
Louis XII, qui avait beaucoup d'affection pour lui, la repoussa
d'abord, mais une seconde tentative fut plus heureuse ; le roi
céda et laissa entreprendre l'instruction du procès (12 juillet).
La vie politique du maréchal était terminée : sa disgrâce fit
renverser sa politique ; Graville était appelé à le remplacer
dans le maniement des finances, et le premier traité de Blois,
qui donnait Claude de France en mariage à Charles d'Autriche,
était conclu le 22 septembre.

Il est certain que Graville suivit assez attentivement[3] la procédure dont Pierre de Rohan était l'objet. Faut-il croire avec
M. de Maulde[4] qu'il était mu par la crainte de voir le maréchal
de Gyé regagner son ancienne faveur et d'être supplanté par
lui? Faut-il, au contraire, le croire anxieux sur le sort du
maréchal qui était son ami et qui devait le désigner comme un
de ses exécuteurs testamentaires[5]? Il nous paraît difficile d'admettre que Graville ait obéi uniquement au mobile dont parle
M. de Maulde : le maréchal ne lui aurait pas conservé son

1. *Louis XII et Anne de Bretagne*, par Paul Lacroix, Paris, 1882, p. 288.
2. *Procédures politiques*, etc., p. LXXIV.
3. *Procédures politiques*, p. 48.
4. *Ibid.*, p. XC.
5. *Ibid.*, p. 776.

amitié. Du reste, Graville connaissait assez la reine pour savoir
que son animosité contre Rohan ne désarmerait pas et qu'elle ne
le laisserait jamais ressaisir le pouvoir. Il est vrai que Graville
accepta la succession politique du maréchal, mais nous serions
disposés à croire que cette transmission de fonctions se fit du
consentement de ce dernier, qui savait Graville plus favorable à
ses idées qu'à celles de la reine. Quoi qu'il en soit, aussitôt après
la disgrâce du maréchal de Gyé, Louis XII faisait appel à Graville : « lequel, dit Jean d'Auton [1], du temps de ce roi n'avoit
« que bien peu suivi la cour; il, au moyen de son bon bruit et
« du prochas d'aucuns ses amis, et par l'avis du roi, fut
« envoyé querir comme celui qui estoit ancien, sage et clair-
« voyant, et qui moult savoit, et lui venu en cour fut beni-
« gnement reçu du roi et auctorisé grandement en l'affaire
« du conseil et autres besognes du royaume, et tellement que,
« à sa venue, plusieurs choses touchant le defaut des pertes et
« moyens d'icelles faites par ci-devant furent debattues et
« mises sur le bureau; et memement fut conseil tenu sur les
« grands frais, excessives mises et extremes depenses qui
« pour les armées du roi de là et deçà les monts, avoient été
« faites ; et tellement y fut vu, que, le nombre des finances
« baillées aux tresoriers et la somme d'icelles reçues par les
« gens d'armes du roi entrejetés, de plus de douze cent mille
« francs de reste furent lesdits tresoriers et clercs des finances
« envers le roi endettés, sans que nouvelles fut de les rendre
« ni restituer : pourquoi le roi, pour ce averer, tint la chose
« celée jusques à temps. Tant fut le cas decouvert, que l'un
« d'iceux butiniers, averti de la menée, s'en alla au roi et dit :
« Sire, s'il est votre bon plaisir de me donner grace de mon
« forfait et pardonner mon defaut, je vous nommerai aucuns de

---

1. Édit. du bibliophile Jacob, Paris, 1834-35, III, p. 98.

« ceux qui ont butiné votre argent et vous restituerai ce que
« j'en ai eu ». L'auteur entre ensuite dans de longs détails sur
les réformes auxquelles Graville aurait présidé; malheureusement, son récit est des plus confus et ne nous permet pas de
préciser à cette époque le rôle de l'amiral, que la pénurie des
documents contemporains ne nous permet pas davantage de
mieux définir [1].

Nous voyons mieux quel fut son rôle lorsque Charles
d'Alençon disputa à Charles de Bourbon, fils de Gilbert de
Montpensier, la main de Suzanne, l'unique héritière des
Beaujeu. De Moulins, Henri de Bourbon, prince de la Roche-
sur-Yon accourut défendre auprès de Louis XII les prétentions
de Montpensier. Graville le seconda et représenta au roi que le
duc d'Alençon par cette alliance deviendrait aussi puissant et
redoutable qu'autrefois Charles le Téméraire. Louis XII écouta
les raisons de l'amiral, et le 10 mai 1505, Suzanne épousait
Charles de Montpensier, le futur connétable [2]. Ce doit être à
cette affaire que se rapporte une lettre adressée de Cléry, le
23 septembre, par Graville à du Plessis Bourré [3]. L'amiral
explique à son ami que Louis XII lui a demandé « depuis six
« jours en ça » s'il savait « qui auroit les lettres de l'engage-
« ment de la Roche-sur-Yon que tiennent encore de ceste
« heure Messieurs de Vendosme, lequel engagement estoit de

1. D'Auton a consacré à l'amiral et à son retour aux affaires tout un chapitre
qu'il intitule : « Comment messire Louis de Graville, amiral de France, qui de ce
« regne avoit été hors de cour fut par le roy mandé et mis en grande autorité
« et comment aucuns tresoriers et autres furent pris et punis pour avoir pillé
« l'argent du roy. »

2. *Histoire du connétable de Bourbon*, par Marillac, dans Désormeaux, *Histoire de
la maison de Bourbon*, II, p. 597. D'après M. Lacroix, Graville aurait été opposé
au mariage de Charles de Bourbon avec Suzanne : « Le grand conseil vit à regret
« se relever ainsi la plus grosse maison du royaume de France, et l'amiral de
« Graville invoqua des hautes raisons politiques pour faire parachever le mariage
« d'Alençon. » *Louis XII et Anne de Bretagne*, p. 317.

3. B. B. Ms. fr. 20439, fol. 23.

« 12.000 escuz [4] ». Graville se souvient « que du temps du roy
« Charles l'en m'avoit voulu emprunter l'argent pour la retirer
« et me bailler la terre en mes mains. Il (le Roy) me demanda
« qu'il pouvoit savoir de cette matiere. Je luy ay repondu que
« vous estiez l'omme de ce royaume qui savez le plus des
« affaires des Roys trespassez. Il me dit qu'il savoit bien qu'il
« estoit vray, et à ceste cause me chargea de vous escripre pour
« ce qu'il ne vouloit pas que guieres de gens le sceussent ». En
terminant, l'amiral avise son correspondant que « le Roy vous
« fist cet honneur en parlant de ceste matiere qu'il voudroit
« avoir beaucoup de telz loiaux serviteurs que vous fustes au Roy
« Louis ».

Le 1er septembre 1504, avec Engelbert de Clèves, comte de
Nevers, Alain, sire d'Albret, etc., Graville certifiait que le
24 août, à Blois, les ambassadeurs du roi et de la reine
d'Espagne avaient déclaré à Louis XII leur volonté de restituer
le royaume de Naples à Frédéric d'Aragon [2]. Cet engagement
est un des préliminaires du traité de Blois. Quoique Graville
eût assisté aux préliminaires du traité du 22 septembre 1504,
nous ne croyons pas qu'il l'approuvât : il devait comprendre
que cette paix, en donnant le royaume de Naples à Claude de
France et à Charles d'Autriche qui devaient encore réunir aux
possessions de la maison d'Autriche l'Espagne, les Pays-Bas
et la Bretagne, créait une puissance énorme, capable d'étouffer
la France [3]. Il dut être des personnages qui conseillèrent au roi

---

1. Cet engagement de La Roche-sur-Yon aux Vendôme doit être postérieur à
1481, c'est-à-dire au décès de Charles du Maine; car tous ses biens firent retour
au roi et nous avons vu qu'en 1476, Charles du Maine avait reçu La Roche-sur-Yon.

2. *Lettres du roi Louis XII, et du cardinal d'Amboise*, Bruxelles, 1712 I, p. v.

3. Notons que le 7 mars Graville traversait Chartres en compagnie du maréchal
de Gyé et du grand sénéchal, et que le corps de la ville lui présentait le vin
de ville. (Arch. départementales d'Eure-et-Loir, Registre de l'échevinage,
p. 24.) Ce voyage fait avec Rohan indique d'abord que leurs relations étaient
toujours cordiales, et pendant la route, le maréchal dut prêcher à Graville les
idées qui triomphaient deux mois plus tard.

de renoncer à cette politique funeste : à la suite d'une deuxième
et très grave maladie (avril 1505), Louis XII, dans son testament
du 10 mai, rompait l'engagement pris « contre l'utilité du royaume
« et les promesses du sacre », ordonnait de fiancer Claude de
France avec François d'Angoulème et instituait un conseil de
régence pour faire exécuter ces résolutions, s'il venait à mourir[1].
Offensée de ce retour à la politique préconisée par le maréchal
de Gyé, la reine, dès que le roi fut rétabli, se rendit en Bretagne, sous couleur d'accomplir un vœu qu'elle avait fait durant
la maladie du roi. Pendant ce voyage, elle recevait, sur les petits
évènements de la cour, des informations de Commines et entre
autres les suivantes qui nous prouvent bien que, dans les dernières résolutions du roi, l'amiral se rangea du côté du cardinal
d'Amboise, c'est-à-dire du côté de la sagesse, contre la reine.
« Monsieur l'amiral tient le Roy de près, et fit ung tel visaige
« quant il me vit rester en vostre chambre, à Paris, quant il
« m'y trouva.

« Le Roy, Madame, fut un poy mal disposé puis poy de
« jours, et en vis monseigneur le legat en peur; mez lende-
« main il n'y parut. Il me semble, Madame, que ferez bien
« d'abregier vostre veage. Il n'est point de nouvelles qu'il
« aille en Normandie. On dit, je ne sé s'il est vray que ledict
« amiral egrit fort contre se conte de Flandres : s'il y avoit
« brouillis et guerre, son amirauté en vaudroit xx mille francs
« par an davantage. Les semblables diferens de seux pour coy
« il vient ay je veu toute ma vie et tousjours s'apesent en par-
« lant[2] » (Tours, 23 juillet 1505). Cette lettre vient confirmer
ce qu'on savait de l'inimitié qui séparait Commines et Graville : elle datait de loin, de la guerre folle où les intrigues
du sire d'Argenton auprès des ducs d'Orléans et de Bourbon

1. *Procédures politiques*, etc,, p. cxv.
2. Comm., III, p. 175.

avaient été déjouées par l'amiral; le chroniqueur s'en vengea
par un dédain qui n'était que du dépit [1]. On n'ignore pas, d'ailleurs, avec quelle défiance il faut accueillir ses jugements,
nombre d'entre eux ont été réformés comme entachés de par-
tialité ou de rancune ; en ce qui concerne Graville, il faut se
souvenir aussi que l'amiral était un ami des la Trémoille, et
que le scandaleux procès de Commines avec les vicomtes de
Thouars ne permet plus de l'écouter, lorsqu'il veut apprécier le
caractère ou la probité d'un ami des la Trémoille. Son témoi-
gnage n'en est pas moins précieux ; il reflète les dispositions
qu'une partie des courtisans entretenait à l'endroit de Graville ;
il est l'écho des bruits qu'ils faisaient courir sur lui. Ces calom-
nies prirent corps avec le temps et se répandirent dans le
peuple ; le Parlement s'en émut, et vers la fin de sa vie,
l'amiral, ajourné devant cette cour, eut à se défendre d'une
accusation de concussion.

Toutefois Louis XII, loin de lui avoir retiré sa confiance, le
nommait gouverneur de Paris le 8 août 1505 [2].

D'autre part, Graville était à Blois le 19 octobre 1505 et
souscrivait au contrat de mariage de Germaine de Foix avec
Ferdinand le Catholique [3].

En 1505, Graville était garde de la forêt de Bière [4] (la plus
importante de l'Ile-de-France) depuis une époque que nous ne
pouvons préciser : en effet, le 26 septembre de cette année,
Gilles le Mareschal, écuyer « et un des gardes commis par le
« Roy à la tuition et deffense des serfs et autres gibiers pour le
« plaisir dudit sr en ses pays de Gastinois et forestz de Biere,
« sous la conduite de hault et puissant seigneur, Monsr Loys,
« seigneur de Graville, admiral de France », reconnaissait avoir

1. Comm., II, p. 296 et 567.
2. *Mémoires de la Société archéologique de l'Orléanais*, III, p. 15.
3. A. N. J 658, n° 23.
4 Seine-et-Marne, arrondissement de Fontainebleau.

reçu de Louis du Sonchay, élu de Melun 22 l. 10 s. t. pour ses gages pendant les neuf premiers mois de la présente année [1].

Avec l'année 1506, commencent les déboires pour l'amiral de Graville, d'après un mémoire adressé à Philippe le Beau et inséré aux lettres de Louis XII [2].

« L'on dit aussi que l'admiral de Graville est fort empressé « au Parlement de Paris et que le Procureur du roy luy met « sus qu'il a grandement abusé de son office et qu'il a pillé le « royaume de France d'une terriblement grande quantité des « deniers, et se sont trouvées lettres qu'il escripvoit au parrain « du roy de France (Louis XI) et lettres dudit parrain lui fai- « sant responce ; au moyen desquelles lettres furent chassez « 17 conseillers du Parlement de Paris dont s'ensuivit le mal « de la mort de feu Monsr de Nemours... L'amiral est cuidé « aller prandre possession du gouvernement de Paris, mais le « Parlement a presenté les lettres susdites qu'il avait autres « fois escriptes au Parrain du Roy de France pour faire chasser « lesdits dix-sept conseillers, et met l'on sur davantaige qu'il « fit juger feu Monsr de Nemours pour avoir son bien, car « lesdites lettres en portent quelques mentions, et davantage « est chargé de quelques autres mauvaises choses, tellement « que l'arrest luy a esté donné par la ville de Paris, et dit l'on « qu'il eust plus mauvais arrest, ci n'eust esté son grant age, « cette matière se tient pour secrete. » L'accusation de concussion nous paraît des plus mal fondées, vu l'indifférence bien démontrée de Graville à l'endroit de l'argent; en outre son rôle dans le procès de Nemours est ici mal exposé: il n'avait pas reçu à l'avance une partie des dépouilles du duc ; il fut commissaire dans l'instruction et non juge dans le procès ; enfin, nous savons par Claude de Seyssel que Louis XI expulsa

1. L'original est en notre possession.
2. T. I, p. 65 et 66.

quelques conseillers du parlement, à la suite de cette procédure, mais seul le passage cité plus haut fait intervenir Graville en cette affaire. Ce mémoire, adressé à un prince étranger, a pu être rédigé sur des bruits de cour qui auront été mal interprétés.

En 1507 (28 novembre), nous ne trouvons qu'une quittance de 150 l. t. payées à Graville comme capitaine de 50 lances fournies de juillet à septembre 1507 [1].

Le 14 février 1508, à Mehun-sur-Yèvre, l'amiral dressait le rôle de paiement des gardes de la forêt de Bière pour la seconde moitié de l'année 1507 [2], et le délivrait à l'élu de Melun, Louis du Sonchay ; la somme à payer était de 310 l. [3]

Le 4 mai 1508, René de Clermont fut admis par l'échiquier de Rouen à exercer après serment l'office de vice-amiral [4].

Le 24 septembre de la même année, Graville comme « ayant le bail et garde noble » de Louise et Charles de Vendôme, enfants mineurs de feu Jacques de Vendôme, vidame de Chartres, et de Louise de Graville, prêtait à Gaillon, entre les mains du roi, foi et hommage pour les seigneuries de Lassay (Mayenne, arrondissement de Laval) et la Châtre sur le Loir, dépendant de la châtellenie du Mans. Le roi en informait, par un mandement, le sénéchal du Maine [5].

Le même jour, Louis XII autorisait par lettres patentes Louis de Graville à transmettre à son gendre Charles d'Amboise sa charge d'amiral [6]. Ces lettres portaient que Charles d'Amboise exercerait ledit office en Normandie, Picardie et ailleurs pendant les absences de Graville qui conserverait le

1. B. N. Clairamb. 130, n° 31.
2. B. N. mss. fr. 26110, n° 811.
3. Une pièce semblable, mais pour la première moitié de 1508, est conservée à la B. N. (mss. fr. 26111, n° 865).
4. Arch. de la cour d'appel de Rouen. (Parlement de Rouen, année 1508.)
5. A. N. P. 348⁴, n° 1407.
6. P. J., n° 20.

titre d'amiral et les avantages attachés à ce titre. Le parlement de Paris se refusa d'abord à les enregistrer : il prétendait qu'il y avait là abus, qu'en réalité ces lettres créaient une survivance déguisée. De plus, il remontrait que les lettres patentes, au lieu de lui être adressées l'avaient été à l'échiquier de Normandie, ce qui était attentatoire aux privilèges de la cour de Paris. Le 2 janvier 1509, le procureur général du roi prit la parole et représenta à la cour que les inconvénients d'une survivance visés par l'ordonnance qui la prohibait, n'étaient pas à craindre dans le cas présent « eu regard à la proximité de lignage et affinité qui est entre lesdits de Graville et de Chaumont ». Quant au second point, il engageait la cour à recevoir le serment de Chaumont à la condition qu'il promettrait de faire réformer les lettres patentes, de les faire adresser uniquement au parlement de Paris, et d'y faire ressortir tous les appels de sa juridiction sans passer par l'échiquier de Normandie. A la suite de ces observations, et de l'assurance donnée par Orsenne, représentant de Chaumont, que, si, sur l'une de ses lettres, s'était trouvée l'adresse de l'échiquier, c'est qu'il s'en était fié à l'expéditeur, la cour, en considération des services rendus au roi et au royaume par Gravillé et son gendre, admit ce dernier à prêter serment et entérina les lettres royales.

La transmission de sa charge, qui fut sans doute provoquée par le mauvais état de sa santé et son grand âge, fut pour Graville le signal de la retraite [1]. Depuis lors, il ne parut à la cour que très rarement : il s'isola dans ses terres qu'il arrondissait sans cesse, séjournant de préférence à Marcoussis. Ses dernières années furent assombries par les pénibles démêlés qu'il eut avec sa fille Anne ; il chercha des distractions en

---

1. Il ne reparut à la tête des affaires maritimes qu'après la mort de son gendre advenue en 1511, et pour fort peu de temps.

embellissant le château de Marcoussis, et des consolations en
pensant à l'autre monde où il préparait son repos par des
libéralités envers les monastères qui dépendaient de ses
domaines [1].

La même année où Graville se démettait de l'amirauté,
Pierre de Balzac, s[r] d'Entragues, son neveu, enlevait sa fille
Anne [2], et l'épousait contre la volonté du père, qui ne jugeait
pas cette union assez avantageuse ; l'amiral voulait punir
sa fille en la déshéritant ; mais il lui pardonna dans une
entrevue aux Célestins de Marcoussis, que M. Malte-Brun [3]
rapporte d'après la vie manuscrite du sire de Montaigu par
Simon de la Motte. Cette réconciliation eut lieu dans la
semaine sainte de 1510, et fut affirmée, le 28 mars, au château
de Vigny, en présence du cardinal d'Amboise. « Pour com-
plaire au roy nostre sire, et aussi en faveur de la requete qui
lui a esté faicte par trés reverent pere en Dieu, monsieur
Georges d'Amboise, archeveque de Rouen et legat en France, »
Graville remit et pardonna à Balzac et à Anne toutes « lesdites
offenses par luy pretendues » et ratifia « autant que besoin
seroit » leur mariage, à la condition que Anne renoncerait à
tous les droits de succession auxquels elle pouvait prétendre
du chef de sa mère, et à sa part dans la future succession de
l'amiral, moyennant la somme de dix mille écus d'or et une
rente de mille livres tournois qui ne lui devaient être comptés
et courir qu'après la mort de son père [4]. Le 20 novembre, cette

1. Voir le détail de ces libéralités au chapitre consacré aux seigneuries de
Graville.

2. Anne de Graville eut au xvie siècle une très grande réputation comme femme
poète : elle avait traduit en vers français le roman de Palamon d'après la *Thé-
séïde* de Boccace, et on en peut lire des passages dans l'*Histoire de Marcoussis*
de M. Malte-Brun, p. 336-44, et dans l'opuscule de M. de Laqueuille, intitulé :
Anne de Graville, ses poésies, son exhérédation. Chartres, Garnier, 1858. Elle possédait une belle collection de mss. dont, à sa mort, Claude d'Urfé hérita et dont
quelques-uns sont conservés à la B. N.

3. *Op. cit.*, p. 99.

4. Malte-Brun, *op. cit.*, p. 101 et 102, et Laqueuille, *op. cit.*, p. 14.

transaction était réalisée devant deux notaires du Châtelet de Paris, et homologuée au parlement le 7 décembre [1].

Le 27 juin 1512, Graville, loin d'être désarmé par la mort récente de Chaumont d'Amboise, son gendre préféré, maintenait en termes très durs la deshérence de sa fille [2]. Le 30 janvier 1513, sa colère était aussi vive ; par un acte olographe écrit à Marcoussis, il déclarait Anne faussaire, « elle qui scit contrefaire nostre lettre comme assez de foys l'a fait, » ordonnait qu'elle « n'ait de tous les meubles et immeubles lui appartenant pour sa part et porcion » que les mille livres de rente, et les 10.000 écus d'or qui lui avaient été attribués par l'accord du 20 novembre, et regrettait « de luy en avoir laissé tant [3] ». Enfin, dans un testament de 1514 conservé aux archives d'Eure-et-Loir, il prévoyait le cas où sa fille attaquerait le fameux accord du 20 novembre, et où il seroit annulé comme portant atteinte aux droits de la famille si respectés sous l'ancien régime, et il s'exprimait ainsi [4] : « Mais nous « voulons et ordonnons que si après nostre decès, nostredite « fille Anne ou ses enfants heritiers mouvoient aucuns procès « entre noz autres enfans heritiers pour cuider avoir plus grande « porcion à noz biens et plus grande succession qu'il n'est cy « dessus expressement limité, que tous les fruiz et mises que « nous feroient nos dictz autres enfans et heritiers soient com- « prins, rabatuz et deduicts prealablement sur les mil livres de « rente et les dix mil escuz dessus ordonnez pour sa portion « pour les causes dessus dictes et pour le mauvais gouvernement « de sa personne, de quoy elle a été incharitable. »

Dans son dernier testament, rédigé à Marcoussis le 26 juin 1516 [5], Graville paraissait être revenu à des sentiments plus

1. Laqueuille, *op. cit.*, p. 10.
2. *Ibid.*, p. 10.
3. *Ibid.*, p. 14.
4. *Ibid.*, p. 10.
5. *Ibid.*. p. 11. V. aussi B. N. mss. fr. 4332, f. 57 v°.

cléments à l'égard de sa fille : après avoir confirmé sa volonté précédente de ne lui donner que mille livres de rente et 10.000 écus d'or, il laissait entrevoir quelques adoucissements : « Sy « n'est que par cy après pour les bons services que sadite fille « luy pourra faire, et selon le bon gouvernement que en ladite « Anne pourra veoir, aultrement en disposast et dispose par « lettres apertes, desquelles deuement il apparust, ouquel cas « veult estre tenu ce qu'il en ordonnera non obstant les choses « cy dessus mises et couchées [1]. » Ce fut, sans doute, sur cette réserve qu'Anne de Graville se fonda pour attaquer les autres héritiers de l'amiral et entamer avec eux un procès qui ne fut terminé qu'en 1518.

L'amiral n'avait pas attendu aussi longtemps pour repasser en son esprit tous les actes de sa vie publique, et il avait accompagné cet examen de conscience de scrupules peut-être excessifs, mais qui ne surprennent pas chez lui.

Graville avait prêté à Louis XII, en juillet 1512, 50.000 l. t. et 30.000 livres le 18 mai 1513 [2]. Le 17 mai de la même année, le roi, étant à Blois [3], faisait expédier des lettres patentes où, en considération des débarquements des Anglais en Guyenne (1512) et sur les côtes de Picardie (1513), qui l'avaient obligé à de grosses dépenses, mais, d'autre part, ne voulant plus recourir aux emprunts forcés ni à l'augmentation des tailles, il vendait à titre de rachat et réméré perpétuel à Louis de Graville les domaines royaux dans les terres de Melun, Corbeil et Dourdan en échange des 80.000 l. qu'il avait prêtées à la couronne. Aux termes de ces lettres, le roi

1. B. N. mss. fr. 4332, f. 57 v°.
2. D'après une lettre de Hector de Vicquemare à Marguerite de Savoie (9 juillet 1513), les 80.000 l. avancées par l'amiral devaient être employées au payement de 10 ou 12.000 Suisses réunis à Reims (*Calendar of state papers. Letters foreign and domestic of the reyn of Henri VIII*, London, 1862, t. I, n° 4329).
3. A. N. P. 2303, fol. 595.

se réservait l'exercice de la justice, la vente des offices, la
collation des bénéfices, le droit de faire couper les bois extra-
ordinairement, et la propriété des bois de haute futaie. De
plus, les héritiers de l'amiral ne pourraient pas prétendre à la
propriété de ces terres, même si elles n'avaient pas encore été
rachetées à sa mort ; le roi les reprendrait alors, mais s'engageait à leur compter 4.000 l. t. de rente jusqu'à l'époque du
payement.

Peu de jours après que ces lettres furent expédiées, et peut-
être avant qu'il en eût connaissance, Graville étant à Marcoussis faisait rédiger (le 21 mai 1513) par son chapelain ordinaire Pierre Droulin [1] un codicille où il considérait que « en
« servant les rois nos souverains seigneurs, avons par long-
« temps eu gros estas, grans dons et profis de la chose
« publique, en quoi a esté ladite chose publique chargée et de
« quoy faisons conscience, veu la jeonesse que avions quand
« premierement commençasmes à avoir lesdits estaz et grosses
« pensions. Et combien que pensions avoir servy lesdits
« seigneurs et la chose publique loyaument, cependant
« pour les urgens affaires dudit seigneur (Louis XII) et sub-
« venir à la chose publique, que les Anglois, anciens annemys
« de ce royaume invadent, et pour aider à leur resister, au
« soulaigement du povre peuple, pour lesdites affaires de
« présent, fort grevé, comme chacun sçait », il abandonne
« après y avoir pensé et repensé » à la chose publique « toute
« ladite somme de quatre vingt mil livres tournois ou tout ce
« que à l'heure de nostre trespas en sera deu », et il ne veut
pas que à ses héritiers « le Roy ni ses successeurs payent
aucune chose » parce qu'il leur laisse « des heritages et autres
biens assez » ; mais il entend que « ledit s^r et ses successeurs

1. Ce codicille a été imprimé dans l'*Histoire de Dourdan* de Jacques de Lescor-
nay (p. 152). Il est conservé en original aux Archives nationales (J. 406, n° 23).

« reprennent et remettent en leurs mains lesdites villes de
« Melun, Corbeil et Dourdan », sans toutefois préjudicier aux
droits que les Graville avaient sur cette dernière ville ; enfin,
il supplie le roi et ses successeurs « de diminuer ès bailliages
« les plus grevés de son royaume ladite somme de quatre vingt
« mil livres tournois, — afin que le povre peuple prie Dieu pour
« luy et pour moy ».

Cette donation posthume à la chose publique honore l'amiral : ce n'est pas l'acte d'un courtisan qui donne un peu pour
recevoir beaucoup, et le fait savoir à tous : il songe uniquement
au pauvre peuple accablé d'impôts, au royaume endetté, à son
âme qui a besoin de prières : c'est vraiment agir suivant l'esprit de l'Evangile qui veut que la main gauche ignore ce qu'a
donné la main droite. Il n'en reste pas moins que, par ce codicille, Graville ne se privait de rien de son vivant. Aussi le
Parlement de Paris, qui n'était pas au courant des secrètes
dispositions de l'amiral, s'opposa-t-il à l'enregistrement des
lettres patentes de Louis XII lorsqu'elles lui furent présentées
le 8 juin [1].

Les conseillers du Parlement font d'abord leurs restrictions
relativement aux offices, à la juridiction, aux bois de haute
futaie ; mais ils ont entendu les trésoriers généraux, J. Huraut,
J. de Beaune, Henri Bohier, les trésoriers Florimond Robertet,
Louis de Poncher et Jean Cottereau, qui leur ont déclaré « que
« les affaires du Roy sont si grands et urgens pour le faict de
« la guerre, et les finances dudict seigneur si fort en arriere,
« qu'il lui avoit convenu hausser les tailles dont le pauvre
« peuple est dit merveilleusement travaillé, et qu'il avoit sem-
« blé au Roy et à son conseil que, pour soulager son peuple
« et pour recouvrer l'argent qui estoit necessaire pour obvier
« à l'entreprise, que faisoient de present les anciens ennemis

---

1. A. N. X¹ᵃ 1515, f. 227.

« du royaume, les Anglois, qu'il estoit plus raisonnable que le
« Roy s'aidast de son domaine que de plus charger son dict
« peuple ». En conséquence, après avoir délibéré ou plutôt
réfléchi du 8 au 10 juin, le Parlement, reconnaissant sans doute
qu'il ne pouvait adresser des remontrances au roi pour aliénation du domaine, car les raisons alléguées étaient trop bonnes,
s'en prit à Graville (10 juin), et ses objections, rédigées en remontrances par le président Duprat et lues le 22 juin[1], portaient
en substance que cette aliénation du domaine était blâmable et
qu'on aurait dû aliéner Moret au lieu de Melun ; qu'il était
bien entendu que les héritiers de Graville n'auraient pas les
revenus de ces seigneuries, mais une rente de 4.000 livres, jusqu'au paiement de la dette, et que l'amiral ne devait pas rendre
la justice dans ces terres, ni vendre les offices, ni couper un
arbre de haute futaie ; pour les *boys revenans*, il devait se contenter des coupes ordinaires. Le codicille de Graville répondait,
on le voit, à toutes ces chicanes. Enfin, le 28 juillet, les lettres
patentes de Louis XII furent enregistrées sans modifications[1] :
le roi n'avait donc tenu nul compte des atermoiements, ni des
observations des conseillers du Parlement. Graville, d'ailleurs,
se souciait peu de leur approbation et de celle du public, puisque le codicille où il abandonnait sa créance était écrit depuis
le 21 mai et était tenu secret.

Durant toute l'année 1513, la France fut, comme on sait,
dans une situation des plus critiques, surtout après que
Henri VIII, Maximilien, Ferdinand et le pape eurent signé
la ligue de Malines (5 avril). Pendant que Henri VIII et
Maximilien menaçaient la Picardie, des navires anglais croisaient sur les côtes normandes et bretonnes. A cette occasion, les habitants d'Aurigny dépêchèrent Guillaume Fabien,
leur curé, pour défendre auprès de l'amiral leurs privilèges ou

----

1. A. N., X¹ᵃ, 4855, f° 384ᵇ.

plutôt les anciens usages, en vertu desquels, quoique sujets anglais, ils n'étaient pas traités en ennemis par les troupes françaises. Le 20 avril, Graville, s'appuyant sur un précédent, une faveur analogue que Louis de Bourbon, son prédécesseur, leur avait accordée, donnait à Guillaume Fabien un sauf-conduit valable pour les huit derniers mois de 1513 et qui servirait à Fabien et à ses compatriotes : il les autorisait à passer en France « pour apporter leurs marchandises et faire leurs approvisionnements, mais, en débarquant, ils devaient se présenter aux officiers de l'amirauté et se faire désigner un hôte chargé de les accompagner, ou à vrai dire de les surveiller, pendant leur séjour sur la terre normande. Ils n'avaient droit d'acheter que les denrées nécessaires à la consommation de l'île et il leur était sévèrement interdit de remporter sur leurs navires aucunes munitions de guerre, de prendre des lettres adressées à des Anglais et de faciliter le passage à des gens qui n'avaient point la permission de s'embarquer [1] ». Cette pièce nous prouve que Graville s'occupa des premiers armements maritimes faits en 1513. On sait qu'au printemps de cette année, une flotte française fut équipée en Bretagne [2], et que la nef Marie la Cordelière combattit la Régente commmandée par l'Anglais Thomas Howard ; cependant nous ne savons rien de ses rapports avec Hervé de Portzmoguer et Prégent de Bidoux. Dans les armements qui suivirent, l'amiral intervient à peine. En effet, le 7 septembre 1513, à Honfleur, c'était le sénéchal de Normandie, Louis de Brézé, qui nommait les commissaires chargés de veiller à l'équipement, à l'avitaillement et au paie-

---

1. Nous devons la communication de ce curieux document à M. Léopold Delisle, à qui nous empruntons l'analyse qu'il en a donnée en le publiant dans les *Mémoires de la Société académique de Cherbourg*, 1867, p. 236.

2. *Marie la Cordelière*, Etude par Jal. (*Extrait des annales maritimes et coloniales*, 1844.) Le 23 septembre 1513, Louis XII, étant à Amiens, mandait de payer les frais de l'armement, fait à Brest, d'un certain nombre de vaisseaux écossais et bretons. (A. N. K. 79, n° 14.)

ment de la solde de 160 hommes de l'armée de mer qui devaient
se rendre à Dieppe et à Honfleur pour lutter contre les Anglais,
car Henri VIII se dirigeait avec Maximilien vers Tournai [1]; et
le 17 septembre, Louis XII commettait son grand veneur,
Louis de Rouville, pour commander l'armée de mer combinée
avec la flotte du roi d'Ecosse [2]. Graville se trouvait près du
roi à Corbie et contresignait cette nomination. L'amiral avait
amené au roi sa compagnie d'ordonnance pour dégager Tournai
et combattre à Guinegate ; mais il était trop affaibli pour
paraître sur le champ de bataille et il se fit remplacer par son
lieutenant de la Fayette [3]. Le 15 janvier 1514, l'amiral reconnaissait avoir reçu de Jean Lalemant, receveur général en
Normandie, 1.382 livres 10 s. t. (valant 790 écus d'or) pour le
nolisage annuel de sa nef amirale la Louise, pendant l'année
1511, au *feur* de 35 s. t. ou d'un écu d'or par an et par tonneau
de jauge [4]. Le 11 avril 1514, étant à Marcoussis, Graville y
rédigeait un premier testament qu'il devait modifier le
26 juin 1516 [5]. Au printemps de 1514, l'amiral songeait encore
aux affaires publiques ; au mois de mai, Philippe de Brégilles,
envoyé de Charles d'Autriche auprès du roi d'Angleterre,
écrivait à Marguerite de Savoie que l'amiral avait dit qu'on
négociait son mariage avec Louis XII [6]. Henri VIII était très
opposé à ce projet. Il ne se réalisa pas, comme on sait; le
roi épousa Marie d'Angleterre le 11 octobre, et Graville fut du
nombre des seigneurs qui allèrent recevoir la future reine,

1. V. A. N. K. 79, n° 12.
2. *Ibid.*, n° 13.
3. Buchon, *Mém. de Fleuranges*, p. 244 à 246 (édition du Panthéon littéraire).
4. B. N. Cabinet des titres. Pièces originales, Malet, n° 80.
5. Laqueuille, *Op. cit.*, p. 9 à 11.
6. *Lettres de Louis XII*, t. IV, p. 308 et *Calendar of state papers. Henri VIII*,
n° 5140.

quand elle débarqua [1]. Il avait déjà contresigné à Paris, le 13 septembre, la paix conclue avec l'Angleterre [2].

Le 4 octobre 1514, on bénissait en grande pompe, à Rouen, une cloche donnée par l'amiral à la cathédrale [3], et nommée la Louise.

Graville resta jusqu'à sa fin, au moins en titre, sinon effectivement, capitaine de 50 lances ; ainsi il donnait quittance chaque fois de 150 l. t., pour les gages attachés à ce grade pour le trimestre précédent, le 12 juillet [4], le 20 septembre [5] 1514 et le 17 mai 1515 [6].

Louis XII, comme on sait, mourut le 1er janvier 1515 : le compte de ses funérailles [7] indique que l'amiral y assista et fut vêtu de deuil aux frais de la couronne.

Graville était trop âgé et trop malade pour que l'avènement de François Ier ait pu le ramener aux affaires; aussi, pendant les années 1515 et 1516, les deux dernières de sa vie, n'apparaît-il que pour donner des quittances. Le 7 juin 1515 [8], il reconnaît avoir reçu 691 l. 5 sous tournois parfaisant le payement des 790 écus d'or couronne qu'il avait avancés pour l'armement et entretien de la nef amirale « la Loyse » jaugeant 790 tonneaux, au taux d'un écu par an et par tonneau, pour le 2e semestre de 1514 [9].

---

1. *Calendar*, etc., n° 5482.

2. *Ibid.*, n° 5409.

3. B. N. Cabinet des titres, Dossiers bleus, Malet, f. 68. Cette cloche pesait 666 livres : elle avait été offerte à la cathédrale huit ans auparavant, et en attendant qu'on pût la poser, Graville l'avait confiée à un marchand de Rouen.

4. B. N. Mss. fr. 26113, n° 1281. V. aussi. B. N. Mss. fr. 25785, n° 211.

5. B. N. Mss. fr. 26111, n° 1303.

6. B. N. Mss. fr. 26114, n° 20.

7. A. N. KK. 89, f° 83.

8. B. N. Mss. fr. 26114, n° 46.

9. Le 12 janvier 1516, il donnait quittance à Jean Lalemant, receveur général de Normandie, de 1.382 l. 10 s. t. valant 790 écus d'or pour la garde de la nef amirale, la Loyse, pendant 1515, (B. N. Pièces originales du Cabinet des titres, Malet, n° 81.)

Le 17 décembre de la même année, il a des difficultés avec le Parlement de Rouen : une délibération du conseil de ville à cette date mentionne des lettres patentes de Louise de Savoie, régente, défendant à cette cour d'informer au sujet de la destitution du vice-amiral Louis de Clermont, prononcée par Graville [1].

Enfin, le 26 juin 1516, il faisait rédiger son dernier testament à Marcoussis, en présence de Dreux et de Jean Contesse, notaires au Châtelet de Paris [2]. Après avoir, dans un préambule admiré [3] justement, exprimé en un très beau langage les sentiments de piété, de reconnaissance et de repentir dont son cœur déborde envers Dieu, recommandé son âme aux prières de tous les saints et bienheureux du royaume, ordonné à ses héritiers de restituer ses biens « *mal acquis* », s'il s'en trouve dans la succession, et réglé très minutieusement l'ordre et la marche de ses obsèques, il énumère ses dernières volontés [4].

Il fait d'abord plusieurs legs pieux : 300 l. t. aux sœurs grises de Saint-Eutrope ; 200 à celles de Bernay ; 20 l. à la fabrique de la Madeleine de Marcoussis, et autant à celle de Choisy-sous-Malesherbes ; 200 l. pour vêtir des jeunes gens qui entreront en religion ; 3.000 l. au collège de Montaigu ; 300 l. pour

1. Archives municipales de Rouen. Délibérations A10, fᵒ 414ᵇ.
2. B. N. Mss. fr. 4332 (copie du xviᵉ siècle).
3. M. Malte-Brun (*op. cit.*, p. 108) dit, reproduisant du reste un renseignement donné par M. de Laqueuille (*op. cit.*, p. 9, note 1), que ce testament, « cité « comme un modèle de religion et d'abnégation chrétienne, fut imprimé dans « plusieurs livres d'église de l'époque. » Nous n'avons pu retrouver les ouvrages dont parle M. Malte-Brun. Le même auteur (*ibid.*) et M. de Laqueuille (*ibid.* relatent aussi, d'après le P. Anselme (t. VII, p. 865), que le cardinal de Richelieu aurait fait imprimer le testament de Graville pour le comparer au sien, et montrer que l'amiral était plus riche que lui. Sur ce point également, nos recherches ont été infructueuses, mais nous serions assez porté à croire qu'il y a là erreur ou confusion : le testament de Graville n'eût pu prouver que Richelieu avait amassé moins de richesses, car l'amiral n'y fait pas l'énumération de ses biens.
4. Nous avons réuni sous trois rubriques les dispositions de Graville disséminées sans ordre dans vingt-deux pages.

réparer le couvent des pères minimes de Malesherbes, etc. Il
confirme toutes les fondations qu'il a faites. Il s'occupe ensuite
de ses serviteurs et laisse : 500 l. à distribuer entre ses quatre
ou cinq plus anciens domestiques ; 200 l. à Pierre Droulin, son
chapelain, « pour le bon service qu'il a fait audict s' testateur
« pour lequel par cy devant ne lui a demandé autre chose que
« ce qu'il a pleu audit s' testateur et affin qu'il prie Dieu pour
« luy ; » 100 l. à chacun de ses pages ; 200 l. à Louis le Som-
melier ; 500 l. à Marie Bernard, dite de Bois Garnier, filleule
de Marie de Balzac, pour l'aider à se marier ; 300 l. à François
Rou « pour ce qu'il tira de son jeune aage de l'église mons' S'
« Martin de Tours en laquelle s'il y feust demouré, eust peu
« estre pourveu ».

Il passe enfin à sa famille. D'abord, les parents éloignés :
François de Cherville, s' de Palaiseau, cousin de Graville, a
2.000 l. t. Jean de Sainte-Marie, s' de Blosseville, également
son cousin, obtient la confirmation d'un don de 300 l.

Le reste de la succession sera partagé entre les enfants du
vidame de Chartres et de feue Louise de Graville, sa fille aînée
représentant une tête, et Jeanne, veuve de Charles d'Amboise. Quant à Anne, elle n'a que la part qui lui a été assignée
précédemment. Le testateur, qui n'avait que des filles, songe
ensuite à ce que deviendra son nom : la crainte qu'il disparût
en même temps que lui l'avait déjà préoccupé, et il avait fait
insérer dans le contrat de mariage de Jacques de Vendôme
avec sa fille aînée un article portant « s'il n'avoit enffans
« malles et lesdits mariez en eussent plus d'un, que le second
« seroit tenu prendre le nom et armes de sa terre et seigneurie
« de Graville », et l'infraction à cette clause entraînait une
pénalité [1]. Par son testament, Graville explique que si le

____

1. Nous ne savons en quoi elle consistait, n'ayant pu retrouver le contrat
de mariage dont il s'agit.

deuxième fils en question, nommé Charles, se refusait à ce changement de nom, lui seul et non son frère aîné Louis, perdrait sa part d'héritage : elle devait alors passer à ses trois cousins, le s^r de Rouville, grand veneur de France, le s^r de la Fayette, capitaine de Boulogne-sur-Mer, et le s^r de Palaiseau.

Après avoir recommandé ses petits-enfants au roi et au parlement, le testateur termine en désignant pour ses exécuteurs testamentaires le chancelier Duprat, le s^r de Boisy, grand maître de France, son cousin de Palaiseau, Noel Béda, docteur en théologie, Georges Gaston, prêtre, le s^r de Bellefontaine et Jean Corignet, avocat au parlement. Il lègue à chacun des deux premiers 300 écus ; 200 l. à chacun des deux seconds, et à chacun des deux derniers, 100 l. t.

Tranquille sur le sort des personnes qui lui étaient chères, sur l'avenir des œuvres pieuses qui avaient été sa joie et son orgueil, Graville attendit avec la résignation d'un chrétien son dernier jour : il ne devait pas tarder. Il mourait à Marcoussis le 30 octobre 1516, à en croire un extrait des archives du prieuré de Graville [1]; en novembre seulement, si l'on s'en rapporte au journal d'un bourgeois de Paris [2].

Son corps fut déposé aux Cordeliers de Malesherbes, avec celui de son fils aîné, Louis de Graville [3]; son cœur fut porté au prieuré de Graville Sainte-Honorine, desservi par des chanoines réguliers ; ses entrailles restèrent aux Célestins de Marcoussis, où plusieurs de ses descendants furent inhumés après lui [4].

---

1. B. N. Cabinet des titres. Dossiers bleus, Malet, f° 62.
2. *Journal d'un bourgeois de Paris sous François Ier*. Paris, 1854, p. 43.
3. Malte-Brun, *op. cit.*, p. 108.
4. *Ibid.*, p. 117-118.

Sur sa tombe, à Bois-Malesherbes, on lit cette épitaphe [1] :

CI-GIT Mre LOUIS, SIRE DE GRAVILLE
SEIGNEUR DE MARCOUSSIS, MILLY, SEES,
BERNAY ET LE BOIS-MALESHERBES
ADMIRAL ET GRAND-MAITRE DES
ARBALETRIERS DE FRANCE [2], GOUVERNEUR
DE PICARDIE ET DE NORMANDIE
FONDATEUR DE CE MONASTERE AVEC
DAME MARIE DE BALZAC, SON ESPOUZE
LEQUEL DECEDA EN L'AN 1515

Mre CÉSAR DE BALSAC, CH[lr] SEIGNEUR
D'ENTRAIGUES ET DE GYÉ EN L'HONNEUR
DE SON TRISAIEUL A FAIT METTRE CESTE
TOMBE AU LIEU DE L'ANCIENNE SEPULTURE
LAQUELLE AVEC TOUT LE MONASTERE
FUT BRUSLEE PAR LES ENNEMIS DE LA
FRANCE EN L'AN 1563
PRIEZ DIEU POUR EUX
1630

1. *Bulletin de la Société archéologique de l'Orléanais*, t. III, p. 261-2.
2. Graville a été confondu avec son grand-père, Jean V (1423-1449); il n'a jamais été grand-maître des arbalétriers de France.

CONCLUSION

Trois sentiments, selon nous, ont dominé toute la vie de Graville, et marqué son caractère : une fervente piété, une équité qui s'alliait à un désintéressement bien rare à son époque.

Sa piété, sa dévotion, si l'on veut, était sincère et sans arrière-pensée, comme sans faiblesse : il savait séparer la religion des ministres qui la servent, ne pas plier à toutes leurs exigences et se refuser à servir d'instrument à leurs passions : son testament, ses nombreux bienfaits aux églises de ses paroisses et aux communautés établies sur ses terres nous ont prouvé qu'il confondait dans son cœur, sans préférence, le clergé régulier et le clergé séculier.

La Trémoille, lors de la prise de Saint-Malo, les Rouennais, quand il leur prêta ses bons offices à la cour, les héritiers du duc de Nemours, Louis XII, quand il dut lui engager son domaine, purent témoigner de son indifférence pour l'argent. Son équité n'était que la conséquence de ce détachement; mais il voulait qu'elle lui fût appliquée comme il l'appliquait aux autres ; et si, dans ses nombreux procès, elle le poussait à établir avec une opiniâtreté, peut-être excessive, son droit strict, sa générosité en corrigeait la rigueur en lui faisant abandonner à ses adversaires l'objet en litige, ainsi qu'il fit dans ses discussions avec la Trémoille.

Relevée d'un ferme bon sens, d'une sagesse et d'une expérience qu'il devait à l'habitude des grandes affaires, cette conscience qu'il pratiquait dans la vie privée paraît avoir été sa règle dans

14

la vie publique : elle l'empêcha d'être aveuglé par les *fumées et les gloires d'Italie* ; les ambassadeurs florentins remarquaient avec étonnement et scepticisme l'attitude de l'amiral qui, en 1493, lorsque tout le monde s'inclinait devant les désirs du souverain , osait lui résister, sacrifiant à ses scrupules son crédit, et qui, se sentant importun, quittait la cour « *per non dirigere bracchia contra torrentoni o dire di se contra conscientiam.* » Ces scrupules pouvaient faire sourire des contemporains, aux yeux de qui la dissimulation et la fourberie étaient presque des qualités, mais ils confirment tout ce que nous savons de l'homme dont le patriotisme trouvait des accents si indignés pour interdire à Maximilien le droit de s'occuper des choses de France ; ils sont bien dignes de ce grand seigneur si provincial de cœur, que ses compatriotes le proclamaient le père de leur pays ; de ce courtisan qui, près de mourir, repassait avec tant d'impartialité les actes de toute sa carrière et faisait retour en termes si touchants sur les souffrances du pauvre peuple.

A ces qualités sévères, Graville joignait des penchants plus aimables et qui dénotent une intelligence élevée ; il encourage le directeur du collège de Montaigu, Standonck et l'aide à instruire les déshérités du monde ; amateur des beaux livres, des manuscrits enluminés, il puise dans ce commerce littéraire un style clair, aisé, où le mot arrive toujours juste, parfois piquant, aiguisé d'une fine et légère ironie. C'est déjà presque un homme de la Renaissance : il fait décorer par des artistes italiens son château de Marcoussis ; il collectionne les tapisseries, les pierreries et les joyaux, et François Ier acheta à ses héritiers pour 6.000 l. « une grande esmeraude enchassée « en or en ung chaton garny de huit perles à l'entour [1] ».

---

1. B. N. Coll. Fontanieu, t. 165-166 (15 avril 1517).

En résumé, de 1484 à 1515, la période la plus féconde en heureux résultats fut celle où Graville dirigea les affaires avec Madame de Beaujeu ; c'est alors que fut préparée la réunion de la Bretagne à la France, et des trois personnes, Anne de Beaujeu, la Trémoille et Graville, qui collaborèrent à cette grande œuvre, la moindre part n'en revient pas à ce dernier. Aussi serons-nous satisfait, si nous avons fait regretter que Charles VIII et Louis XII n'aient pas plus souvent fait appel à ses lumières et à ses services ; les concessions de 1493, la funeste expédition d'Italie et les revers de 1513 et de 1514 eussent peut-être été évités.

APPENDICE

SEIGNEURIES POSSÉDÉES PAR GRAVILLE

Louis de Graville hérita de son père des seigneuries de
Graville, de Gometz-le-Châtel et de Bois-Malesherbes [1]. Il etait
déjà possesseur des seigneuries de Montaigu, Marcoussis [2], de
Milly, de Séez et de Bernay, de Vaudeuil, et de la moitié de
celle de Montceaux. Il fut propriétaire pendant sept ou huit
ans de la terre de Nemours, dont il ne garda, comme on a vu,
que le fief de Brétencourt, et de celle de Chevreuse pendant
cinq ans. Depuis 1474, il fut capitaine de Pont-de-Larche.
Enfin, après la mort de son père, il acquit les terres de
Golainville, de Grassay et de Pontchartrain [3], et un hôtel à
Paris.

Nous allons exposer brièvement les renseignements que
nous avons pu recueillir sur l'administration de Graville dans
quelques-unes de ses terres.

GRAVILLE.

Cette seigneurie comprenait, si l'on s'en rapporte à un compte
de l'année 1491, les prévôtés de : Graville, Harfleur, Sanvic [4],

1. A. N., P. 16, n° 5871 (Hommage prêté par Louis de Graville à Louis XI, à la
mort de son père, Plessis-du-Parc, 2 novembre 1482).

2. M. Malte-Brun (*Hist. de Marcoussis*, p. 88, note) croit que Louis de Graville
avait reçu en 1458 cette seigneurie de son père. Toujours est-il qu'il en portait
le titre le 6 mai 1479 (V. P. J. n° 7).

3. Du moins elles ne sont pas mentionnées dans l'hommage prêté à Charles VIII
(16 octobre 1483. A. N., P. 16, n° 5880), tandis qu'elles le sont dans celui prêté à
Louis XII (12 juillet 1499. A. N., P. 7, n° 2336).

4. Seine-Inférieure, arrondissement et canton du Havre.

Ingouville [1], Fontaine [2], Rouelles [3], Colleville [4], Montivilliers [5], Saint-Sulpice [6], Herlonde, Octeville [7], Cauville [8], Escrepintot [9], Gonneville [10], Coudray [11], Saint-Sauveur d'Emalleville [12], Bornambusc [13], Torainville [14], La Fontaine Bray [15], Bréauté [16], Vattetot [17], Ymoville [18], Saint-Jouin [19] et Grandcamp [20].

Nous n'avons pu retrouver sur cette seigneurie l'acte de l'hommage que Louis de Graville prêta à cause d'elle à Louis XI après la mort de son père. Mais il dut le prêter le même jour que pour ses terres situées dans l'Ile-de-France, c'est-à-dire le 2 novembre 1482 [21], au Plessis-du-Parc.

Deux ans auparavant, Jean de Graville avait fait construire à Rouelles une chapelle dédiée à Saint-Léonard [22]. Le compte où sont détaillées les dépenses de cette construction parle de sucres, de grenades, de limons, d'oranges envoyés par Harfleur à Marie de Montberon, deuxième femme de Jean de Graville. Il

1. Seine-Inférieure, arrondissement d'Yvetot, canton de Saint-Valery-en-Caux.
2. *Ibid.*, arrondissement du Havre, canton de Saint-Romain.
3. *Ibid.*, arrondissement du Havre, canton de Montivilliers.
4. *Ibid.*, arrondissement d'Yvetot, canton de Valmont.
5. *Ibid.*, arrondissement du Havre.
6. *Ibid., ibid.*, canton de Montivilliers.
7. *Ibid., ibid.*
8. *Ibid., ibid.*
9. Sans doute Epretot, arrondissement du Havre, canton de Saint-Romain.
10. *Ibid., ibid.*, canton de Criquetot-Lesneval.
11. *Ibid.*, commune de Gruchet Saint-Siméon, arrondissement de Dieppe, canton de Bacqueville.
12. Seine-Inférieure, arrondissement du Havre, canton de Goderville.
13. *Ibid., ibid., ibid.*
14. *Ibid., ibid., ibid*
15. Arrondissement de Neuchâtel-en-Bray, canton de Saint-Saens.
16. Arrondissement du Havre, canton de Goderville.
17. *Ibid.*
18. Arrondissement de Rouen, canton de Boos.
19. Arrondissement du Havre, canton de Criquetot-Lesneval.
20. Canton de Lillebonne.
21. A. N., P. 16, n° 5871.
22. Beaurepaire. *Notes historiques et archéologiques concernant le département de la Seine-Inférieure*, Rouen, 1883, in-8°, p. 86.

paraît que le château[1] possédait une volière et une ménagerie :
le prieur de Graville les garda trente-sept semaines, et il reçut
à cet effet 47 l. Dans la ménagerie, il y avait un magot et un
ours. Le magot fut conduit à Bois-Malesherbes par Buille
le Cornet, et on acheta à Paris, le 27 mai 1480, pour l'ours,
une chaîne et un collier de fer. La même année, Jean de
Graville avait fait exécuter des réparations au château[2] ; un
appentis de quarante-cinq pieds de long et quatorze de large
avait été adossé au pignon de la grande salle ; un degré à vis
et à bourdon avait été établi pour communiquer de la chambre
du bas au premier ; et des fenêtres croisées avaient été percées
à ces deux pièces.

Louis de Graville se préoccupait peu d'entretenir ce château.
La première réparation, ordonnée par lui, que mentionnent les
comptes de la seigneurie, date de 1490 et coûte 7 l. 8 s. 6 d.
L'amiral avait fait jeter à l'entrée du château un pont de trente-
cinq pieds de long sur douze de large[3], avec des sommiers en
dessous pour porter les lices. Il préférait agrandir son domaine :
le 30 septembre 1490[4], il achetait de Guillaume de Courcy,
la vavassorerie de Saint-Vigor d'Immoville[5].

Pendant l'année 1491[6], les recettes de la seigneurie de
Graville et de ses dépendances s'élevèrent à 2.407 l. t. 9 s.
4 d. ob. 4 esterlins et 4 fers à cheval.

1. M. de Beaurepaire parle à ce propos des habitudes de luxe de l'amiral
Louis de Graville, et il ajoute : « Louis de Graville, profitant de ses hautes fonctions et de ses relations avec les navigateurs, s'était formé une sorte de ménagerie de bêtes et d'oiseaux, dont le prieur de Graville eut la garde pendant
37 semaines, du 1er janvier au 25 septembre 1480. » Or, Louis n'est devenu sr
de Graville qu'en 1482 et n'a été créé amiral qu'en 1487. C'est donc Jean qui est
en jeu.

2. Beaurepaire (*op. cit.*, p. 102).

3. *Ibid.*, p. 102.

4. Archives de la Seine-Inférieure A¹10.

5. Seine-Inférieure, arrondissement du Havre, canton de Saint-Romain.

6. Archives de la Seine-Inférieure. A 9. Cette série possède plusieurs comptes
de la seigneurie de Graville : nous avons choisi celui de 1491 comme le plus
complet.

En 1493, Graville fit réparer la « closture du chasteau » ;
elle était ouverte par plusieurs brèches : ce ne furent là que
des travaux d'entretien, dont les dépenses s'élevèrent une première fois à 12 l. t. et une deuxième fois, à 100 sous [1].

Durant sept années, l'amiral oublie sa terre patronymique.
En 1500, il use de son droit de présentation à la cure du
Havre, droit que son père avait aussi en 1462, et dont lui-même
se prévalut en 1508. Ce dernier titre s'exprime ainsi [2] : « Col-
« latio parrochialis ecclesiæ de Ingovilla cum suo succursu
« de Portu Gratiæ — facta Jacobo de Vimont per nobilem
« virum — habentem jus patronatum presentandi ad eandem
« parrochialem ecclesiam ratione terræ et domino de Graville ».
Le s[r] de Graville était, en effet, comme on a vu plus loin, le
seigneur des villages de Graville, l'Eure, Ingouville, faubourgs
annexés maintenant au Havre ; et, à ce titre, il percevait des
droits importants sur les ports et les rivières de la Seine.

Ainsi au havre de l'Heure, entre autres droits, il percevait
sur chaque nef qui s'y arrêtait, 5 sous, la moitié des poissons
qui y échouaient, des droits de « queage », etc. A Harfleur,
au Chef de Caux, à Cancarville, ses recettes consistaient aussi
en droits de pêche et d'épaves « de secage, de retz, sieges de
« nefz, brebiages, foul et deffoul ». Ces droits sont énumérés
dans un procès-verbal que rédigèrent Mennessier Doulley et
Etienne Deshalles, tabellions à Harfleur, le 17 décembre 1464 [3].
Ils furent perçus sans difficulté jusqu'à la fondation, par
François Ier, de la ville française de Grâce, qui, on le sait,
s'éleva sur l'emplacement des villages de l'Heure et d'Ingouville,
aujourd'hui annexés au Havre, mais qui à cette époque appartenaient aux Graville : alors les héritiers de Louis de Vendôme, à

1. Archives de la Seine-Inférieure, A 9.
2. A. N. R 3/52.
3. P. J., n° 1.

qui son grand-père l'amiral avait légué la seigneurie de Graville, perdirent ces bénéfices ; ils adressèrent au roi une demande d'indemnité ; celui-ci commit, le 16 juin 1532 [1], Antoine du Bourg et René de Beedelièvre pour faire une enquête sur leur valeur approximative ; il est à remarquer qu'au cours de cette information fort longue, où fut produite une foule de pièces et de mémoires, où des témoins âgés furent appelés pour évaluer les redevances perçues bon an mal an par les seigneurs de Graville, le procès-verbal que nous citons n'a pas été employé.

En 1508, Graville avait eu à propos du prieuré de Graville, quelques ennuis [2]. Le 8 juin, il refusa « un nommé le Roy » présenté par le cardinal d'Amboise, archevêque de Rouen, et Aubery, présenté par le prieur de Sainte-Barbe en Auge : l'amiral fondait son refus sur « ce que ledit prioré ne pouvoit « estre dict electif, en tant que par la fondation était ordonné « que vacant ledit prioré, par les religieux du lieu appelez deux « des religieux de Sainte-Barbe dont le dit prioré de Graville « dependoit, seroient esleuz et nommez au s[r] de Graville « fondateur pour eux prendre à choisir [2] ». Le Parlement décida que le Roy serait mis à l'amende « et clameur de haro », la collation donnée à Aubery tandis que les revenus seraient administrés par deux religieux de Sainte-Barbe.

MARCOUSSIS, BOIS-MALESHERBES, MILLY, GOMETZ-LE-CHATEL.

Nous réunissons en un seul paragraphe ce que nous savons de ces différentes seigneuries, dont le territoire comme l'histoire se confond sous Louis de Graville : se reliant presque toutes les unes aux autres, elles ne constituent en réalité qu'un seul et vaste domaine qui s'étendait de Milly à Néauphle-le-Châtel et d'Etampes à Corbeil. Elles comprenaient les villages

---

1. Stéphano de Merval. *Documents relatifs à la fondation du Havre*, Rouen, 1875, p. 316.
2. Bibliothèque de Rouen, mss. Y 137.

de Marcoussis [1], Boissy [2], Egly [3], Breuillet [4], la Ronce [5], Chanteloup [6], Nozay [7], Villiers [8], Ville-du-Bois [9], Cheptainville [10], Vaularon [11], Guillerville [12], Châtres [13], Saint-Yon [14], Guiberville [15], Biscorne [16], la Boissiére ou la Grange aux Moines [17], Milly [18], Maisse [19], Rivières [20], Moigny [21], Boutigny [22], Videlles [23], Buno [24], Bois-Malesherbes [25], Golainville [26], Gometz-le-Châtel [27], Grassay [28], Pontchartrain [29], Héricy [30], Hangest [31], Mortefontaine [32], Nogent-les-Vierges [33], Villiers [34], Saint-Paul [35].

1. Seine-et-Oise, arrondissement de Rambouillet, canton de Limours.
2. Boissy-sous-Saint-Yon, Seine-et-Oise, arrondissement de Rambouillet, canton de Dourdan.
3. Seine-et-Oise, arrondissement de Corbeil, canton d'Arpajon.
4. *Ibid.*, arrondissement de Rambouillet, canton de Dourdan.
5. *Ibid.*, commune de Marcoussis.
6. *Ibid.*, commune de Saint-Germain-lez-Arpajon.
7. *Ibid*, arrondissement de Versailles, canton de Palaiseau.
8. *Ibid.*, commune de Nozay.
9. *Ibid.*, arrondissement de Versailles, canton de Palaiseau.
10. *Ibid.*, arrondissement de Corbeil, canton d'Arpajon.
11. *Ibid.*, commune de Marcoussis.
12. *Ibid.*, commune de Linas.
13. Aujourd'hui Arpajon, arrondissement de Corbeil.
14. *Ibid.*, arrondissement de Rambouillet, canton de Dourdan.
15. *Ibid.*, arrondissement de Corbeil, canton d'Arpajon.
16. *Ibid.*, commune de Marcoussis.
17. *Ibid.*, arrondissement et canton de Rambouillet.
18. *Ibid.*, arrondissement d'Etampes.
19. *Ibid.*, *ibid.*, canton de Milly.
20. *Ibid. ibid.*
21. *Ibid.*, *ibid.*
22. *Ibid.*, *ibid.*, canton de la Ferté-Alais.
23. *Ibid.*, *ibid.*, *ibid.*
24. Commune de Milly.
25. Loiret, canton de Pithiviers.
26. *Ibid.*, *ibid.*
27. *Ibid.*, arrondissement de Rambouillet, canton de Limours.
28. *Ibid.*, arrondissement de Mantes, canton de Houdon.
29. *Ibid.*, arrondissement de Rambouillet, canton de Chevreuse.
30. Seine-et-Marne, arrondissement de Melun, canton du Châtelet.
31. Commune d'Héricy.
32. *Ibid.*
33. Oise, arrondissement et canton de Senlis.
34. *Ibid.*, *ibid.*, canton de Creil.
35. *Ibid.*, arrondissement de Beauvais, canton d'Auneuil.
Nous donnons cette liste de terres d'après les hommages rendus par Louis de

La s[rie] de Milly paraît avoir été possédée de toute ancienneté par Graville ; en 1480, elle lui appartenait depuis assez long-temps, semble-t-il ; toute son organisation judiciaire existait dès lors ; le bailli, le prévôt et les officiers avaient eu des difficultés avec le bailli de Melun qui prétendait évoquer les appels de leurs sentences. En novembre 1480, à la prière de Graville, Louis XI plaça la terre de Milly sous le ressort direct du parlement de Paris : les lettres patentes furent enregistrées le 21 février 1481 [1]. Le même jour étaient enregistrées des lettres patentes expédiées [2] le même mois que les précédentes, accordées à Louis de Graville et détachant la paroisse de Cély [3] de la juridiction du bailliage de Melun pour la rattacher à la seigneurie de Milly. Les appels des sentences rendues à Milly pour Cély devaient donc être portés au Parlement de Paris. Le préambule de la pièce nous apprend qu'elle rétablissait simplement ce que Philippe le Bel avait octroyé, en juillet 1295, à Hugues de Bouville, s[r] de Milly : à la faveur de la guerre de Cent ans, des désordres s'étaient produits et les baillis royaux de Melun en avaient profité pour empiéter sur les prérogatives des s[rs] de Milly.

Nous avons vu qu'en novembre 1484, Charles VIII autorisa Graville d'amortir aux mains des Célestins de Marcoussis des terres dépendant de Marcoussis, qu'il leur avait données.

En 1488, l'amiral put mettre fin à un procès que son père avait entamé en 1481, au sujet des seigneuries de Marcoussis et de Montaigu, et que Louis, en bon fils et en vrai Normand

Graville à Louis XI (2 novembre 1482. A. N., P. 16, n° 5871) ; à Charles VIII (16 octobre 1483 et 10 juillet 1495. A. N., P. 16, n° 5888, et P. 1, n° 405) ; à Louis XII (12 juillet 1499. A. N., P. 1, n° 430, P. 17, n° 2236 et P. 16, n° 5920). Cette énumération est forcément incomplète ; ainsi elle omet les seigneuries de Montaigu en Laie et de Chevreuse que posséda Graville.

1. *Ordonnances*, XVIII, p. 576.

2. A. N. X[1a] 8607, f° 266.

3. Seine-et-Marne, arrondissement et canton de Melun.

avait continué. « Par arrest du 24 avril 1461 [1] les châtellenies,
« terres et seigneuries de Marcoussis et de Montagu avoient
« esté jugées appartenir à messire Robert de Sarrebruche,
« seigneur de Commercy, comte de Roussy et de Bresne et à
« dame Jeanne de Roussy, sa femme à cause d'elle, contre
« messire Jehan de Graville ». Robert de Sarrebruck fondait
sa revendication sur les droits de sa tante Bonne Elisabeth de
Montaigu [2] ; la terre fut un instant mise dans la main du roi,
qui donna gain de cause aux Graville, vu sans doute la captivité du père et les mérites du fils. Le retour de Jean de Graville, en 1478, sa mort en 1482, permirent à Robert de Sarrebruck de ramener l'affaire devant la cour ; enfin, par « acte
« passé double sous le scel de la prévosté de Paris, le mardy
« 5 février 1487 (1488) », le comte de Commercy abandonna
aux mains d'André d'Epinay, archevêque de Bordeaux, procureur de l'amiral, « la part et portion qui lui appartenoit
« comme heritier de Jehanne de Roussy son ayeule dans les
« terres et chastellenies de Marcoussis et de Montaigu en Laie
« pour le prix et somme de 2.300 livres tournois » que lui fit
compter l'amiral.

Ce litige était à peine terminé, que Graville en entamait un
autre (1479) avec les seigneurs de Chevreuse. Colard ou
Nicolas de Chevreuse avait, en 1441, grevé sa baronnie d'une
rente de 100 écus d'or, au profit du bâtard de Saveuse, aux
droits duquel Graville se trouva substitué, nous ignorons pourquoi [3]. En 1484, Colard de Chevreuse maria sa fille, Yde, à
Antoine de Canteleu et lui attribua « par contrat de mariage
« sa terre et baronnie de Chevreuse ou du moins ce qui lui
« restait de droits sur cette terre (Graville n'était pas son seul

1. B. N. Mss. Moreau 1086, p. 6965.
2. V. Malte-Brun, *op. cit.*, p. 87.
3. A. Moutié. *Chevreuse. Recherches historiques, archéologiques et généalo-
giques*. Rambouillet, 1876, 2 vol. in-8° (t. II, p. 436).

« créancier), à la charge par les époux de compter à Louis
« de Graville sa rente de 100 écus d'or et tous les arrérages
« accumulés depuis sa constitution ». Ceux-ci n'exécutèrent
aucune des conditions du contrat. Colard les poursuivit devant
le prévôt de Paris qui le remit en possession de ses domaines.
Il était néanmoins très embarrassé : sa terre dévastée n'était
d'aucun revenu et toutes les dettes que n'avait pas acquittées
sa fille venaient l'accabler. Aussi, le 7 janvier 1489, vendait-il à
Jean d'Epinay, agissant comme procureur de l'amiral, la moitié de la baronnie [1], moyennant une somme de 1.000 l. t. une
fois payée et une rente de 200 l. t. payable à la Saint-Jean et à
la Noël. De longs débats s'ouvrirent alors entre Graville, Yde de
Chevreuse et le chapitre de Notre-Dame de Paris. Ce dernier
était créancier d'une rente de 20 l. parisis imputée sur Chevreuse;
depuis 1464 elle ne lui était plus payée et il avait fait mettre
la terre en criée. Pour qu'une surenchère ne lui enlevât pas
cette seigneurie qu'il avait eu tant de peine à acquérir, l'amiral,
dès 1495, s'efforça de désintéresser le chapitre : à cet effet, il
lui fit différentes propositions [2]; une seule faillit aboutir. Le
5 décembre 1487, le chapitre acceptait son offre de transporter
sa rente sur sa terre d'Ablis, propriété de l'amiral, à la condition que ce dernier payerait 500 l. pour les arrérages et qu'il
la ferait amortir à ses frais. Tout paraissait réglé : l'amiral
avait même obtenu du roi, en février 1489 [1], l'autorisation
d'amortir les 20 l. transportées sur la terre d'Ablis, et la
remise des droits d'amortissement, et la Chambre des comptes
avait enregistré les lettres royales le 8 juillet 1489, quand la
mort de Colard Chevreuse, advenue en 1489, vint tout remettre
en question. A la requête d'Antoine de Canteleu, le chapitre

1. L'autre moitié appartenait à Yde, à cause du douaire coutumier de sa
mère, Jeanne de Saveuse.

2. V. Moutié, *op. cit.*, II, p. 446.

3. B. N. Fonds latin des Nouvelles acquisitions, 2328, f° 50.

n'opéra pas le transport [1]. Cependant Yde de Chevreuse poursuivait la procédure engagée contre Graville, le 16 mai 1494, un arrêt du Parlement évinçait Graville des terres de Chevreuse et les adjugeait par retrait lignager à Yde. Elle accusait l'amiral d'avoir fait sur la baronnie pour plus de 10.000 écus de dommage. Mais Graville avait encore sur la terre de Chevreuse les droits qu'il tenait de la rente de 100 écus d'or qui lui était due. Elle fut adjugée par retrait lignager, le 21 avril 1499, à Robert de Canteleu, comme curateur de Claude de Canteleu. La consignation en aurait été approuvée par la chambre des requêtes le 2 avril 1501 et confirmée par arrêt du 2 mars 1502 [2].

En 1495, Graville achetait « des maisons, terres, bois et fiefs, » à Passy et près des bois de Joyenval. Il prêtait hommage, à cause de cette acquisition, entre les mains de Robert Briçonnet, le 10 juillet 1495 [3], à Moulins.

Ces années (1488-1489-1490) sont pour Graville fertiles en procès. Le 18 décembre 1490 [4], le conseil du parlement suppliait Charles VIII de ne pas laisser porter devant les requêtes de l'hôtel le procès intenté par Graville à Gilbert de Grassay, s[r] de Champeroux, mais, au contraire, de le laisser débattre devant la cour. Il s'agissait probablement d'un conflit de juridiction ou d'un refus d'hommage à propos de « partie du « fief de la terre et seigneurie de Grassay, ses appartenances « et deppendances » qui appartenait à Graville et relevait de Néauphle-le-Châtel [5].

Le 5 avril 1494 [6], les religieux du couvent de Sainte-Croix

1. Moutié, *op. cit.*, II, p. 449.
2. *Ibid.*, p. 451.
3. A. N., P. 1, n° 405.
4. B. N. Mss. fr. 23731, f° 17 v°.
5. A. N. P. 7, n° 2336.
6. A. N. S. 1004.

de la Bretonnerie déclaraient tenir « en foy et hommage » de
Louis de Graville, des domaines sis aux terroirs de Varennes,
de Mondeville et de Saint-Léonard, et relevant des seigneuries
de Videlles, de Morigny et de Milly. Au cours de cet hommage,
les religieux rappellent que, le 5 avril de l'année précédente [1],
« pour la bonne amour et devotion que mondit seigneur a eue
« à nous et nostredite eglise, en faveur que feux dignes de
« memoires nobles personnes, Girard de Montagu et Beatrix sa
« femme, ses parents et predecesseurs sont inhumés en nostre
« eglise », leur a fait remise de 225 l. 2 s. 6 d. t., montant des
droits de lods et ventes qu'ils lui devaient sur les terres
du Grand et Petit Varennes, acquises par les religieux, le
6 mai 1491, de Pierre Fide et de sa femme.

C'est aussi en 1494 que Graville fonda à Malesherbes un
couvent dédié à Notre-Dame-de-Pitié et desservi par les Cordeliers [2]. La fondation fut confirmée en 1495 par le pape,
mais ce ne fut qu'en 1496, que l'archevêque d'Orléans, Tristan
de Salazar [3], autorisa la pose de la première pierre. Les calvi-
nistes dévastèrent le monastère pendant les guerres de religion
(1563) : mais le renom de l'honnêteté de Graville subsistait
encore et ils épargnèrent son tombeau [4].

Dès 1485 (10 mai [5]), Graville commettait son cousin, Jean
d'Epinay, abbé commendataire de Notre-Dame d'Aiguevive et
évêque de Mirepoix, pour son procureur dans la seigneurie de
Gometz-le-Châtel : celui-ci en cette qualité reçut les hommages
de Guillaume de Villetain, seigneur de Gif, vicomte de Châ-

1. A. N. S. 1004.   Le 21 novembre 1514, en recevant l'hommage du nouveau
prieur, Michel Mulot, représenté par Guillaume Saumon, Graville abandonnait
au même monastère les mêmes droits.
2. F. Gonzaga. *De origine seraphiæ religionis franciscanæ*. Rome, 1587, p. 590,
D. Morin, *Histoire du Gâtinois*, t. II. p, 390. *Annales minores* publiées par Wadding.
Rome, 1736, XV, p. 120.
3. E. Menault, *Morigny, son abbaye*, etc. Paris, 1867, p. 212.
4. Gonzaga, *ibid.*, *ibid*.
5. B. N. Cabinet des titres. Pièces originales. Villetain, f° 75.

teaufort, qui était lieutenant de l'amiral à Pont-de-l'Arche, le 12 avril 1489 [1]. Le 13 janvier 1494 [2], l'évêque fit recevoir par Jean Prunelle, seigneur de Richarville, en présence de Guillaume Piel, substitut du tabellion, la déclaration des cens et redevances dus à l'amiral, à Gometz-le-Châtel. Il en avait sans doute besoin pour rédiger le terrier de Marcoussis et compléter les archives qui gisaient non classées dans une tour du château [3]. Ce terrier manuscrit était orné de belles miniatures ; il est encore décrit dans l'inventaire rédigé en 1781 pour la comtesse d'Esclignac ; mais, pendant la Révolution, il fut déposé à Versailles, puis remis à la comtesse de la Myre, sur sa réclamation ; en 1851, à la mort du marquis de Salperwick, il fut acquis pour 150 fr. par M. Balaï de la Bertrandière, et depuis on n'en a plus de nouvelles.

C'est à partir de cette époque (1497) que Graville délaissa presque complètement le Bois-Malesherbes pour faire de Marcoussis sa résidence favorite ; à cet effet et aussi sans doute pour se distraire de ses longues maladies, il répara, agrandit et embellit ce château où il devait mourir [4]. Dans la grand'salle il fit peindre à fresque, peut-être par quelque artiste venu d'Italie, « l'entrée du roy Charles VIII à Naples, en costume « de roi de Jérusalem et sur un cheval couvert d'une riche « housse aux armes de ce royaume. Cette décoration fut répé- « tée dans la chambre située au dessus, que l'on appelait la « chambre du Roi. » Aux murailles, des amours lutinaient des nymphes ; les armoiries de Graville étaient entourées d'aigles et d'anges. Le prieuré (dit l'église de la Madeleine) ne fut pas davantage oublié par le pieux amiral ; on voit encore aux clefs de voûte de l'église communale de Marcoussis les armes de

1. B. N. Cabinet des titres. Pièces originales. Villetain, f° 75.
2. Bibliothèque de l'Arsenal. Mss. 6354.
3. Malte-Brun, *op. cit.*, p. 94-95 et notes.
4. *Ibid.*, p. 91-92.

Graville avec les fermaux et l'ancre symbolique de la dignité d'amiral ; ces mêmes armes sont encore conservées dans un des rinceaux du haut de l'ogive de la grande verrière située au dessus de la porte d'entrée [1].

Graville aurait encore fait construire une chaussée pour contenir les eaux de la Salmouille, des étangs de Roucy et de Craon, et en former l'Etang-Neuf.

Enfin il arrondissait ses domaines et acquérait les fiefs de Nozay, de la Ville du Bois et de Villiers-sur-Nozay [2] dont nous avons déjà parlé.

Le 15 juin 1477, Graville avait autorisé Marie de Balzac, sa femme, à tester ; il lui donnait, à cet effet, 1.500 livres qui, avec 500 l. qu'elle fournissait, étaient destinées à l'acquisition des fiefs du Pavillon (paroisse de Saint-Martin-d'Etampes), du Petit Bouville (paroisse de Chalost-Saint-Mars, près d'Etampes), de Fraville et du Rouage de Saint-Martin d'Etampes : l'achat de ces fiefs à Jean de Godainville, écuyer, fut réalisé le 8 juin 1498, et Marie de Balzac les donna aux Célestins de Marcoussis, à la condition que leur revenu serait employé à la fondation d'une messe perpétuelle et quotidienne pour le repos de son âme. Marie de Balzac voulut augmenter cette fondation, et par devant Jean Rousseau, tabellion juré de Montlhéry, le 24 octobre 1499, Graville l'autorisait de nouveau à faire un autre testament, jusqu'à concurrence de 2.793 l. 15 s., y compris les 1.500 l. t. qu'elle avait déjà reçues de lui [3]. En effet, on lit dans une autre pièce non datée que Marie de Balzac avait fondé dans le monastère des Célestins de Marcoussis, outre la messe quotidienne dont il a été question, un obit et une grand'messe solennelle et annuelle.

1. Malte-Brun, *op. cit.*, p. 92.
2. *Ibid.*, p. 93.
3. A. N. L 935.

Nous voyons par un compte de cette année [1] (24 juin 1497-24 juin 1498) que la seigneurie de Milly avec ses dépendances, Moigny, Boutigny, Maisse, Rivière, etc., rapportait en argent à l'amiral 381 l. 13 sous 6 deniers parisis ; à cette somme, s'ajoutaient des redevances en nature.

En 1500, il loua la prévôté de Marcoussis à Michel Lenormant pour 10 l. t. [2].

Dès lors c'est Marcoussis qui devient le principal souci de l'amiral : il améliore le sort des Célestins qui sont établis sur son domaine et a, malgré ses bienfaits, de nombreux démêlés avec eux.

Le 27 juin 1504, Louis XII mandait [3] aux prieur et religieux des Célestins de Marcoussis de remettre à Jean Robert et Guillaume Abernate [4] l'argent, les billets de banque et les papiers de l'Écossais Job Abernate, en son vivant serviteur de l'amiral de Graville : « Plus au long nous escripvons à.... l'ad-« miral, croyez de ce qu'il vous en dira. »

Les religieux ne se hâtaient pas de rendre une succession qui leur était échue, peut-être par un testament irrégulier, et le 9 juillet, du Bois-Malesherbes [5], Graville rappelait au prieur les ordres du roi : Depuis trois semaines, leur dit-il, la lettre que leur a adressée le roi à ce sujet est aux mains d'un gentilhomme malade à Orléans : « de nouveau le Roy m'en « escript assez aigrement ; » il les engage donc à « depescher « l'affaire ».

---

1. A. N. Q¹ 1517. Nous devons la communication de ce document à l'obligeance de notre confrère, M. Léon Legrand.

2. Malte-Brun, *op. cit.*, p. 106.

3. P. J., n° 18.

4. Compte du 1ᵉʳ janvier 1502 au 1ᵉʳ janvier 1503 (B. N. Mss. fr. 2927, f° 20). « Deniers baillez à gens et officiers qui en donnent compte. A Guillaume Abernati la somme de VIˣˣ l. t. à luy donnée et ordonnée par ledit sʳ durant ladite année de ce presens roole à icelle avoir et prendre sur la prevosté de Loches. »

5. P. J., n° 19.

Vers la même époque, il fondait dans leur église les chapelles de Notre-Dame-de-Pitié, envers qui il paraît avoir éprouvé une dévotion particulière, de Saint-Pierre Célestin et Saint-Benoît ; il relevait leur clocher renversé par la foudre et donnait à leur sacristie plusieurs riches ornements [1]. La bonté de l'amiral n'allait pas jusqu'à la faiblesse : les Célestins en firent l'expérience. Le roi rendait de fréquentes visites à l'amiral, et les religieux se disaient troublés dans leur couvent, que quelques haies seulement séparaient du château. Ils voulurent cons-truire une muraille, l'amiral s'y opposa (1509) ; mais ils n'en continurèrent pas moins leur construction ; l'amiral alors saisit les biens des religieux, et les força à lui céder, moyennant 400 l., 10 à 12 arpents de terre s'étendant de la grande rivière à la fontaine du Mesnil, et le fief de Bellejambes sis à Nozay, que leur avoit donnés un serviteur de l'amiral nommé Etienne le Prévost. Par son testament rédigé après le 4 mars 1504 [2], celui-ci leur avait légué tous ses biens meubles et immeubles sis à Monthléry et à Marcoussis, à la charge de dire en reve-nant de la messe un *De profundis* pour le repos de son âme avec une oraison « pour mademoiselle l'amirale ».

La même année (1509) vit Graville aux prises avec le clergé régulier. Il possédait près de Chevreuse 240 arpents de terre, et le prieuré de Saint-Paul-des-Aunaies en avait vingt-deux qui touchaient aux siens. Vers 1500, les deux propriétés, qui jusqu'ici n'avaient pas été exactement délimitées, furent séparées. Quelques années plus tard, l'amiral prétendit que ces vingt-deux arpents lui appartenaient ; de là, un procès sur lequel s'en greffèrent plusieurs autres. Ainsi, en 1509, des pourceaux du prieur appelé Pierre Minçois avaient été trouvés sur ces vingt-deux arpents et saisis par les officiers de Graville,

1. Malte-Brun, *op. cit.*, p. 114-115.
2. A. N. L. 935.

qui avait obtenu 12 sous parisis d'indemnité. Mais le prieur
en avait appelé et la double procédure n'était pas encore
arrêtée à la mort de l'amiral [1].

Le 25 décembre 1511, l'amiral céda gratuitement aux habitants de Nozay un emplacement pour édifier une chapelle consacrée à Saint-Fiacre [2].

Si l'amiral favorisait les Célestins, il paraît avoir un peu
négligé les Bénédictins du prieuré de Marcoussis, dépendance
de Saint-Wandrille, au diocèse de Rouen. Les abbés eux-mêmes
avaient oublié cette succursale voisine de leur primitif sanc-
tuaire de Fontenelles [3]. Au commencement du xvie siècle, les
prieurs ne percevaient plus dans Marcoussis que quelques
maigres dîmes et se contentaient de défendre leur droit à la
cure paroissiale. Guillaume la Vieille, prieur [4] depuis le
6 janvier 1504, songea, pour relever son église, à recourir aux
procès, plus qu'à la charité de l'amiral. Il commença par
copier et extraire du registre des « chartes et escriptures du
prieuré » des notes qui ne devaient servir qu'à lui seul ; elles
étaient rangées d'après leur importance judiciaire et non
d'après leur ordre chronologique : le manuscrit en est conservé
à la bibliothèque de Rouen, sous la cote Y/208.

Il y raconte, que depuis soixante ans, le prieuré tombait en
ruines ; il n'abritait plus que cinq ou six religieux. Pour le réparer, la Vieille intenta un procès au curé, à propos des dîmes,
et il part de là pour remonter jusqu'à Childebert. Il résume
des aveux et dénombrements des 1er mai 1479, 15 janvier 1480,

---

1. Moutié, *op. cit.*, I, p. 336-337.
2. Malte-Brun, *op. cit.*, p. 93-94.
3. Près Guillerville, sur le territoire de Linas (Malte-Brun, p. 94).
4. Originaire d'Avranches, d'après la vie des hommes illustres de l'abbaye de
Fontenelle (Bibl. Rouen. Ms. $\frac{Y}{183}$, p. 253). Plus tard, il fut trésorier de Louis de
Canossa, évêque de Bayeux (1517), fut abbé de Saint-Wandrille, rédigea la vie des
saints de Fontenelle, un catalogue des abbés et embellit l'abbaye : il mourut en
1531.

pour rétablir le bornage entre les terres des moines de Saint-
Wandrille et celles de l'amiral; il accuse le procureur de
celui-ci, Jean d'Epinay, d'avoir enlevé par force au couvent et
aux habitants du bourg certains jardins, entre autres la Haye
Macade, pour les remettre aux mains de Graville. Il supplie ce
dernier de le réintégrer dans ses droits et privilèges; l'amiral
ayant fait la sourde oreille, le prieur procédurier ajourna
Graville au parlement; mais celui-ci obtint, le 20 février 1510 [1],
de se faire représenter par un procureur, Guillaume Béranger;
le 16 mars, la chambre des requêtes renvoya Guillaume la
Vieille à se pourvoir devant le prévôt de Paris et le condamna
aux dépens. Il ne se tint pas pour battu, et, le 3 août 1510, il
obtenait de la même chambre un arrêt condamnant Léonard
Monestier, Jean Renault, Jean Goussard et Louis de Graville à
lui payer la somme de quatre livres seize sous parisis.

En cette année 1515, Graville, à cause de ses terres en
Gâtinais, se vit intenter un procès par les bénédictines de
Chelles; le 24 avril 1515, Guillaume du Tartre, sergent à cheval du Châtelet, se rendit par commission du prévôt pour
extraire du cartulaire [2] du couvent ce qui pourrait servir en
leur cause. Il s'agissait de quatre-vingts arpents de terre sis en
la seigneurie de Noisy que les héritiers de Graville durent
abandonner aux religieuses par arrêt du parlement du
7 juin 1518 [3].

<h3 style="text-align:center">HOTEL A PARIS.</h3>

En 1509, à la mort de Jacques d'Estouteville, prévôt de
Paris, Graville acheta son hôtel qui avait été donné par

---

1. A. N. X[1a] 1513, f° 61.

2. Aujourd'hui conservé à la Bibl. municipale de Meaux (Cartulaire de Chelles,
2ᵉ volume, 5ᵉ partie).

3. *Ibid.*

Charles V [1] à Hugues Aubriot. Cet hôtel, sis près de celui
de la Rochepot, était mitoyen du collège Charlemagne, dont il
ne faisait que continuer les bâtiments en face de l'ancienne
caserne de l'*Ave Maria*, dans la rue Charlemagne [2]. La première cour du passage Charlemagne, qui, parallèle à la rue
Percée, rejoint la rue Saint-Antoine, « est, dit M. de Ménorval [3],
« celle de l'ancien hôtel de Graville, l'une des résidences pri-
« vées les plus curieuses du vieux Paris. On y voit encore une
« tourelle élégante, sur la gauche contenant un escalier à vis
« remarquable pour la coupe des pierres, et de gracieuses
« constructions du temps de la Renaissance. » Cette demeure
sert maintenant d'asile à une colonie de bouchers et de bro-
canteurs israélites qui l'ont transformée en un ghetto fort mal-
propre.

D'après Sauval [4], les constructions subsistant de son temps
auraient été bâties par Graville sur les fondations de l'hôtel du
Porc-Épic, où Louis d'Orléans avait fondé l'ordre chevaleresque
de ce nom ; mais, ainsi que le fait remarquer M. Pichon [5], l'auteur du XVIIe siècle n'indique pas les sources où il a puisé ces
renseignements.

Ce fut Pierre de Balzac, neveu d'Anne de Graville, qui, dans
la succession de l'amiral, recueillit son hôtel [6].

---

1. E. de Ménorval, *Les Jésuites de la rue Saint-Antoine, l'église Saint-Paul-Saint-Louis et le lycée Charlemagne*, Paris, 1872, p. 10.

2. Autrefois rue des Vieilles-Poulies, des Prêtres-Saint-Paul, de l'Arche-Saint-Paul.

3. *Op. cit.*, p. 10.

4. *Histoire et recherche des antiquités de la ville de Paris*, t. II, p. 152.

5. *Le Ménagier de Paris*, Paris, 1847, t. II, p. 255.

6. De Ménorval, *op. cit.*, p. 12.

PONT DE LARCHE

La *capitainerie* de cette ville fut donnée, après le 10 décembre 1473 et avant le 31 juillet 1474[1], à Graville, qui avait reçu le 10 décembre 1494 les revenus produits par son « pontenage et peage ». Ils s'élevaient, en moyenne, chaque année, à 500 l. t.

Louis de Graville paraît avoir assez négligé sa capitainerie, dont il dut rester pourvu jusqu'à sa mort, mais dont certainement il était encore pourvu en 1509[2]; il n'y fit que les travaux les plus indispensables. Il y délégua un lieutenant, Guillaume de Villetain, s[r] de Gif, qui ne paraît pas s'en être occupé beaucoup plus que son maître.

Le 28 avril 1481, Villetain ordonnait[3] à Guillaume de Duclerc, comptable, de payer à Jean Désir, charpentier, 150 l. t. pour avoir établi deux roues à godets qui ont asséché un terrain inondé près de Bonport, et avoir planté sur ce terrain des pilotis sur lesquels il a monté la plate-forme d'une tour.

Le 14 novembre 1504[4] par devant le vicomte de Pont de Larche, Guillaume de Villetain, comme procureur de Louis de Graville, s'oppose à la vente des biens de Jean de la Salle qui, sur la ferme des deniers du guet à lui adjugée depuis 1481, restait débiteur envers l'amiral de 1.288 l. t.

La même année (1504), Graville acquiert la maison où pend l'enseigne de l'Ecu de France[5] : le 29 novembre, Villetain déclarait qu'il l'avait achetée par surenchère, pour le compte de l'amiral.

---

1. Voir plus haut, p. 14.
2. B. N. Cabinet des titres. Pièces originales. Villetain, n° 68.
3. *Ibid.*, n° 16.
4. *Ibid.*, n° 64.
5. *Ibid.*, n° 63.

Le 4 septembre 1508, à la nouvelle d'un voyage prochain de
Louis XII qui, se rendant en Normandie, devait loger au château
de Pont de Larche, Villetain ordonnait d'y faire des réparations
assez considérables[1]. Le compte de ces travaux fut dressé le
26 septembre ; on y lit qu'en la *salle du commun*, on avait
changé les volets des fenêtres, percé quatre ouvertures à la
tour Hacquignet. A la chapelle, on avait raccommodé deux bancs
sur une longueur de dix à douze pieds, changé la serrure et
mis deux barres de fer. A la salle de l'amiral, on avait replacé
des ferrures, restauré des verrières, refait des cheminées, etc.
Le total de toutes ces dépenses ne s'éleva qu'à 30 l. 12 s. 9 d. t.

1. *Ibid.*, n° 68.

PIÈCES JUSTIFICATIVES

1

Harfleur, 17 décembre 1464.

Extraits du chartrier de Graville par les tabellions d'Harfleur, relatifs aux droits des seigneurs de Graville sur les ports de la côte et de l'embouchure de la Seine.

A tous ceulx qui ces presentes lettres verront ou orront, Robert Deschamps, garde du scel des obligations de la viconté de Monstie-villiers, salut. Scavoir faisons que aujourd'huy lundy dix septiesme jour de decembre l'an de grace mil quatre cens soixante quatre par Mennessier Doulley et Estienne Deshalles tabellions jurés pour le Roy nostre sire en la vicomté en siege et sergenterie de Harfleur nous a esté tesmoingné avoir veu et dilligemment visité ung livre en maniere de chartier, ne vitieux ne suspect à leur advis et cons-cience, faisant mention de la valleur et revenu des fiefs, terres et seigneuries de Graville et des coustumes, droictures, franchises prerogatives et libertez d'icelle seigneurie de Graville, duquel ilz ont extraict plusieurs articles des droitures appartenant à icelle seigneurie de Graville, autant que touche ses portz de mer et la riviere de Sayne, desquelles la teneur ensuict : Cy s'ensuivent les droictures et seigneuries que Monsieur prend sur les ports de mer de dessus sa terre de Graville. Premierement la terre de Graville

commençant du vieil havre de l'Heure durant jusques à la cricques
Thomas le Brasseur, Monsieur y prend le queage pour paisant de
tonnel charestier; ung denier et de descharge autant.

Item, il prent de unze carres de gloe une care.

Item, de cent douzaine de pain, une douzaine.

Item, il prent de toutes choses qui se vendent à compte de cent,
ung.

Item, il prend de chascune livre de fil de care ung denier, s'ilz ne
lient sy fort de jour en jour qu'ilz puissent paier au pesant d'ung
tonnel.

Item, il prent pour chacun grand bœuf ou vache, pour chascune
teste, maille, et pour autre menue avoir, maille pour paisant d'ung
tonnel, ung denier.

Item, de pourceaulx au paisant d'ung tonnel, ung denier; ou de
tout aultre menu avoir semblablement.

Item, pour chacune somme de fil, ung denier, se il ne porte tant
qu'il puisse paier le paisant d'ung tonnel.

Item, de fructuaige semblablement.

Item, il prent de chacune somme de drap ou de toille pour chacune somme, ung denier.

Item, il prent sur chacune nef harengues et qui asseche à ladite
cricque quatre deniers et quatre deniers de la ballizage.

Item, il prent sur chacune nef de franche poullye qui vient reposer,
cinq solz.

Item, il prent pour chacune nef qui vient qui n'est franche poullye,
pour seicher quatre deniers et quatre deniers pour ballizaige, lequel
ballizaige respond au fermier qui tient le ballizaige dudit seigneur.

Item, Monsieur prent la moitié des francs poissons qui viennent
sur ladite terre et les sauveurs l'autre, et se il advient qu'il y arri-
vast esturgeons par pescherie ou autrement, Monsieur les auroit
pour cinq solz et de tous autres poissons le parysy pour le tournois.

Item, sy l'on faisoit une nef neufve ou rabiller sur siege de nef, il
auroit tel droict comme la nef seroit grande ou petite.

Harfleur. — Premierement, pour chacune nef qui vient depuis
le vieil havre de l'Heure jusques à Harfleur ou à la cricque pour ballizaige, quatre deniers.

Item, il prent le queage depuis la cricque Thomas le Brasseur
jusques à Harfleur qui y descharge ou charge, ung denier, et pour

chacune pippe et pour chacun ponchon, ung denier soit vin ou sildre ou servoize.

Item, il prent de tout le bois qui chargent ou deschargent, pour paisant ung tonnel, ung denier.

Item, il prent de cent cares de gloe, une care.

Item, il prent de toute pierre pour pesant d'ung tonnel, ung denier.

Item, il prend sur tous les pescheurs qui tendent depuis le bout du Perroy jusques à la terre d'Oricher chascune sepmaine, une marée, et doibt le seigneur ou cellui qui l'a à ferme demander laquelle qui luy suffira.

Item, il prent tous les saulmons qui sont peschez sur ladite terre pour paier trois solz et ung poisson, il n'est sy petit que il ne soit suffisant d'estre prins, et le doivent apporter au chateau de Graville ou en nostre hostel du lieu.

Item, il prent sur tous les francs poyssons et aultres qui viennent au varrest, la moitié, et les sauveurs, l'aultre.

Item, de tout autre varest, se il y en vient et il ne soit suyvy, il doit estre mys en garde jusques à ung an, se c'est chose qui se puisse garder, ou sy c'est chose qui ne se puisse garder, il doit estre prisé ; se il n'est suyvy dedans l'an et jour, ledit seigneur en doibt avoir la moitié, et les sauveurs, l'aultre.

Item, il a tel droict et action en la ville de Harfleur que il ne paye riens, de charge ny descharges, telles choses comme il luy plera, en auquel quay que il voudra, sans rien paier ; et pour ce ne payent riens les vaisseaux de Harfleur de ballizage depuis la mer jusques à Harfleur.

Item, il prent les sieges des nefs, et se ilz ne viennent prendre congé au seigneur ou au receveur, ilz le doivent amender à la vollonté du seigneur.

L'Heure. — Premierement, Monsieur y prent sur tous les pescheurs qui viennent de la mer et y descendent sur ladite terre dudit seigneur, le tiers meilleur poisson.

Item, il prent sur tous les pescheurs qui tendent sur ladite terre chacune sepmaine, une marée recommandée par le fermier ou par le prevost dudit seigneur.

Item, il prent tout le poisson qui descend sur sa terre, se il le veult avoir, le tournois pour le parisis.

Item, il a tous bons poissons le tournois pour le parisis, et le doivent apporter au chastel de Graville et se ilz le celloient et il fust sceu ilz le doivent amender à la vollonté dudit seigneur.

Item, se ilz vient nulz esturgeons, ledit seigneur le doibt avoir pour cinq solz.

Item, s'il y vient varrest il doibt estre mis en garde jusques à ung an et ung jour, se s'est chose qui se puisse garder et se il ne se peut garder, il doibt estre prisé et mis en garde jusques à ung an et un jour, et s'il n'est suivy dans l'an et jour, il doibt estre acquis au seigneur la moitié, et le sauveur l'aultre.

Le Quief de Caux. — Premierement, Monsieur y prent le tiers meilleur poisson de chascune nef qui vient au port du Quief de Caux de chascune marée.

Item, il prent la carrage de chascun cent de gloe qui y descharge, une care.

Item, il prent sur les pescheurs une marée chacune sepmaine recommandée par le fermier ou par le prevost dudit seigneur.

Item, Monsieur a tous les francs poissons qui viennent sur ledict port le tournois pour le parisis et les doivent apporter à l'hostel de Graville.

Item, se Monsieur veut avoir du poisson pour son hostel, l'homme du seigneur le doit priser et puis Monsieur le doit avoir le tournois pour le parisis.

Item, Monsieur a sur chascun vessel qui va pescher au Tresport ou ailleurs devant la Toussainet, Monsieur y prent ung franc et quant il vient après la Toussainet, ily ne doibvent que dix solz de coustumes.

Item, Monsieur a franchise d'arrester à cause de fresche pescherie sur son port de partie à autre.

Item, Monsieur a sur la terre de Vitanval au Quief de Caux droict, action, seigneurie de tous francs poissons, se ilz estoient trouvez sur ladicte terre de Vitanval, par ce que Monsieur en aura le quart et Vitanval l'autre quart et les sauveurs la moicté, et aussy sy le seigneur de Vitanval avoit ung de ses hommes resseantz maitre d'ung vaissel en port de Monsieur, il en a la quarte coustume.

Item, se il venoit aulcun varrest, nous le doibt mettre en garde, et se il n'est suivi dans l'an et jour, il est acquis au seigneur et au sauveur et en doibt avoir ledit seigneur la moictié et le sauveur l'autre moictié. C'est ce que Monsieur doit avoir sur la cricque de Graville devant sa dicte terre de Graville.

Item, il prent sur chascune nef harenguiere qui apporte harenc en ladicte crique ung cent de harenc de chascune marée qu'elle y vient ; et pour chacune nef qui y assiege, quatre deniers et quatre deniers de ballizaige.

Item, pour chacune nef qui apporte maquerel à ladite crique, unze maquereaulx, et si elle assiege elle doibt quatre deniers et quatre deniers de ballizaige.

Item, Monsieur doibt avoir de chascune rouelle de harenc qui vient à la cricque quatre deniers de coustume.

Le port d'Anglesqueville. — Premierement Monsieur y prent de chascun vaissel qui y vient le tiers meilleur poisson du vaissel quand il peschent, et se il advenoit que ne voulsist de chascune marée, il ne paieroit que de marée à autre ; et se il ne venoit de marée à autre, il paieroit de chascune marée, et se il y venoit nul francs poissons, Monsieur l'auroit, et s'il y venoit par pescherie, le tournois pour le parisis.

Item, se il venoit aulcuns varrest, il doibt estre mis en garde jusques à ung an et ung jour, sy c'est chose qui se puisse garder, il doibt estre prisé et mis en garde et s'il ne vient aulcun à qui il soict, il est acquis au seigneur et au sauveur, et doibt avoir le seigneur la moictié, et le sauveur l'aultre.

Le port de Cancarville. — Premierement, Monsieur prent de chascun vaissel qui y vient le tiers meilleur poisson du vaissel quant il y eschet, et s'il advient qu'il voulsist de chascune marée, et s'il ne venoit de marée à autre, il paieroit de chascune marée, et s'il y venoit nul francs poissons par pescherie, Monsieur l'auroit le tournois pour le parisis et de tous autres poissons semblablement.

Item, se il venoit aucun varest, il doibt estre mis en garde jusques à ung an et ung jour, se c'est chose qui se puisse garder, il doibt estre prisé et mis en garde ; et se il ne vient aulcun à qui ledit varrest soit, il est acquis audit seigneur la moictié, et le sauveur l'autre.

En tesmoing desquelles choses nous, a la rellation desdicts tabellions, avons mis à ce present transcript ou vidimus le scel desdites obligations. Ce fut fait l'an et jour premier dessusdict. Ainsi signé Doulley et Deshalles par deux paraphes et scellé de cire verte.

(Archives départementales de la Seine-Inférieure, A/8ʰ. Original.)

2

ROUEN, 10 JUIN 1475.

Provision pour Louis de Graville, de la charge de capitaine des cent lances « fournies pour la garde du corps du roi. »

Loys, par la grace de Dieu, roy de France, à tous ceux qui ces presentes lettres verront salut. Scavoir faisons que par consideration des bons, grans, agreables et continuelz services que nous a par cy-devant faitz ou faict de noz guerres ou autrement en maintes manieres nostre amé et feal cousin, conseiller et chambellan, Loys de Graville, escuyer, seigneur de Montagu, faict et continue chacun jour, et, esperons que plus fasse ou temps à venir, et, pour la singuliere confiance que nous avons de sa personne et de ses sens, suffisance, loyauté et vaillance, bonne diligence et experiance, et grant dilligence, à icelluy pour ces causes et considerations et aultres à ce nous mouvans, avons aujourd'huy retenu et retenons par ces presentes, capitaine et conducteur des cent hommes d'armes et leurs archers que avons establis et ordonnez pour la garde de nostre corps dont feu Hector de Goulart a eu par cy devant la charge et conduicte vaquant à present par son trespas aux gages et souldes cy apres speciffiez et declairez, icelluy nostre cousin, conseiller et chambellan comprins pour sa lance entiere oudit nombre desdits cent gentils hommes, et pour luy ayder à supporter les frais que faire luy conviendra à cause de lad. charge luy avons donné et ordonné, donnons et ordonnons par les presentes pour son estat de capitaine la somme de XIIᵉ l. t. de gages et XXX l. tournois pour chacune lance par moys, ainsy que ont accoustumé d'avoir et prandre noz aultres capitaines de la grand ordonnance ; et desquelz cent lances

et les archers, nous voulons que led. seigneur de Montagu ne soit
tenu faire aucune monstre ne reveue comme sont tenus faire les
autres compagnies des gens de guerre de nosd, ordonnances ; mais
voulons qu'ilz soient payez de mois en mois, de deux mois en deux
mois ou de quartier en quartier ainsy qu'il semblera bon aud. seigneur
de Montagu et qu'il verra estre à faire pour le mieux ; et auquel
seigneur de Montagu, capitaine dessud, nous avons en oultre donné et
donnons par ces presentes pouvoir et authorité et faculté de oster
lesdits hommes d'armes et d'en nommer et changer sy bon luy
semble, tels et en tel nombre qu'il verra estre à faire et que le cas le
requerra, et ou lieu de ceux qu'il en ostera d'en mectre d'autres bien
expers, vaillans, prudens, bien experimentez en faict de guerre en
maniere que lad. compagnie soit toujours bien fournie et deuement
entretenue, et de les faire payer par tel temps et ainsy qu'il verra
estre à faire ; et lesquelz cent hommes d'armes, sa lance comprinse, et
les archers, voulons estre payez de leurs dits gages et ordonnance
par nostre amé et feal notaire et secrétaire, Me Morelet du Museau,
à ce par nous commis ou autre qui aura la commission et la charge
du payement de lad. compagnie de par nous, c'est asscavoir led.
capitaine pour sad. lance et estat par sa quittance seullement à commencer du jour et datte de ces presentes, et les autre quatre vingtz
dix-neuf hommes d'armes et les archers pour les mois d'Avril et
May derniers passez et ce present mois de Juin par la certiffication
dudit capitaine, et par les quittances particulieres desd. hommes
d'armes tant seullement, au feur et prix de XXX l. t. pour lance fournie par mois, non comprins l'estat dud. capitaine et de là en avant
au prix de XXVII l. X s. pour chacun homme d'armes par mois, sans
ce qu'ilz soient tenus avoir ne tenir aucuns archers, et le residu
desd. XXX l. qui est L s. t. par mois, pour lance, voulons estre
baillez aud. seigneur de Montagu par sa simple quittance seullement
pour employer à l'entretenement de certain nombre d'archiers que
luy avons ordonné avoir et tenir ordinairement entour luy, pour la
garde et seureté de nostre personne, à commencer du 1er jour de
Juillet prochain venant jusques à ce que autrement y ayons pourveu.
Sy donnons en mandement par cesd. presentes à noz amez et feaulx
les generaux conseillers par nous ordonnez sur le fait et gouvernement de toutes nos finances, que par led. Morelet du Museau
par nous commis à faire le payement desd. cent lances dez le temps

que led. feu Hector de Goulart estoit capitaine ou autre qui en aura
la charge et commission, ilz fassent payer bailler et delivrer à nostre
dit cousin, conseiller et chambellan, le seigneur de Montagu duquel
avons ce jourd'huy prins et reçu le serment en tel cas requis, et de
sesd. estats et gages et de sad. lance entiere, ensemble lesd. L s. t.
par lance pour employer comme dit est à l'entretenement de certains
archiers et ausd. IIII^{xx} XIX hommes d'armes par chacun mois, par
deux mois ou par quartier d'an par la forme et maniere dessus declarée, à commencer ainsy que dit est, sans difficulté ou reffus ; et par
raportant cesd. presentes ou vidimus d'icelles pour une fois avec
quittance sur ce souffisante de nostredit conseiller et chambellan, de
sesd. gages et de chacun desd. autres gens de guerre de sad.
retenue, ensemble la certiffication de nostre dit conseiller de la retenue desd. gens de guerre et du temps que auront servy, nous voulons, tout ce que payé en aura esté aux causes et en la maniere
devant ditte estre alloué és comptes et rabatu de la recepte dud.
Morelet ou autre à ce commis par noz amez et feaulx les gens de
nos comptes, ausquelz nous mandons ainsy le faire sans difficulté,
nonobstant que monstres et reveues ne soient faictes desd. hommes
d'armes de lad. compagnie ainsy que des autres gens de guerre et
de nostre ditte ordonnance, aussy l'ordonnance faicte aud. Morelet
commis touchant le payement desd. cent lances fournies d'archiers
du temps dudit feu Hector de Goulart et quelconques autres ordonnances mandemens, restrinctions ou deffences à ce contraires. En
tesmoing de ce nous avons faict mectre nostre scel à ces presentes.
Donné à Rouen le Xe jour de juin l'an de grace mil CCCC soixante
et quinze et de nostre regne le XIIIIe. Ainsy signé sur le reply par
le Roy. Le Goux.

(B. N. Mss. fr. 21448. Copie du xviiie siècle.)

3.

Chatellerault, 6 mai 1476.

*Traité passé entre Charles III, duc de Calabre, comte du Maine, et
Louis de Graville agissant pour le roi.*

Comme pour obvier aux differens, discors, procés et guerres qui
se pourroient estre pour raison et à cause des duchez d'Anjou et
conté de Beaufort, villes, chasteaux, chastellenies et seigneuries de
Lodun, Mirebeau, Sablé, La Roche-sur-Yon et la Menitré, leurs
appartenances et appendances et les droiz que en iceulx pretend
avoir le Roy nostre sire d'une part, et le Roy de Cecille, et le duc
de Calabre, conte du Maine d'autre part, Loys de Graville, s^r de
Montagu, pour et ou nom du Roy nostre dit seigneur et ad ce commis et deputé de par luy en ceste partie, stipulant pour luy d'une
part, et ledit duc de Calabre, conte du Maine, tant en son nom que
et pour le droit par luy pretendu es choses dessusdites, tant en
propriété de present que comme heritier presomptif dudit Roy de
Cecille, et pour luy stipulant d'autre part, ont appoincté et accordé
ou cas qu'il plera au Roy nostre dit seigneur, en la maniere qui s'ensuit : c'est assavoir que ledit duché d'Anjou en icelluy comprenant les
villes, chasteaulx et chastellenies d'Angiers, Saumur et Baugé avecques les villes, chasteaulx et chastellenies desdits Lodun et la terre
et seigneurie de la Menitré avec toutes et chacunes leurs appartenances et appendances devant nommées compecteront et appartendront au Roy nostre dit seigneur comme reunies à la couronne, et
l'autre partie, c'est assavoir, le conté de Beaufort, les villes, chasteaux,
chastellenies, terres et seigneuries desdites Mirebeau, Sablé et la
Roche-sur-Yon avec les appartenances et appendances competeront
et appartendront audit duc de Calabre, conte du Maine, pour iceulx
joir par luy et ses hoirs, en propriété ; et de tout ce que dessus est
dit et conté en seront faictes et passées lettres auttentiques en
forme deue : Fait à Chastellerault le VIe de May l'an mil IIII^cc
LXXVI. Ainsi signé. Charles. Loys de Graville.

(A. N. J. 257^b, n° 102. Minute. B. N. Mss. fr. 3882, fol. 206.
Copie du xviiie siècle.)

4.

Ratification par le roi de l'accord passé entre Louis de Graville et Charles III duc de Calabre, comte du Maine, à Châtellerault, le 6 mai 1476.

Loys etc. A tous ceulx etc. salut. Comme nagueres ait esté fait et passé certain traictié et appoinctement entre nostre cher et feal cousin, conseiller et chambellan, Loys de Graville, s^r de Montagu, pour et ou nom de nous, d'une part, et nostre trés chier et trés amé cousin, le duc de Calabre, conte du Maine, d'autre, duquel la teneur s'ensuit : Comme pour obvier etc., comme cy devant etc.; savoir faisons que nous ledit traictié et les choses contenues en icelluy avons eues pour agreables, et les avons ratiffiées et ratifions par ces presentes ausquelles, en tesmoing de ce avons fait mettre nostre scel.

Donné à Lyon le XIIIIᵉ jour de May l'an de grace mil CCCC L XXVI et de nostre regne le XVᵐᵉ. Ainsi signé Par le Roy, l'evesque d'Evreux, les s^rs d'Argenton, du Bochaige et autres presents. J. Mesme.

(A. N. J. 257^b, n° 102. Minute.)

5.

Louis XI demande au comte du Maine de ratifier la convention qu'il a passée à Chatellerault avec Louis de Graville.

Mon cousin. J'ay reçeu les lettres et ouy ce que Jehan le Bastart m'a dit de par vous. Je suis content de tenir l'appoinctement qui a esté fait entre mons^r de Montagu en mon nom d'une part et vous d'autre, et le veulx passer en maniere qu'il soit vallable. J'en ay fait monstrer la minute audit Bastart; aussi je veulx que de vostre part le passez par devant notaires, ainsi et en la meilleure forme et maniere que par mes gens que à ce je commectray sera advisé.

Je ne vous puis garentir de l'ypoteque de mons^r de Bourbon que
ce qui est de l'appanage ou Royaume, et cela veulx je bien faire. Au
regard d'eriger en conté ce que je vous laisse par ledit appoinctement il n'en est point de mestier et ne pourroit de riens servir,
car lesdites choses sont de l'ancien appanaige de la couronne et
paravant qu'il y eust oncques duc en Anjou.

Touchant les autres poincts de la delivrance d'Anjou, notre oncle
le Roy de Secille est icy. Luy et moy en ferons lon ensemble.

Escript......

Au revers :

Monsr de Calabre.

(A. N. J. 257^h, n° 98. Minute.)

6.

ROUEN, 8 SEPTEMBRE 1478.

Jean Malet, seigneur de Graville, reconnait avoir reçu de Guillaume
de Villetain, son procureur, 10.000 écus d'or à lui prêtés par Louis
de Montaigu, conseiller et chambellan du roi, et ratifie la vente,
faite audit de Montaigu, le 17 août 1478, d'une rente de 1.600 livres
assise sur immeubles rachetables en l'espace de dix ans.

Mardi VIIIe jour de septembre quatre cent soixante dix huit
(IIII^c LXXVIII).

Noble et puissant seigneur, messire Jehan Malet, chevalier,
seigneur de Graville en Normandie lequel, considerant la longue
prison et detencion de sa personne, en quoy il avoit esté prisonnier
en royaume et pays d'Angleterre comme de XVII ans ou environ et
que bonnement il n'avoit peu trouver aucun moyen de sa delivrance
sans paier la somme de dix mille escus d'or du coing du Roy notre
sire, affermant de bonne foy qu'il n'eust sceu ne peu fournir ne paier
icelle somme sans vendre et adonerer de ses terres et seigneuries,
de sa bonne volonté et de present estant en sa plaine liberté, sans
prison ne detencion aucune, cognut et confessa que ladicte somme
de dix mille escus d'or lui avoit esté baillée et livrée ou à son certain
commandement et icelle avoit paiée et baillée ou fait paier et bailler
pour sa rançon et finance, et pour estre delivré, et lui avoit esté
baillée icelle somme et baillée *(sic)* par Guillaume de Villetain,

escuier, seigneur de Gif, procureur dudit sr de Graville, lequel lui
afferma l'avoir receue de noble et puissant sr, Loys de Montagu, conseiller et chambellan du Roy nostre dit sr, auquel seigneur de
Montagu icellui de Villetain, procureur, et pour et en nom dudit
sr de Graville avoit vendu et transporté saize cens livres tournois de
rente à heritage par an, monnoye courant en Normandie, à prendre
et avoir par execution sur tous les biens meubles terres, seigneuries,
heritages et revenues dudit sr de Graville, situez et assis tant en
France que en Normandie et ailleurs en quelque lieu que ce soit, aux
termes et jouxte ce qu'il est contenu ès lettres passeez devant les
tabellions du Pont de l'Arche le XVIIe jour d'aoust l'an mil IIIIc
LXXVIII; et pour ces causes icellui sr de Graville, recongnoissant
le grant bien et plaisir que en ce, lui est faict, voulant user de bonne
foy loa, ratiffia et eult agreable par ces presentes, loe, ratiffie et
a agreable la vendue et transport des XVIc l. t., et en rente ainsi
faite par ledit Villetain son procureur et promis, et promect par ces
presentes icelle rente de XVIc livres tournois par an à heritage bien
et loyalement rendre et paier audit sr de Montagu acheteur, aux
termes de saint Michel, Noel, Pasques et saint Jehan, premier paiement saint Michel prouchainement venant, par la condition du ravoir
et racquitter ladicte rente jusques à dix ans par les termes et ainsy
qu'il est contenu en dictes lettres de vendition dont dessus est faicte
mencion et dont de tout icellui sr de Graville se tint à bien content,
promectant tenir, faire et accomplir toutes les choses dessus dictes
sur l'obligation de biens et heritages et si jura, etc... renonchant etc.
Presens : noble venerable, etc., maître Jacques de Rouville, archi-
diacre d'Eu et chanoine de l'eglise Notre-Dame de Rouen et noble
homme Estienne Benard dit Moreau Feuillet maistre d'ostel du Roy
notre sire.

(Archives du tabellionage de Rouen.)

7.

MONTARGIS, 6 MAI 1479.

Confirmation du don de plusieurs confiscations et prisonniers de guerre
fait à Louis de Graville.

Loys, par la grace de Dieu, Roy de France, à tous ceulx qui ces
presentes lettres verront, salut. Receue par nous humble suppli-

cation de notre amé et feal cousin, conseiller et chambellan et cappitaine des gentilzhommes de nostre hostel, Loys de Graville, s^r de
Montagu, Marcoussis, Sees et Bernay contenant que nous luy avons
baillé et fait bailler plusieurs grans sommes de deniers pour employer
et distribuer en plusieurs lieux et à plusieurs personnes par nostre
ordonnance et commandement, et aussi pour nous acquicter envers
luy d'aucunes sommes de deniers qu'il avoit baillées et distribuées
comptant de par nous ainsi que luy avions ordonné le faire, et aussi
pour recompence et remuneration en partie d'aucuns grans et
louables services qu'il nous a fait ou temps passé, fait de present
chascun jour entour nostre personne, et esperons que encores face ou
temps advenir, luy avons donné plusieurs prisonniers de guerre,
les confiscations d'aucunes personnes tenans le party à nous contraire, plusieurs forfaictures, aubeynes et espaves, et l'avons commis
et depputé à recevoir les fruiz, proffiz et esmolumens d'aucunes terres,
seigneuries, bien meubles et heritages mis en nostre main, et desquelz prisonniers, deniers, proffiz et esmolumens ainsi à luy baillez
et par luy receuz et distribuez, icelluy nostre cousin suppliant n'a
encores lettres de don, ne commission et la pluspart a pris sur nostre
parolle a quoy il se fye, et d'aucunes lettres en a, elles ne sont
veriffiées ne enterinées en forme deue, et pour ce il doubte que ou
temps advenir on en vouloist faire demande et repeticion à luy
ou à ses hoirs, successeurs et ayans cause, requerant sur ce nostre
grace et provision convenable. Savoir faisons que nous, bien records
des choses dessus dites, sachans que en icelles et en toutes autres
nostredit cousin s'est tousjours bien et loyaument conduyt et acquitté
envers nous, voulans pour ce et en consideration de ses merites
et services et aussi pour la descharge de nostre conscience, prevenir
et estaindre toute calumpniation et objection en ceste maticre, luy
avons octroyé et octroyons de grace especial, plaine puissance et
auctorité royal par ces presentes, que de tous les prisonniers et
deniers que jusques à present luy avons donné, dont de par nous il
a eu l'administration et qu'il a receuz et fait recevoir comme commis
et depputé de par nous sans que de ce luy aions fait aucun don ou
dons ne commission que de nostre parolle seulement, ou au moins se
luy en avions faiz et qu'ilz ne soient veriffiez, il ne sesdits heritiers,
successeurs et aians cause ne soient tenuz rendre aucun compte ne
reliqua ne que à l'encontre d'eulx on en puisse faire jamais question

ne demande ; et de nostre presente grace pour leur greigneur seurté
les en quictons et deschargeons du tout, et sur ce imposons
silence perpetuel à nostre procureur present et advenir : si donnons
en mandement à noz amez et feaulx gens de noz comptes et tresoriers
et à tous noz autres justiciers et officiers ou à leurs lieuxtenans et
à chascun d'eulx si comme à luy appartiendrai que de nostre present
grace, don, concession et octroy ilz facent, seuffrent et laissent
nostredit cousin et sesdits hoirs, successeurs et aians cause joyr et
user à tousjours plainement et paisiblement et sans aucun destourbier
ou empeschement, lequel se fait mys ou donné luy estoit, au con-
trayre ilz repparent ou facent reparer incontinant et sans delay, car
ainsi nous plaist-il et voulons estre fait, non obstant que autrement
ne appere desdits dons, commissions et charges ne des expedicions,
execucions et distributions d'icelles que la somme à quoy ilz montent
tant desdits prisonniers de guerre que autrement ne soit cy en
general ne en particulier designée ne declarée, que descharges n'en
aient esté levées ne lesdites distributions faictes selon l'ordre de noz
finances et quelzconques ordonnances, mandemens, restrintions et
deffenses à ce contraires. En tesmoing de ce nous avons fait mectre
nostre scel à ces dites presentes, au vidimus desquelles fait soubz
scel royal, voulons foy estre adjoustée et valoir acquict à noz rece-
veurs et à tous autres qu'il appartiendra comme à ce present
original. Donné à Montargis le VIe jour de May l'an de grace mil
CCCC soixante et dix neuf et de nostre regne le XVIIIe. Ainsi
signé. Par le Roy, M. Picot.

(B. N. Mss. fr. 18442, fol. 155. Minute.)

8.

AMBOISE, 19 JANVIER 1487.

Lettre de Graville à du Bouchage.

Monsr du Bouchage, je me recommande à vous tant comme je
puis. J'ay receu les lettres que vous m'avez escriptes : vous avez
fait merveilleusement bonne dilligence, mais sa esté grant faulte
d'avoir oblyé voz lettres. L'en les vous envoye à toute dilligence par
ce porteur.

Le marquis de Salluces et mons^r de la Forest sont icy, et chascun
d'eulx a conté ses bonnes raisons, au mieulx qu'il a peu, devant le
Roy. Il a esté dit ce qu'il fault dire audit s^r de la Forest selon
le contenu en vostre dite lettre en lui donnant assez à congnoistre
que ledit s^r soustiendra son hommage. Ils seront depeschiez tous
d'eulx bien tost et s'en retourneront. Le duc de Millan a escript
lettres au Roy touchant ceste matiere, en donnant à congnoistre
qu'il n'a pas baillé les gens à mons^r de Savoye pensant qu'il despleust
au Roy et que ce feust contre ledit hommage, et que incontinent
qu'il en a esté adverty, qu'il les a fait retirer.

Des nouvelles de par deçà, pour ce que le Roy en escript bien
au long à mons^r de Bresse je ne vous en escrips point si non que non que le
bruyt est que ses seigneurs ont semblable vouloir de faire une telle
chose qu'ilz feirent il y a deux ans, et desjà commancent très bien.
Vous devez faire la plus grande dilligence que vous pourres d'expedier la charge que vous avez de pardellà, affin de vous en retourner
devers le Roy, car vous y pourres bien servir.

L'ambassade de Bretaigne a esté icy et s'en est retournée. Ilz
y estoient à l'eure que mons^r d'Orleans s'en partit pour s'en aller à
Nantes, dont ilz ont fait fort des esbaiz, disant qu'il n'en estoit
nouvelles à l'eure de leur partement. Le roi y envoye mons^r de
Bordeaulx, l'advocat Thiboust et d'autres pour veoir ce qu'il se
pourra faire touchant ses matieres : s'il sourvient riens dont il soit
besoing que seiez adverty, cependant que vous serez pardella, vous
le serez. En tout et par tout faictes la meilleure dilligence que vous
pourres.

Monsr du Bouchage, je ne vous escrips autre chose pour ceste
heure si non que s'il est quelque plaisir que je vous puisse faire,
faictes le moy savoir, et je le feray de bon cueur. En vous disant
à Dieu à qui je pri qu'il vous doint tout ce que plus desirez.

Escript à Amboyse le XIXme jour de janvier.

Monsr du Bouchage, depuis ses lettres escriptes et non obstant
que j'eusse donné charge à vostre page de ne partir point sans
prandre mes lettres, il s'en est allé et les vous envoye par ce porteur.

Le tout vostre,

Au revers   Loys de Graville.

(Monsr du Bouchage.)

(B. N. Mss. fr. 2923, fol. 28. Original. Publiée dans Imbert de Batarnay,
par B. de Mandrot. page 335.)

9.

Lettre de Graville à M. de Malicorne.

Monsr de Malicorne, je me recommande à vous tant comme je puis. J'ay sceu par une lettre que Me Jehan Michel m'a escripte comment vous guerissez fort, dont je suis bien joyeulx, car il m'a bien desplu de vostre demeure; toutesfoiz ne vous hastez point de vous mectre à chemin que vous ne soiez bien fort.

Le Roy m'a demandé plus de quatre foiz, depuis qu'il est party d'Estampes, quant vous vendriez, et que l'en lui avoit dit que vous n'estiez que ung peu malade de froit; toutesfoiz il vous escript de ce qu'il luy est scurvenu depuis qu'il est party delà : et maintenant il lui est venu des lettres que l'artillerie est à Pouencé dès hier, et croy qui seront allez aujourduy ou demain devant Chasteaubryant. De ce qu'il surviendra tousjours en serez adverty.

Monsr, je vous prie que vous ne pencez sinon à vous faire guerir; et, à ce que Me Jehan Michel m'a escript, sy vous le faictes ainsi, vous serez gueriz entre cy et cinq ou six jours.

Monsr de Malicorne, je ne vous escrips autre chose sy non que si vous avez à besongner d'argent ne d'autre chose que je aye, faictes le moy savoir, car soiez seurs que vous en finerez de bon cueur. Et vous dy à Dieu icy endroit à qui je prie qu'il vous doint ce que desirez. Escript à Bloys le VIme jour de Mars.

Le tout vostre,
Loys de Graville.

Au revers
A Monsr de Malicorne

(B. N. Mss. fr. 20528, fol. 86. Original.)

10.

Procès-verbal d'une délibération du conseil de ville de Rouen à l'occasion de la représentation d'un mystère préparé pour la venue du roi.

« Du dimanche vingt huitiesme jour d'aoust l'an mil IIIJ IIIJ^{xx} « et unze, devant Darc lieutenant.

« Touchant le mystere de la Passion N.-S⟨r⟩, maistre Robert le
« Lieur, advocat du Roy, dit qu'il vouldroit que le Roy n'en eust
« point tant esté adverti et souffisoit que Mons⟨r⟩ le bailli auquel
« le congé en appartient le sceust.

« Dit qu'il a veu les papiers qui sont passez, signez de l'Eglise :
« aussi estoit raison, mais il coustera de grans deniers.

« Dit que Tasserye dit qu'il est destruit lui et les siens, car on l'a
« promis garentir et acquicter : toutesfois les personnages ont
« différé et le veult on distribuer et qu'il lui couste VIJ, ou VIIJ⟨e⟩ l.

« Dist qu'il a besongné continuellement puis sept ou VIIJ moys
« et labouré en toutes choses.

« Dit qu'il est en question savoir ce, se doit estre aux despens
« de Tasserye, actendu ainsi que l'on peult veoir que tout est
« prest.

« Dit qu'il y a IIJ ou IIIJ⟨e⟩ personnes qui y ont fraié et mis leur
« temps et attendu jusques à l'autre année, et y a aucunes choses
« qui n'y serviront point.

« Dit que la matiere est fort scandalizée en la ville.

« Dit que les lettres s'adrechent aux conseillers de la ville, mais
« jamais ne s'en sont entretenus et n'est point aux conseillers de
« ladite ville de la deffendre.

« Dit qui avoient les principaulx personnages, ce sont ceulx qui
« y ont mis le desordre.

« Dit que messeigneurs les conseillers doivent tenir en amictié
« les habitans de la ville et sont deschargez de monstrer les lettres
« à Mons⟨r⟩ le bailly ; et oultre lui semble que on doit advertir le Roy
« et luy faire savoir de ce qui est jà fait, et de l'inconvenient qui en
« peult advenir et entretenir le peuple à mieulx que l'on pourra.

« Mons⟨r⟩ le lieutenant dit que jamais ne feist marché avec Tasserye
« ne [a] pourchassé les lettres apportées aux conseillers, mais trop
« bien en a adverti mons⟨r⟩ l'admiral.

« Dit que il y a de la folye de Tasserye et des cedulles dont il ne
« fait... et depuis qu'il est par ci il y a eu des folies ; et si il y a eu
« des (manque) mal acoustrez tant qu'il a esté dehors.

« Dit que se Tasserie oult fait le contenu en son obligation, se
« mistere feust pieça joué.

« Dit que qu'il vouldroit bailler les lettres aux joueurs, ils sont
« des manans et habitans ; bien y pourvoient.

« Dit que il y out conclusion prinse que l'on ne feroit riens, ne
« monstres, ne autres choses.

« Dit que les joueurs de bonne puissance seront contens que
« la chose soit delayée.

« Dit que quant il vouldroit demander desdommagement, il seroit
« desdommaigé sur les establies des joueurs, mais il a fait autres
« establies contre la fourme acoustumée   .

« Dit que le Roy s'en va à tout cinquante mil hommes devant
« Renes et ne seroit pas fort honneste de jouer la Passion.

« Dit que il a intencion de pugnir les larrons qui ont fait les
« pilleries avant la ville.

« Dit qu'il est eschevin et frere de la charité de la Passion et qu'il
« a intencion de s'acquitter à son pouvoir et seroit bien d'oppinion
« de jouer se le mistere estoit bien disposé.

« Mons' de Poville dit que jamais n'en ouist parler ceans ne
« avecquez les gens du Roy et s'est la chose commencée à la
« voulenté des joueurs.

« Dit que les lettres s'adrecent aux habitans et que les con-
« seillers doivent escripre au Roy.

« Dit qu'il a ouy dire qu'il y en a aucuns qui ont dit que se
« elle est tardée il y en a qui s'en repentiront.

« Sire Pierre Gyel, lieutenant, (du bailli de Rouen) dit qu'il y a dix
« huit ans que le livre est encommencé et l'ont plusieurs manyé et
« puis venir à execution et tout demourra là, il ne seroit pas honneste.

« Dit que plusieurs le font par devocion et ont rompu les tasses
« et seroit à leur charge.

« Dit que devant lui il y a eu appoinctement du jouer de par
les joueurs.

« Dit que les reliques de la passion y ont esté engagées et y
« à de grans frais et sera la frarye destruicte.

« Dit que, veu les lettres du Roy, il fault cesser, mais lui semble
« que on doit escripre au Roy.

« Maistre Robert de la Fontaine dit que les joueurs on joué
« plusieurs foys et on fera solempnité devant le Roy de ce qu'il sera
« publié.

« Dit que mons' l'admiral escripvit que on y feist estre de bon
« joueurs et que le roi y viendroit.

« Dit que il luy semble que on doit escripre au Roy.

« Jacques le Lieur dit que, quant mons^r le lieutenant parti, on
« devoit cesser à faire les establies.

« Dit que ceulx de la frarye y ont voulu partir quand ilz ont veu
« que Tasserye prouffiteroit.

« Dit qu'il lui semble que on doit delayer et escripre au Roy,
« ou nom des bourgeois et habitans de la ville.

« Gueroult de Marromme comme le Lieur

« Nicolas Pierre comme le Lieur

« Jacques du Hamel

« Simon des Champs

« Robert le Moyne

« Monsr de Malaunay

« Malsieu Dureaume

« Nicolas Poillevillain

« Anthoine Favé

« Jaques Dufour

« Nicolas Osmont

« Monsr le lieutenant general dit que quant il partist d'eulx de
« Paris et d'Orleans, estoient advertis que l'on ne joueroit point
« se le Roy n'estoit present et est en ensuivans les oppinions ; pour
« conclusion il a esté conclud que les bourgeois de la ville escripve-
« ront lettres au Roy qu'il luy plaist mander sen plaisir ; savoir
« se ledit mistere sera joué ou s'il veult qu'il soit delayé et sur
« le tout y faire à son noble voulloir et plaisir ».

(Archives municipales de Rouen, A. 9, fol. I.)

11.

PLESSIS DU PARC, 15 FÉVRIER 1491.

*Lettres patentes par lesquelles le roi informe les élus d'Evreux que
leur élection a été taxée à 1708 livres dans l'aide de 20.000 l. à
percevoir sur tous les contribuables payant 100 sous de taille dans le
duché de Normandie, l'élection d'Alençon, le comté du Perche, la
prévôté de Chaumont et l'accroissement de Magny aide offerte
par les États provinciaux réunis à Rouen, en novembre, au lieu
de la contribution de 80 sous par homme et par mois, qu'il leur*

avait fait demander par Louis de Graville, amiral de France et son lieutenant général en Normandie.

Donné par coppie soubz les signetz de nous les esleuz pour le Roy nostre sire en l'ellection d'Evreux ce qui enssuit : « Charles par « la grace de Dieu, Roy de France aulx esleuz sur le fait des aides « ordonnées pour la guerre en l'ellection de Evreux ou à leurs com- « mis, salut. Comme par grant et meure deliberacion d'aucuns « princes et seigneurs de nostre sang et gens de nostre conseil, nous « ayons pieçà ordonné à nostre cher et feal cousin, conseiller et « chambellan, le sire de Graville, admiral de France et nostre lieu- « tenant general en nostre pays et duchié de Normandie, faire « prendre, choisir et eslire oudit pays de Normandie le nombre « de deux mil hommes de pié tous combatans, pour resister aux « dampnables entreprinses des Angloys noz anciens ennemys et « autres noz adversaires et iceulx faire mettre sus et en armes tant « pour la tuicion, garde et delffence d'icellui pays de Normendie que « pour les employer en nostre service ailleurs ainsy que nostre « affaire le requerra; lesquelles choses nostre dit cousin ait bien « amplement remonstrées aux gens des troys estatz d'icelluy pays en « la convencion et assemblée d'iceulx tenue en nostre ville de Rouen « és moys d'octobre et novembre derreniers passez pour le faict « de noz tailles et octroy de ceste presente année commencée le « premier jour de janvier derrenier passé, par lesquelz gens des « troys estatz, eulx tousjours demonstrans prestz et appareillez de « nous subvenir de tout leur povoir, ait esté liberallement consenty « et accordé, au lieu d'autres gens qui paravant avoient esté levez « et choisiz de IIIIˣˣ souz l'un, que lesdits IIᵐ hommes feussent mis « sus oudit pays de ceulx qui paient C. s. t. de taille par an et « au dessouz, en consentant et acordant par iceulx estatz paier par « noz subgectz d'icellui pays et duchié de Normendie la somme de « dix livres tournoys, pour chacun desdits IIᵐ hommes qui est « en tout la somme de vingt mil livres tournois pour une foys « seullement, selon nostre bon plaisir et voulenté, ensemble « tous les habillemens anciens qui se trouveroient en nature pour « servir ausdits IIᵐ hommes, et, à ces causes nostre dit cousin « aprez lesdites remonstrances, consentemens et accords faiz « par lesditz estatz de Normendie, à fait eslire, choisir et mettre « sus par noz bailliz dudit pays, iceulx IIᵐ hommes pour estre

« prestz de nous servir ou fait de noz guerres toutes et quantes
« foiz qu'il leur sera ordonné, et pour ce que de bref avons
« intencion nous servir d'iceulx II^m hommes ou fait de nos dites
« guerres et les faire habiller et paier quant les ferons mettre
« sur les champs et marchier soit besoing faire asseoir et impo-
« ser en et partout nostre dit pays et duchié de Normendie, ellec-
« tion d'Allençon, conté du Perche, prevosté de Chaumont et
« acroissement de Maigny comprins Pontoise, ladite somme de XX^m
« l. t. pour les causes dessus dites, pour partie delaquelle somme
« vostre dite ellection a esté assise et imposée à la somme de dix
« sept cent huit livres tournoys : si vous mandons et commettons
« par ces presentes que icelle somme de XVII^c VIII l. t. avec la
« somme de trente livres dix solz tournoys pour tous fraiz, vous
« mettez sus et imposez promptement et à une foiz seullement sur
« tous les habitans de ladite ellection de Evreux contribuables et qui
« ont esté assis à noz taille et octroy de ceste dite presente année,
« le plus justement et egalement que faire se pourra, le fort portant
« le faibles, et icelles sommes faictes cueillir et apporter par devers
« le receveur de nosdites tailles en icelle ellection dedans le XXIIe
« jour de Mars prouchain venant pour par luy estre delivrée quant
« au principal selon que par nous ou les generaulx de noz finances
« luy sera ordonné pour le fait desdits II^m hommes, et les dits fraiz
« par l'estat qui luy en sera fait par iceulx generaulx, et à ce faire
« et souffrir contraignez ou faictes contraindre tous ceulx qui
« seront assis ausdites sommes contribuables ausdites tailles, tout
« ainsy qu'il est acoustumé de faire pour noz propres deniers et
« affaires, nonobstant oppositions, appellations, clameur de haro et
« dolleances quelzconques ; de ce faire nous avons donné et
« donnons plain povoir, auctorité, commission et mandement espe-
« cial, mandons, et commandons à tous noz justiciers, officiers et
« subgectz que, à vous, voz commis et depputez en ce faisans,
« obbeissent et entendent dilligemment prestent et donnent conseil,
« confort, aide, et prisons se mestier est et requis en sont. Donné au
« Plessis du Parc le XVme jour de Fevrier l'an de grâce mil CCCC
« quatre vingt dix et de nostre regne le huitieme. Ainsy signé : Par le
« Roy, monseigneur le duc de Bourbon, les seigneurs de Myollans
« et de Grimault et autres presens. — Robineau. » — Faict audit lieu

d'Evreux soubz nosditz signetz le XVIIIme jour d'aoust l'an de grace mil CCCC IIII^xx et douze.

Collation faite.

Rousset.

(B. N. Coll. Clairambault, t. 959, p. 87.
Vidimus original des élus d'Evreux.)

12.

PAVIE, 19 JUIN 1492.

Lettre de Ludovic le More à Graville

Dal Magnifico messer Galeaz Visconte me e referto particularmente la fraterna affectione quale li ha demonstrato la Signoria Vostra portarme, et quanto amorevolmente li habia offerto in le cose mie et de questo illustrissimo stato l'opera et favore suo, cum farne dimonstratione effectuale nela expeditione sua et deli altri ambassatori, non pretermettendo de declararli la coniunctione quale ha cum casa nostra, per testimonio che la ne ami. Io haveva inante inteso cum grande piacere quello che dal Conte de Caiacio mi era stato referto del bono animo dela Signoria Vostra, peroche da epso me ne era facto tale expositione che non posseva se non confessare havere grande obligo alla virtu et bonta dela Signoria Vostra; niente de meno questo che adesso messer Galeaz Visconte me ha exposito, passando piu al particulare de le cose testificative dela benivolentia et affectione de Vostra Signoria ha accresciuto sopra omne misura quello che me era persuaso cossi dela bonta sua, como del obligo quale io debitamente li debio havere, et fa che dovi cum ognuno la mentione dela affinita mi saria grata, cum lei l'ha debia havere gratissima et desideratissima. Mi e parso adunche per queste mie ringratiarla uno pocho piu strectamente che non ho facto per le altre, et fare intendere alla Signoria Vostra che pigliando in singulare capitale le offerte quale a messer Galeazzo ha facto in mio nome po firmamente persuaderse che cum homo del mundo non porria trovare majore ne piu vera correspondentia al bono animo suo quanto ha da me, quale per epsa non recusaria fare cosa alcuna a

questo mundo quale possesse per me medesimo. Pregandola che la
voglia perseverare in questo suo bono proposito et extimare che de
l'affinita sua ultra l'amore, io sia per fare sempre speciale et prontis-
simo caso, alla quale in brevi mandaro scripta la qualita de l'affinita et a qual tempo sia stata facta, acioche insieme cum noi altro se
possa havere contenteza de sapere in quale tempo et mezo sia per
obligo de natura dato principio al amore quale de presente e reno-
vato tra noi. Papie 19 junii 1492.

(Milan. Archivio di stato. Potenze.
Estere. Francia. Minute.)

13.

MILLY EN GATINAIS, 22 NOVEMBRE 1492.

Lettre de Graville à Duplessis Bourré.

Monsr Duplessis, je me recommande à vous tant que puis. Je vous
envoye par Poret, ce porteur, à vous et à mes^{rs} les autres commissaires, toutes les lettres et commissions qui vous sont necessaires.
J'ay parlé bien au long audit Poret de ceste matiere; par quoy je me
promets vous en faire plus longue escripture sy non je vous recommande le tout.

Il n'y a rien de nouveau par deçà sinon que le Roy des Romains
a envoyé par deçà demander ung sauf conduyt pour envoyer de ses
ambassadeurs par devers le Roy. Je croy que vous venrez tout à
temps pour estre present à en faire la responce. Je vous dy adieu
icy endroit, mons^r Duplessis, à qui je prye qu'il vous doint tout
ce que plus desirez.

Escript a Milly le XXIIme jour de novembre.

Le tout vostre,
Loys de Graville.

(Au revers) :
Monsr Duplessis Bourré, tresorier de France.

(B. N. Mss. fr. 20487, fol. 27. Original.)

14.

BOURG EN BRESSE, 28 JUIN 1495.

Lettre de Graville à du Bouchage.

Mons' du Bouchage, je me recommande à vous tant comme je puis. J'ay receu les lettres que vous m'avez escriptes par maistre Jehan Millet, lequel m'est venu trouver à Montargis en m'en venant mon voyage pour aller à Moulins. Je l'ay amené jusques icy et ne l'ay osé mener audit Moulins pour les raisons qu'il vous dira et aussi par lui vous pourres savoir en quel estat je me trouve de ma santé : toutesfois j'espoire ne faire pas long sejour audit Moulins, que je ne me retourne en Picardie et à mon retour envoiray querir ledit Jehan Millet, car j'ay bien à besongner de lui, et vous prye que vous tenez la main ad ce qu'il ne me soit point retenu là où vous estes, quand je l'envoiray querir, car j'ay bien besoing de son ayde et conseil, touchant le fait de ma santé. En attendant je vous le recommande tant comme je puis.

Au demourant, je vous mercye cent mille foiz des bonnes nouvelles que vous m'avez escriptes par vostre lettre, de la bonne prosperité et santé de Mons' le daulphin : Dieu, par sa grace, le veille tousjours maintenir en convalescance de mieuly en mieulx ! Et au seur-plus j'ay pryé audit maistre Jehan Millet de vous dire de mes nouvelles plus au long. Et touchant vostre voiage d'Almaigne par la foy de mon corps, ce fut la plus verte commission que je veiz jamais prandre à jeune homme ; toutesfois sy vous feustes demouré là encore huit jours, je vous avoye envoiay Picardie et autres gens qu'ilz vous eussent dit la maniere de vous retyrer malgré lui et tout son barnage, et suis tout esbahy commant vous en estes eschappé.

Mons' du Bouchage, je ne vous escrips plus pour ceste heure sinon que tandys que je seray audit Moulins, je vous feray savoir ce qu'il sourviendra, au moins ne tiendra il pas à rementevoir. Et icy endroit je vous dy à Dieu à qui je prye qu'il vous doint tout ce que plus desirez. Escript à Bourg le XXVIIIme jour de Juing.

Vostre compaignon et amy,

Loys de Graville.

Au revers :

(A Mons' du Bouchage)

15.

MOULINS, 3 JUILLET 1495.

Lettre de Graville à du Bouchage.

Monsr du Bouchage, je me recommande à vous tant comme je puis. Depuis que derrenierement je vous ay escript par maistre Jehan Millet, j'ay tant fait par mes journées que je suys venu en ceste ville de Moulins, et, à mon arrivée, la poste du Roy est venue qui a apporté lettres dudit s^r à mons^r de Bourbon. Il m'a aussi escript, et estoit pour lors qui fut le XXIIIme jour de juing à Pize où il faisoit très bonne chiere, la mercy Dieu, et prenoit son chemin pour s'en venir en Ast, là où j'ay esperance qu'il sera bien tost et qu'il passera par tous les passages, quelque bruyt qu'il ait esté que de ce faire aucuns ses ennemys le vouloient empescher. Je vous ay bien voulu advertir des bonnes nouvelles dudit s^r, pour ce que je suis sceur qu'il ennuyoit fort à vous et à toutes la compagnie qui est avecques mons^r de ce que estyes si longuement sans en avoir, et à la verité, il y avoit raison, et devons tous estre bien joyeulx de savoir lesdites bonnes nouvelles. Monsr de Bourbon vous escript et à Messrs estans avecques vous à Amboise, car le roi demande à savoir des nouvelles de mondit s^r.

Monsr du Bouchage, de ce qu'il sourviendra journellement et pendant que je seray par deçà, tousjours vous en advertiray. Et au demourant s'il est quelque chose en quoy je vous puisse faire plaisir en le me faisant savoir, je le feray tousjours de bon cueur, et icy endroit je vous di adieu, mons^r du Bouchage, à qui je prie qu'il vous doint tout ce que plus desirez. Escript à Moulins le IIIme jour de Juillet.

Monsr du Bouchage, depuis ceste lettre escripte, j'en escrips unes à mons^r de Segré avecques autres que je lui envoye en ung petit pacquet. Je vous prye que vous prenez ceste paine pour l'amour de moy, de les lui envoyer jusques à Hussé ou de la part où il sera, et vous me ferez plaisir.

Votre compagnon et amy,
Loys de Graville.

Au revers

Monsr du Bouchage

(B. N. Mss. fr. 2922, fol. 17. Original.)

16.

PARIS, 20 MARS 1496.

Extrait d'une lettre de Tomasini Tornielli au duc de Milan.

Illmo et Exmo Signor mio. La excellentia vostra havera inteso quanto gl'ho scripto del parlare quale hebbe li di passati cum monsignore de Gie et cosi dela resposta che me fece. Io ho sempre expectata la signoria sua cum divocione, persuadendomi che non dovesse essere altramente como e stato per el passato, et trovandolo in contrario lasso pensare alla illustrissima S^a V^a como possiano passare ben le cose sue apresso el christianissimo Re, havendo San Malo in lo quale e restrecto el tutto adversissimo, che dice parole de mala natura et lo predicto monsignor de Gie, che pur tene deli primi lochi in questa corte, indisposto et malcontento. Spero pero che la venuta de messer Antonio Maria debia fare mutare proposito al predicto monsignore, perche sono avisato ch'epso Marescalcho de Gie et lo Admiraglio naturali inimici del Cardinale de San Malo non desiderano altro cha vedere V^a Ex^a ben reconciliata cum el Re de Franza per havere qualche ataco de sbalzare dicto Cardinale de San Malo, et in questo gli concorre el ducha de Borbon et molti altri che non possano tollerare che ogni cosa si rissolta in questo Cardinale... ».

(Milan. Archivio di stato. Potenze Estere. Francia. Original.)

17.

LA PALISSE, 25 MARS 1496.

Extrait d'une lettre d'Antonio Pallavicini au duc de Milan.

« Illmo Signor mio. Hogi per il camino ho trovato il magnifico Gilis Rivault chi va inante a Liono per fare apparechiare alla Maesta regia, et havendo cavalcato uno pezo de compagnia, m' ha dicto havergli facto optima relatione de V^a Ex^a publice et private et laudatola summamente, et che io trovaro el christianissimo Re ben

disposito et me sera facto bona chiera et dice, verrano a Lione li
illustrissimi Duca et Duchessa de Borbone, e vole operare con la
Regina facia venire lo Admirato de Franza, quale insiema con molti
altri signori non vole venire dreto al Re de Franza per la grande
auctorita del Cardinale de San Malo che se dice essere male voluto
da ogniuno salvo dal duca de Orliens, et certo il predicto Gilis
parla molto honorevolmente de V^a Ex^a et aperte se li demonstra
bono amico... »

(Milan. Archivio di siato. Potenze Estere. Francia. Original.)

18.

CHAMBORD, 27 JUIN 1504.

*Lettre de Louis XII aux prieur et religieux du couvent
des Célestins de Marcoussis.*

De par le Roy.

Chers et bien amez. Nous avons esté advertiz que avez en voz
mains certain argent avec plusieurs cedulles et enseignemens qui
furent à feu Job Abernate, escossoys, en son vivant serviteur de nostre
cousin, le s^r de Graville, admiral de France, et combien qu'il vous
soit deuement apparu par le double du testament fait par ledit deffunct que Jehan, Robert et Guillaume Abernate, ses cousins, archiers
de nostre garde, sont ses heritiers, neantmoins avez fait difficulté
leur faire delivrance desdits biens, dont nous donnons merveilles. A
ceste cause et que voullons et entendons lesdits biens, cedulles et
enseignemens leur estre baillez et delivrez comme à ses vraiz heritiers, nous vous mandons et enjoingnons très expressement que
incontinent ces lettres veues, vous baillez et mettez ès mains desdits
Jehan, Robert et Guillaume Abernate ou de celui d'eulx qui presentement s'en va devers vous par delà pour ceste cause tous et chas-
cuns lesdits biens, cedulles et enseignemens sans en riens retenir,
ainsi que plus au long nous escripvons à nostre dit cousin, l'admiral,

lequel croyez de ce qu'il vous en dira. Et gardez bien d'y faire faulte. Donné è Chambort le XXVII° jour de Juing.

Loys.

Bohier.

Au revers :

A nos chers et bien amez les religieux prieur et couvent des Celestins de Marcoussis.

(A. N. L. 935. Original.)

19.

BOIS-MALESHERBES, 9 JUILLET 1504.

Lettre de Graville au prieur du couvent des Célestins de Marcoussis.

Monsr le prieur, je me recommande à vous tant comme je puis. Le Roy m'a escript unes lettres depuis trois jours touchant l'argent de Job Abernaty que vous avez qui estoit mon serviteur, de quoy, je vous ay autresfoiz parlé, et, comme je vous dy, quant je vous en parlay derrenierement, il n'est point de besoing que faciez faire longue poursuite aux heritiers dudit Job et que vous le depeschez de sorte qu'il ne retourne plus au Roy pour ce, car il en pourroit venir inconvenient. Le dit s^r vous en escript des lettres, mais le gentil homme qui les portoit a esté trois sepmaines malade à Orleans. Le Roy m'en escript assez aigrement, et ne vous envoie point la lettre par ce que ledit s^r m'escript d'autres matieres : mais je vous prie encore une foiz, que vous y besongnez si bien que ledit s^r n'ait cause d'en estre mal content. L'en dit que vous avez les cedulles des bancquiers, et que ledit Job vous les bailla, quant et l'argent. Si vous ne dictes tout ce que vous avez à ses archers de la garde qui vont devers vous, et que le Roy en soit adverty par autre moien, je vous asseure que ledit s^r n'en seroit pas content. Et à Dieu, mons^r le prieur qu'il vous doint tout ce que vous desirez, Escript au Bois-Mallesherbes le IX° jour de Juillet.

Le tout vostre,
Loys de Graville.

Au revers

A mons^r le prieur des Célestins de Marcoussis.

(A. N. L. 935. Original.)

20.

2 JANVIER 1509.

Délibération du parlement de Paris sur les lettres patentes du 24 septembre 1508 autorisant Loais de Graville à transmettre de son vivant sa charge d'amiral à son gendre Chaumont d'Amboise.

Sur les lettres patentes octroyées par le Roy le vingt quatriesme septembre dernier à messire Charles d'Amboise, chevalier de l'ordre, seigneur de Chaumont, lieutenant general pour ledit seigneur delà les mons, par lesquelles ledit s^r, du consentement et vouloir du s^r de Graville, luy a donné et octroyé de grace especial l'office d'admiral de France, et en icellui l'a estably et institué pour par luy en joyr et user dès à present et soy porter et intituler admiral de France, bailler seuretez et sauf conduitz et generalement de faire tous autres actes et expedicions qui appartiennent audit office d'admiral, quant il sera et se trouvera en Normandie, Picardie et ailleurs en l'absence dudit seigneur de Graville et non autrement, et tout ainsy que luy mesmes a fait par cy devant, ensemble de tous honneurs, auctoritez, prerogatives, preheminences, gaiges, droiz, prouffitz et emolumens acoustumez et qui y appartiennent, parmy ce que ledit seigneur a promis et accorde audit de Graville qu'il tiendra portera tousjours le nom et tiltre dudit office d'admiral, et joyra d'icel et lui mesmement quant il sera en personne en Normandie, Picardie et ailleurs, ensemble des gaiges, droiz, prerogatives et preheminences qui y appartiennent, et que ledit de Chaumont ne se meslera ne se pourra se mesler ne entremectre en aucune maniere en la presence dudit de Graville; mais luy en laissera la totalle charge, preeminence et administracion, laquelle ledit seigneur luy a reservée et reserve tant qu'il sera en estat et santé que sa personne se puisse trouver personnellement esditz pays et ailleurs sur les havres, portz et lieux maritains estans du ressort, povoir et juridicion dudit office d'admiral sans ce que ledit office puisse estre dit vacant et impetrable par le trespas dudit de Graville. Lesquelles lettres leues Orsome a requis que ledit de Chaumont feust receu oudit office.

Et Barme, pour le procureur general du Roy dit que a oy la lecture desdites lectres contenans deux poincts principaulx. Le premier est que par la resignacion et du consentement du seigneur de Graville le Roy pourvoit ledit de Chaumont de l'office d'admiral pour en joyr en l'absence dudit de Graville seullement, tellement que en sa presence l'exercice d'icelluy office est interdicte totallement à icelluy de Chaumont, et on voit clerement par le texte desdites lettres que c'est une survivance, et est l'office baillé au survivant des deux, qui est reprouvé et dampné par l'ordonnance faicte à bonne et juste cause parce que au moyen de telles survivances *datur ocasio machinandi in mortem alterius*, et pour obvier à plusieurs grans maulx et inconveniens qui en viennent pour les raisons plus à plain contenues en ladite ordonnance ; toutesfoys eu regard à la proximité de lignage et affinité qui est entre lesdits de Graville et de Chaumont qui fait cesser la presumpcion de machiner *in mortem alterius*, en consideracion des grans services qu'ilz ont fait au Roy et Royaume et merites de leurs personnes, aussi que par lesdites lettres y a expresse derogance a ladite ordonnance, dit qu'il ne veult insister quant au premier point que lesdites lettres ne sortissent leur effect. Mais quant au second point, qui est, que lesdites lectres s'adrecent à l'eschiquier de Normandie pour recevoir le serment dudit admiral qui est une clause capcieuse non acoutumée *ymo* enervative de l'auctorité et souveraineté de la court de ceans, il entend l'empescher, car il faut entendre que l'office d'admiral est l'un des principaulx de ce Royaume et ne recongnoist par appel ne autrement en superiorité aucun que le Roy, et la court de ceans où les appellacions de luy et de ses lieutenans et officiers ressortissent en dernier ressort, sans ce que jamais nulle des autres cours souveraines de ce Royaume en ait entreprins aucune court, juridicion ou congnoissance ; et toutesfois par deux clauses mises esdites lectres la recepcion dudit serment est adrecée à leschiquier qui jamais n'y eut aucune auctorité ne juridicion, et seroit venir contre l'auctorité de la court et forme acoustumée de tout temps ; et, pour ce a dit que si la court veult recevoir ledit de Chaumont au moyen desdites lectres que ce soit à la charge de les reformer, et oster ladite adrece de l'eschiquier es dites deux clauses, et que ledit de Chaumont soit tenu faire ceans ressortir toutes les appellacions interjectées de luy et de ses lieuxtenans et officiers en dernier ressort, et que jusqu'à ce que ladite reforma-

cion soit faicte que lesdites lectres demeurent arrestées au greffe de
la court.

Et Orsome pour ledit seigneur de Chaumont a dit qu'il n'a prins
garde a l'adrece clause mise en ses lectres, et s'en est fié à l'expedi-
cion qui en a esté faicte ; mais quant à ce que l'advocat du Roy a
requis qu'il face ressortir ceans les appellacions de l'admiraulté, dit
qu'il en fera tout ce que possible luy sera envers le Roy que a prins
en matiere le differend d'entre le seigneur de Graville comme admiral, et ceux de Normandie, suppliant à la court que de sa part, il luy
plaise y tenir la main : aussi on peut entendre qu'il aymeroit mieulx
estre subject à une seulle court qu'à plusieurs.

La court en regard et consideracion des grans et notables services
que ledit seigneur de Chaumont a faiz et fait chascun jour au Roy et
Royaume et à la charge que dedans ung moys prochain venant, il
fera mectre lesdites lectres en la forme et manieres que d'ancienneté
les lectres de l'office d'admiral de France ont eté expediées, et qu'il
en certiffira la court dedans ledit temps, a receu et reçoit ledit s^r de
Chaumont audit office d'admiral, lequel a fait le serment acoustumé,
après ce qu'il a affermé par serment, sur ce interrogué qu'il n'a par
luy ne par autre, donné ne promis or et argent ne autre chose pour
obtenir ledit office d'admiral.

(A. N. X^{1a}, 4850, fol. 117.)

TABLE DES MATIÈRES

CHAPITRE III.

LOUIS DE GRAVILLE DE LA MORT DE LOUIS XI A SA NOMINATION COMME AMIRAL (1483-1487).

CHAPITRE IV.

DE LA NOMINATION DE GRAVILLE COMME AMIRAL, AU MARIAGE DE CHARLES VIII AVEC ANNE DE BRETAGNE (1487-1491).

CHAPITRE V.

DE LA FIN DE LA GUERRE DE BRETAGNE A LA MORT DE CHARLES VIII.

Ligue de la reine Anne avec le duc d'Orléans, le duc et la duchesse de Bourbon contre Graville (5 juillet 1492). — Intervention de l'amiral dans les affaires de Normandie : le conseil de ville de Rouen le proclame « affecté au bien du païs » (3 décembre 1492) et « pere du païs » (18 décembre 1493). — Inimitié de l'amiral contre les Allemands : il est opposé à la paix de Senlis (5 mai 1493) ; à l'expédition d'Italie. Il s'éloigne de la cour (décembre 1493). — Il est chevalier de Saint-Michel (1493). — Le roi le rappelle auprès de lui ; — son rôle à cette époque. — Il accompagne Charles VIII jusqu'à Lyon : il est nommé gouverneur de Normandie et de Picardie (20 août 1494) et ne suit pas le roi en Italie. — Bienfaits de Graville au

CHAPITRE VI.

DE L'AVÈNEMENT DE LOUIS XII A LA MORT DE GRAVILLE.

APPENDICE.

TABLE DES PIÈCES JUSTIFICATIVES

Mâcon, imp. Protat frères.

ERRATUM

Page   3, note 1, au lieu de A. G.   lire A⁶.
—   9, —   2,   —   *Hallate*   — *Hallates.*
—   12, ligne 13,   — —   *Montilz lez Tours*   — *Montils lez Tours.*
—   13, note 1,   —   *p. 365*   — *p. 865.*
—   21, ligne 6,   —   *Graille*   — *Graville.*
—   54, —   8,   —   *Britencourt*   — *Brétencourt.*
—   63, note 3,   —   *p. 16*   — *P. 16.*
—   74, —   7,   —   *D. Vaissete*   — *D. Vaissette.*
—   75, —   7,   —   *Annale Veneti*   — *Annali veneti.*
—   95, —   1,   —   *B. P.*   — *B. N.*
—   100, —   4,   —   *Malet 255*   — *Malet, n° 55.*
—   116, —   3,   —   *Seine-Inférieure*   — *Loire-Inférieure.*
—   140, —   3,   —   *Lejeay*   — *Leglay.*
—   141, ligne 9,   —   *Montils les Tours*   — *Montils lez Tours.*
—   142, note 3,   —   *Montilz lez Tours*   — *Montils lez Tours.*
—   145, ligne 15,   —   *Montils les Tours*   — *Montils lez Tours.*
—   147, note 1,   —   *Relation*   — *Relazione.*
—   148, — suite de la dernière note de la page 147, au lieu de
      auchara, lire *anchora.*
—   155, — 2 au lieu de *après avoir passé les mois,* lire *après avoir
      passé à Paris les mois.*
—   156, note 2, au lieu de *prudenta*   lire *prudentia.*
—   157, ligne 6,   —   *Commynes*   — *Commines.*
—   162, note 4,   —   même observation.
—   163, ligne 5,   —   id.
—   171, note 2,   —   P. JJ.   lire P. J.
—   178, —   2,   —   *Histoire des Finances* lire *Histoire des
      Français*
—   180, note 1,   —   *Louise de Balzac* lire *Marie de Balzac.*
—   184, (suite de la note de la page 183), au lieu de *père de Gra-
      ville* lire *sire de Graville.*
—   194, ligne 18, au lieu de *Orsenne* lire *Orsome.*
—   216, —   12,   —   *domino*   — *dominii.*
—   221, —   17,   —   *1495*   — *1485.*

MACON, IMPRIMERIE PROTAT FRÈRES